Das Haftungsrisiko des Abschlussprüfers im Prüfungs-Beratungs-Konflikt

Schriften zu Theorie und Praxis der Rechnungslegung und Wirtschaftsprüfung

Herausgegeben von Hansrudi Lenz

Band 6

PETER LANG
Frankfurt am Main · Berlin · Bern · Bruxelles · New York · Oxford · Wien

Philipp Fölsing

Das Haftungsrisiko des Abschlussprüfers im Prüfungs-Beratungs-Konflikt

PETER LANG
Europäischer Verlag der Wissenschaften

Bibliografische Information Der Deutschen Bibliothek
Die Deutsche Bibliothek verzeichnet diese Publikation in der Deutschen Nationalbibliografie; detaillierte bibliografische Daten sind im Internet über <http://dnb.ddb.de> abrufbar.

Zugl.: Rostock, Univ., Diss., 2006

28
ISSN 1612-135X
ISBN 3-631-55131-2

www.peterlang.de

Für meine Eltern und Dezsö

Geleitwort

Ruinöse, internationale Bilanzierungsskandale haben das Vertrauen der Anleger erschüttert und dem Ansehen von Topmanagern wie auch Wirtschaftsprüfern erheblich geschadet. Unternehmen wie Enron, Worldcom, Parmalat und Flow Tex sind in aller Munde und die Diskussion um Steuerungsmaßnahmen zur Vermeidung derartiger Bilanzfälschungen reißt nicht ab. Da insbesondere aufgrund des praktizierten Full Service-Konzepts starke Zweifel an der Unabhängigkeit der Abschlussprüfer vom Mandanten bestanden, sahen sich weltweit Gesetzgeber zum Handeln veranlasst, um die Unabhängigkeit der Abschlussprüfer zu verbessern. Ein Ende des Erlasses gesetzlicher Normierungen, die oftmals durch freiwillig zu befolgende Best Practice-Regeln flankiert werden, scheint derzeit ebenfalls noch nicht in Sicht.

Vor dem Hintergrund der ökonomischen Principal-Agent-Theorie befasst sich Philipp Fölsing in seiner Dissertation ausführlich mit den zentralen einschlägigen Normierungen betreffend den Abschlussprüfer. Dabei handelt es sich zum einen um Vorschriften des US-amerikanischen Sarbanes-Oxley-Act (SOA), zum anderen aus deutscher Sicht um solche des Bilanzrechtsreformgesetzes, des Bilanzrechtskontrollgesetzes und des Abschlussprüferaufsichtsgesetzes. Herr Fölsing analysiert die Regelungen im Hinblick auf ihre Geeignetheit zur Sicherstellung der Unabhängigkeit von Wirtschaftsprüfern und unterbreitet diverse Verbesserungsvorschläge, deren Praxistauglichkeit sich daran zeigt, dass beispielsweise der deutsche Gesetzgeber bei der Novellierung der Wirtschaftsprüferordnung ähnliche Überlegungen anstellt. Der Verfasser prüft zudem, ob das Risiko berufsrechtlicher Sanktionen für Abschlussprüfer gestiegen sei, was zumindest für Abschlussprüfer, die dem Geltungsbereich des SOA unterliegen, zu bejahen ist.

Im zweiten Hauptteil seiner Dissertation befasst sich Philipp Fölsing außerdem mit dem Risiko einer zivilrechtlichen Dritthaftung für Abschlussprüfer. Dabei belässt er es nicht nur bei der Darlegung der deutschen Praxis, sondern zeigt rechtsvergleichend die Haftungssituation in den USA sowie ausgewählten EU-Mitgliedstaaten auf. Dabei zeigt sich, dass die Ausgestaltung der Dritthaftung in den EU-Mitgliedstaaten stark divergiert und das Dritthaftungsrisiko für deutsche Abschlussprüfer vergleichsweise gering ist. Damit ist zweifelhaft, ob eine Haftungsandrohung verhaltensbeeinflussend wirken und dafür sorgen kann, dass der Abschlussprüfer im Interesse Dritter noch sorgfältiger tätig wird und dadurch eventuelle Bilanzfälschungen aufdeckt.

Der Verfasser hat in seiner Dissertation höchst brisante und äußerst praxisrelevante Probleme aufgegriffen und interessanten Lösungen zugeführt. Dem Buch, das auf der Schnittstelle von Recht und Ökonomie angesiedelt ist, wünsche ich eine weite Verbreitung.

Anja Hucke

Inhalt der Arbeit

Abkürzungsverzeichnis

Abl.EG	Amtsblatt der Europäischen Gemeinschaften
Abs.	Absatz
AcP	Archiv für die civilistische Praxis
ADS	Adler/Düring/Schmaltz
AER	American Economic Review
a.F.	alte Fassung
AG	Amtsgericht
AG	Die Aktiengesellschaft
AICPA	American Institute for Certified Public Accountants
AktG	Aktiengesetz
AMF	Autorité Des Marchés Financiers
AnwBl.	Anwaltsblatt
AO	Abgabenordnung
APAG	Gesetz zur Fortentwicklung der Berufsaufsicht über Abschlussprüfer
Art.	Artikel (Sing.)
Artt.	Artikel (Plur.)
BAFin	Bundesanstalt für Finanzdienstleistungsaufsicht
BayObLG	Bayrisches Oberstes Landgericht
BayOLGZ	Bayrisches Oberstes Landgericht, Entscheidungssammlung in Zivilsachen
BB	Betriebsberater
BeckBilKomm	Beck'scher Bilanzkommentar
BFuP	Betriebswirtschaftliche Forschung und Praxis
BGB:	Bürgerliches Gesetzbuch
BGBl.	Bundesgesetzblatt
BGH	Bundesgerichtshof
BGHZ	Entscheidungssammlung des Bundesgerichtshofs in Zivilsachen
BilKoG:	Bilanzkontrollgesetz
BT-Drucks.	Bundestags-Drucksachen
BR-Drucks.	Bundesrats-Drucksachen
BuW	Betrieb und Wirtschaft

BVerfG	Bundesverfassungsgericht
CAR	Contemporary Accounting Research
CONSOB	Commissione Nazionale per le Societá e la Borsa
DB	Der Betrieb
ders.	derselbe
dies.	dieselbe/ dieselben
DBW	Die Betriebswirtschaft
DStR	Deutsches Steuerrecht
EAR	European Accounting Review
ecolex	Österreichische Zeitschrift für Wirtschaftsrecht
EStG	Einkommensteuergesetz
EU	Europäische Union
EU-Kommission	Europäische Kommission
EWS	Europäisches Wirtschafts- und Steuerrecht
f.	folgender
FEE	Fédération des Expers Comptables Européens
ff.	folgende
FGG	Gesetz über die Freiwillige Gerichtsbarkeit
FRRP	Financial Reporting Review Panel
GAO	United States General Accounting Office
GG	Grundgesetz
GmbH	Gesellschaft mit beschränkter Haftung
GmbHG	Gesetz über die Gesellschaften mit beschränkter Haftung
GmbHR	GmbH-Rundschau
GroßKommAktG	Großkommentar zum Aktiengesetz
GroßKommHGB	Großkommentar zum HGB
HGB	Handelsgesetzbuch
Hrsg.	Herausgeber
IDW	Institut der Wirtschaftsprüfer
IFAC	International Federation of Accountants
IFRS	International Financial Reporting Standards
InsO	Insolvenzordnung

JBl	Juristische Blätter
JofA	Journal of Accounting
JoAR	Journal of Accounting Research
JoAE	Journal of Applied Econometrics
JoBF	Journal of Business and Finance
JoFE:	Journal of Finance and Economics
JZ	Juristenzeitung
KapCoRiLiG	Kapitalgesellschaften&Co-Richtlinien-Gesetz
KapInHaG	Kapitalmarktinformationshaftungsgesetz
KG	Kammergericht
KölnKommAktG	Kölner Kommentar zum Aktiengesetz
KonTraG	Gesetz zur Kontrolle und Transparenz im Unternehmensbereich
KWG	Gesetz über das Kreditwesen
LG	Landgericht
MünchKommBGB	Münchener Kommentar zum Bürgerlichen Gesetzbuch
MünchKommHGB	Münchener Kommentar zum Handelsgesetzbuch
NB	Neue Betriebswirtschaft
NJW	Neue Juristische Wochenzeitschrift
NJW-RR	Rechtsprechungsreport der Neuen Juristischen Wochenzeitschrift
No.	Number
Nr.	Nummer
NYSE	New York Stock Exchange
NStZ	Neue Zeitschrift für Strafrecht
NZG:	Neue Zeitschrift für Gesellschaftsrecht
NZI	Neue Zeitschrift für Insolvenzrecht
ÖBA	Österreichisches Bankarchiv
OLG	Oberlandesgericht
OWiG	Ordnungswidrigkeiten-Gesetz
PCAOB	Public Company Accounting Oversight Board

RdW	Recht der Wirtschaft
RIW	Recht der Internationalen Wirtschaft
Rnd.Nr.	Randnummer
RWZ	Österreichische Zeitschrift für Recht und Rechnungswesen
S.	Satz
Sdk	Schutzgemeinschaft der Kleinaktionäre
SEC	Securities Exchange Commission
Sec.	Section
ST	Schweizer Treuhänder
Stbg	Die Steuerberatung
SteuStud	Steuer und Studium
StGB	Strafgesetzbuch
StPO	Strafprozessordnung
StuB	Steuern und Bilanzen
UMAG	Gesetz zur Unternehmensintegrität und Modernisierung des Anfechtungsrechts
wbl	Wirtschaftsrechtliche Blätter
WiB	Wirtschaftsrechtliche Beratung
wistra	Zeitschrift für Wirtschafts- und Steuerstrafrecht
WM	Wertpapier-Mitteilungen
WPg	Die Wirtschaftsprüfung
WP-Handbuch	Wirtschaftsprüfer-Handbuch
WpHG	Wertpapierhandelsgesetz
WPK	Wirtschaftsprüferkammer
WPK-Magazin	Wirtschaftsprüferkammer-Magazin
WPK-Mitt.	Wirtschaftsprüferkammer-Mitteilungen
WPO	Wirtschaftsprüferordnung
Var.	Variante
vgl.	vergleiche
Vol.	Volume
ZfB	Zeitschrift für Betriebswirtschaft
zfbf	Zeitschrift für betriebswirtschaftliche Forschung
ZHR	Zeitschrift für das gesamte Handelsrecht
ZGR	Zeitschrift für Gesellschaftsrecht

ZIP	Zeitschrift für Wirtschaftsrecht
ZVglRWiss	Zeitschrift für vergleichende Rechtswissenschaft

1. Kapitel: Problematik, Ziel und Gang der Arbeit

Die Wirtschaftsprüfer stehen in der Kritik. Aufsehenerregende Unternehmensschieflagen und Unternehmenszusammenbrüche wie bei Flowtex und Comroad in Deutschland, Ahold in den Niederlanden, Parmalat in Italien oder Enron und WorldCom in den USA ließen die Öffentlichkeit in den letzten Jahren an der Qualität der Abschlussprüfung zweifeln. Kritisiert wurde insbesondere die mangelnde Unabhängigkeit der Prüfer von den prüfungspflichtigen Publikumsgesellschaften. Auf diese Bedenken reagierte der Gesetzgeber. National wie international wurden Vorschriften zur Unabhängigkeit verschärft oder neu eingeführt – in Deutschland durch das Bilanzrechtsreformgesetz, in den USA durch den Sarbanes-Oxley Act. Die EU-Kommission hat Empfehlungen zur Prüferunabhängigkeit abgegeben und diskutiert zur Zeit über den Entwurf einer Abschlussprüfer-Richtlinie.

Vier Fragen stehen im Mittelpunkt der Vorschriften in Deutschland, in den USA und auf EU-Ebene: Es wird untersucht, in welchen Bereichen der Abschlussprüfer seinen Prüfungsmandanten beraten darf, ohne dass er seine finanzielle Unabhängigkeit und/oder seine innere Urteilsfreiheit verliert. Diskutiert wird auch, wie die Zusammenarbeit zwischen dem Abschlussprüfer und seinem Mandanten bei der Durchführung der Jahresabschlussprüfung ausgestaltet sein sollte, damit auf Prüferseite die nötige Distanz zum Leitungsorgan des prüfungspflichtigen Unternehmens gewahrt ist. Zugleich wird geprüft, ob das prüfungspflichtige Unternehmen nach einem gewissen Zeitraum seinen Abschlussprüfer wechseln sollte, damit auf Prüferseite keine Betriebsblindheit eintritt und die nötige Objektivität erhalten bleibt. Schließlich wird überlegt, ob und in welchem Umfang die Leistungen des Abschlussprüfers offengelegt werden müssen, damit Rechtsverstöße angemessen sanktioniert und befangene Prüfer ersetzt werden können.

Durch die Neuregelungen haben sich die beruflichen Rahmenbedingungen für Abschlussprüfer erheblich verändert. In der vorliegenden Arbeit soll untersucht werden, ob damit das Haftungsrisiko für die Abschlussprüfer gestiegen ist. Haftungsrisiko meint hierbei das Risiko berufsrechtlicher Sanktionen durch die Disziplinaraufsicht ebenso wie das Risiko, von den Adressaten der Jahresabschlussprüfung vor den Zivilgerichten auf Schadenersatz in Anspruch genommen zu werden. Die Arbeit konzentriert sich bei der Beurteilung des Haftungsrisikos des Abschlussprüfers auf den Abschlussprüfer von börsennotierten Aktiengesellschaften, da dieser national wie international im Mittelpunkt der Neuregelungen steht.

Das 2. Kapitel der vorliegenden Arbeit schildert zunächst die Prinzipal-Agent-Theorie als theoretischen Hintergrund der Jahresabschlussprüfung. Börsennotierte Aktiengesellschaften sind nicht eigentümergeführt, sondern werden von angestellten Managern ohne eigener Kapitalbeteiligung gelenkt und geleitet (Fremdorganschaft). Während die Eigen- und Fremdkapitalgeber Kapital zur Verfügung stellen, setzen es die angestellten Manager nach eigenem Gutdünken ein. Dieser Form der Arbeitsteilung sind Interessenkonflikte immanent. Da es die gesetzlichen Rahmenbedingungen für die Aktiengesellschaft mit sich bringen, dass weder die Eigen- noch die Fremdkapitalgeber die Tätigkeit der gesetzlichen Vertreter überwachen und kontrollieren können, bedarf es einer wirkungsvollen Unternehmenskontrolle durch andere Stellen. Diese wird innerhalb der Aktiengesellschaft durch den Aufsichtsrat und von außen durch die Jahresabschlussprüfung und durch das Rechnungslegungs-Enforcement ausgeübt, deren Aufgaben am Schluss des Kapitels dargestellt werden.

Das 3. Kapitel zeigt Beziehungen zwischen dem Abschlussprüfer als Garant der öffentlichen Rechnungslegung und den gesetzlichen Vertretern der prüfungspflichtigen Gesellschaft. Es macht deutlich, dass sich der Prüfer genau wie die gesetzlichen Vertreter der Aktiengesellschaft von eigenen Interessen leiten lässt und seinen Umsatz durch das Angebot von Abschlussprüfung, Steuerberatung und Unternehmensberatung aus einer Hand („full service) zu maximieren sucht. Dadurch werden seine finanzielle Unabhängigkeit und seine innere Urteilsfreiheit beeinträchtigt, was die Objektivität des Prüfers gefährdet.

Der Interessenkonflikt des Abschlussprüfers zwischen Eigeninteresse und Öffentlichkeit macht berufsrechtliche Regelungen zu den Grenzen seiner Beratungstätigkeit und zu seiner Beziehung zu den gesetzlichen Vertretern der prüfungspflichtigen Aktiengesellschaft erforderlich. Das 4. Kapitel untersucht die Vereinbarkeit gleichzeitiger Prüfung und Beratung. Es beschreibt zunächst die diesbezüglichen Vorschriften des US-amerikanischen Gesetzgebers im Sarbanes-Oxley Act sowie der wichtigen Verordnungsgeber „Securities Exchange Commission" (Börsenaufsicht) und „Public Company Accounting Oversight Board" (Berufsaufsicht der Abschlussprüfer). Dann stellt das Kapitel die Empfehlungen und Überlegungen auf EU-Ebene vor, bevor es sich der Rechtslage in Deutschland zuwendet. Die Neuregelungen des Bilanzrechtsreformgesetzes zur finanziellen Unabhängigkeit und inneren Urteilsfreiheit des Prüfers werden beschrieben, mit den internationalen Vorschriften verglichen und auf ihre Wirksamkeit untersucht.

Das 5. Kapitel behandelt die Zusammenarbeit des Abschlussprüfers mit den Organen der prüfungspflichtigen Aktiengesellschaft bei der Prüfungsdurchführung. Wieder beginnt das Kapitel mit einer Schilderung der diesbezüglichen Vorschriften in den USA und auf EU-Ebene, bevor es die Wahl, Beauftragung und Überwachung des Abschlussprüfers von deutschen Publikumsgesellschaften untersucht. Dabei stehen die Funktion, die Aufgaben und die Besetzung des unternehmensinternen Prüfungsausschusses im Mittelpunkt.

Das 6. Kapitel beschreibt die Gefahr der Betriebsblindheit, die sich beim Abschlussprüfer nach langjähriger Prüfung einer Aktiengesellschaft einstellen kann. Es untersucht, ob sich die Betriebsblindheit durch eine regelmäßige Auswechselung der Prüfer im Prüfungsteam der Prüfungsgesellschaft (interne Rotation) vermeiden lässt, oder ob Publikumsgesellschaften ihren Abschlussprüfer nach einer bestimmten Anzahl von Jahren wechseln sollten (externe Rotation). Die Vor- und Nachteile der externen Rotationspflicht werden gegeneinander abgewogen.

Das 7. Kapitel wendet sich dann dem ersten Haftungsrisiko des Abschlussprüfers im Prüfungs-Beratungs-Konflikt zu, nämlich den berufsrechtlichen Sanktionen bei Verstößen gegen die in den Vorkapiteln beschriebenen Maßnahmen des Gesetzgebers. Zunächst werden die Ermittlungs- und Sanktionsbefugnisse der Berufsaufsicht US-amerikanischer Abschlussprüfer beschrieben. Untersucht wird, in welchem Umfang diese auch für deutsche Abschlussprüfer gelten. Der Geltungsumfang wird sodann bewertet. Anschließend wird die Disziplinaraufsicht in Deutschland dargestellt. Es wird gezeigt, dass die Disziplinaraufsicht ihre Grenzen in der Verschwiegenheitspflicht deutscher Prüfer sowie in ihrem Recht, sich im Strafverfahren nicht selbst belasten zu müssen („nemo tenetur se ipsum accusare"), findet. Im Anschluss daran finden sich Überlegungen dazu, wie die Ermittlungsbefugnisse der Disziplinaraufsicht dennoch ausgeweitet werden können. Schließlich wird gezeigt, dass anders als in den USA in Deutschland die Unabhängigkeit des Abschlussprüfers auch durch die Zivilgerichte durchgesetzt wird. Auf Antrag können befangene Prüfer gerichtlich abberufen werden. Jedoch läuft der Rechtsschutz der antragsberechtigten Minderheitsaktionäre vor den Zivilgerichten leer, wenn sie keine Kenntnis von den befangenheitsbegründenden Beratungsmandaten des Abschlussprüfers erhalten. Deshalb steht am Ende des Kapitels die Überlegung, ob und in welchem Umfang hierzu die Beratungsmandate des Abschlussprüfers gegenüber der Hauptversammlung offengelegt werden sollten.

Während die Vorschriften des Berufsrechts der Abschlussprüfer darauf hinwirken, ihre Unabhängigkeit und Objektivität bei der Prüfungsdurchführung zu gewährleisten und so die Prüfungsqualität zu erhöhen, dient das zivilrechtliche Schadenersatzrecht dazu, Schäden auszugleichen, die gleichwohl durch vorsätzliche oder fahrlässige Prüfungsfehler bei den Adressaten der Jahresabschlussprüfung eintreten. Die Gefahr, wegen Prüfungsfehlern auf Schadenersatz in Anspruch genommen zu werden, stellt das zweite Haftungsrisiko des Abschlussprüfers dar. Das 8. Kapitel untersucht die diesbezügliche Haftungssituation von Prüfern in den USA und im europäischen Ausland und zieht hieraus Rückschlüsse für die deutschen Schadenersatzregeln.

Das 9. Kapitel wendet sich der Schadenersatzhaftung des deutschen Abschlussprüfers in Rechtsprechung und Lehre zu. Nachdem es die verschiedenen Haftungsinstitute, die in Betracht zu ziehen sind, vorgestellt und ihre Vor- und Nachteile für die Anspruchsteller hinsichtlich des Verschuldensumfanges und der Beweislastverteilung gegeneinander abgewogen hat, beschreibt es die Entscheidungen von deutschen Gerichten zur Schadenersatzhaftung des Abschlussprüfers. Am Anfang der Rechtsprechungsübersicht steht ein Urteil des Bundesgerichtshofs zur Abschlussprüferhaftung vom 02.04.1998, das einzige des höchsten deutschen Zivilgerichts auf diesem Gebiet. Es wurde von den Instanzgerichten nicht einheitlich umgesetzt. In der Instanzrechtsprechung zu erkennen sind eine restriktive haftungsverneinende, eine haftungsbejahende und eine vermittelnde, im Ergebnis die Haftung jedoch eher ablehnende Linie. Die diesbezüglichen Entscheidungen von deutschen Landgerichten und Oberlandesgerichten werden vorgestellt. In der Folge wird zu der im Schrifttum herrschenden Auffassung Stellung genommen, die eine Fahrlässigkeitshaftung des Abschlussprüfers gegenüber prüfungsfremden Dritten wie Anteilseignern und Gläubigern unter Berufung auf den Wortlaut von § 323 Abs. 1 S. 3 HGB durchweg ablehnt. Am Kapitelende werden die Positionen von Rechtsprechung und Lehre abschließend bewertet.

Das letzte Kapitel bietet eine eigene Lösung zur Abschlussprüferhaftung für fahrlässige Prüfungsfehler in Deutschland an. Es greift auf das Rechtsinstitut der „Sachwalterhaftung“ zurück, das von der Rechtsprechung entwickelt und durch das Schuldrechtsreformmodernisierungsgesetz in § 311 Abs. 3 S. 2 BGB kodifiziert wurde. Zunächst werden die Tatbestandsmerkmale der Sachwalterhaftung erarbeitet, sodann werden diese auf die Abschlussprüfung angewendet. Im zweiten Teil des letzten Kapitels wird geprüft, welche Prüfungsadressaten den Abschlussprüfer für fahrlässige Prüfungsfehlern als Sachwalter auf Schadenersatz in Anspruch nehmen können, und wer auf das Rechtsinstitut des „Auskunftsvertrages“ verwiesen werden muss. Schließlich wird die Beweislastverteilung im Haftungsprozess gegen Abschlussprüfer untersucht.

Es folgt eine thesenförmige Zusammenfassung der wichtigsten Ergebnisse der vorliegenden Arbeit und eine abschließende Beurteilung des Haftungsrisikos des Abschlussprüfers im Prüfungs-Beratungs-Konflikt.

2. Kapitel: Externe Unternehmenskontrolle

1. Fremdorganschaft und Prinzipal-Agent-Theorie

Kapitalmarktorientierte Kapitalgesellschaften sind in den wenigsten Fällen eigentümergeführte Unternehmen. Insbesondere börsennotierte Aktiengesellschaften werden von angestellten Vorständen geleitet, die nicht oder nur zu einem geringen Teil an ihnen beteiligt sind. Das Prinzip der Fremdorganschaft[1] stellt sich bei kapitalmarktorientierten Unternehmen wie folgt dar: Aktionäre nutzen ihre Beteiligung, um Rendite zu erzielen. Selbst wollen sie nicht unternehmerisch tätig sein.[2] Ihr Kapital sollen die angestellten Manager im Vorstand der Aktiengesellschaft produktiv und gewinnbringend verwenden.[3] Die Trennung von Eigentum und Kontrolle in Aktiengesellschaften haben die beiden Wirtschaftswissenschaftler *Gardiner C. Berle* und *Adolf A. Means* untersucht. Sie gelangten in ihrer empirischen Studie „The Modern Corporation and Private Property" aus dem Jahr 1932 zu dem Schluss, dass schon damals 44 Prozent der größten Aktiengesellschaften in den USA managerkontrolliert waren. In diesen Gesellschaften besaß nämlich kein Aktionär mehr als 20 Prozent der Anteile. *Berle* und *Means* werteten dieses als Zeichen für die Kontrolle der Aktiengesellschaft durch das Management. Sie äußerten die Befürchtung, dass die einzelnen Aktionäre aufgrund der breiten Streuung des Aktienbesitzes zu bloßen Kapitalgebern ohne die Möglichkeit, die Unternehmensführung wirksam zu kontrollieren, degradiert würden. Die Leitungsmacht, so die beiden Wissenschaftler, befände sich allein in den Händen der angestellten Manager, die ihre Eigeninteressen verfolgen und vom Gewinnmaximierungsziel der Aktionäre abweichen könnten, ohne Konsequenzen befürchten zu müssen.[4] Zur Verdeutlichung der möglichen Interessenkonflikte innerhalb der nicht von ihren Eigentümern geleiteten Aktiengesellschaften fragten *Berle* und *Means*:

„(...) have we any justification for assuming that those in control of a modern corporation will also choose to operate it in the interest of the owners?"[5]

---

1 Vgl. K. Schmidt, Gesellschaftsrecht, S. 409.
2 Vgl. Hucke, Gesellschafter und Geschäftsführer der GmbH – Juristische und ökonomische Analyse, S. 67.
3 Vgl. Ewert, Wirtschaftsprüfung und asymmetrische Information, S. 1.
4 Vgl. Berle/Means, The Modern Corporation and Private Property, S. 6.
5 Vgl. Berle/Means, The Modern Corporation and Private Property, S. 121.

Zwar sind Arbeitsteilung und Kooperation die beiden grundlegenden Prinzipien eines jeden erfolgreichen Unternehmens.[6] Doch sind jeder Form von Arbeitsteilung und Kooperation Interessenkonflikte immanent.[7] Denn sowohl der Prinzipal als auch sein Agent streben, so *Berle* und *Means*, jeweils nach der Maximierung des eigenen Nutzens. Die Interessenkonflikte, die die Fremdorganschaft also mit sich bringt,[8] können eigen- oder fremdfinanzierungsbedingt sein.[9] Bei der Finanzierung der Aktiengesellschaft durch Eigenkapital kann es zu Interessenkonflikten zwischen den Vorständen und den Aktionären als Anteilseignern kommen, bei der Finanzierung durch Fremdkapital zu Differenzen zwischen den Vorstandsmitgliedern und den Gesellschaftsgläubigern.

Im Anschluss an *Berle* und *Means* beschäftigt sich die ökonomische Prinzipal-Agent-Theorie mit den Organisationsproblemen in nicht-eigentümergeführten Aktiengesellschaften. Sie untersucht die Problematik der Trennung von Eigentum und Kontrolle unter dem Auswahl- und Anreizaspekt.[10] Die Prinzipal-Agent-Theorie beschäftigt sich mit Mechanismen zur Disziplinierung des Managements. Ihr Ziel ist die Verhinderung eines autonomen Managements.[11] Dazu analysiert die Prinzipal-Agent-Theorie die Auswahl geeigneter Agenten zur Leitung von Aktiengesellschaften[12] sowie Anreiz- und Kontrollmechanismen zur Minimierung von Interessenkonflikten zwischen Managern und Aktionären.[13] Die Prinzipal-Agent-Theorie geht von Informationsasymmetrie zwischen den Aktionären als Prinzipal und den angestellten Managern als ihren Agenten bei Vertragsschluss und Vertragsdurchführung aus.[14] Sie ist zurückzuführen auf den Wis-

---

6 Vgl. Jost, Die Prinzipal-Agenten-Theorie im Unternehmenskontext, S. 11; ders., Ökonomische Organisationstheorie, S. 17.

7 Vgl. Jost, Die Prinzipal-Agenten-Theorie im Unternehmenskontext, S. 21.

8 Vgl. Ewert, Wirtschaftsprüfung und asymmetrische Information, S. 1.

9 Vgl. Barnea/Haugen/Senbet, Agency-Problems and Financial Contracting, S. 38; dies., Financial Management 1981, Vol. 10, S. 8-9; Ewert, Wirtschaftsprüfung und asymmetrische Information, S. 23.

10 Vgl. Hucke, Gesellschafter und Geschäftsführer der GmbH – Juristische und ökonomische Analyse, S. 32; Schanze, Stellvertretung und ökonomische Agentur-Theorie, S. 71.

11 Vgl. Hucke, Gesellschafter und Geschäftsführer der GmbH – Juristische und ökonomische Analyse, S. 32.

12 In deutschen Aktiengesellschaften bestellt den Vorstand gem. § 84 Abs. 1 S. 1 AktG der Aufsichtsrat. Dessen Mitglieder werden gem. § 101 Abs. 1 S. 1 AktG durch die Hauptversammlung gewählt.

13 Vgl. Hucke, Gesellschafter und Geschäftsführer der GmbH – Juristische und ökonomische Analyse, S. 32.

14 Vgl. Hucke, Gesellschafter und Geschäftsführer der GmbH – Juristische und ökonomische Analyse, S. 32; Jost, Die Prinzipal-Agenten-Theorie im Unternehmenskontext, S. 25.

sensvorsprung des Agenten, den dieser zu seinem eigenen Vorteil ausnutzen kann. Die Informationsasymmetrie zwischen Prinzipal und Agent kann vor allem in Form von „hidden characteristics“[15] und „hidden action“[16] auftreten. Aufgrund nur eingeschränkter Informationen kennt der Prinzipal vor dem Vertragsschluss die Eigenschaften und Qualitäten des Agenten nicht („hidden characteristics“), was zu einer Falschauswahl („adverse selection“) durch den Prinzipal führen kann.[17] Der Reduzierung des Informationsgefälles im Bereich der „hidden characteristics“ dient das „screening“ möglicher Agenten durch den Prinzipal durch die Beauftragung einer Personalberatung bzw. eines Headhunters oder die Kontaktaufnahme mit befreundeten Leitungsorganen anderer Unternehmungen.[18] Dem Problem der „hidden characteristics“ wirkt weiter das „signalling“ des Agenten durch seine Ausbildung, seine Zeugnisse und Diplome sowie seine Qualifikationen und berufliche Erfahrung entgegen.[19] Wichtiger ist das Problem der „hidden action“. Weil deutsche Aktiengesellschaften durch den Vorstand (Agent) eigenverantwortlich geführt werden, können sich die Aktionäre nicht wie die persönlich haftenden Gesellschafter einer Personenhandelsgesellschaft nach § 118 Abs. 1 HGB jederzeit persönlich von den Angelegenheiten der Gesellschaft unterrichten. Ihnen ist auch der Einblick in die Handelsbücher und Papiere des Unternehmens verwehrt. Deshalb sind die Aktionäre (Prinzipale) nicht in der Lage, alle Aktionen des Agenten vollständig zu beobachten oder zu beurteilen.[20] Das verleitet den Agenten möglicherweise dazu, sich zulasten der Aktionäre zu bereichern, was mit „moral hazard“ bezeichnet wird.[21] Diese Situation macht wirksame Kontrollmechanismen erforderlich.

Nachfolgend werden zunächst die Interessenkonflikte in nicht-eigentümergeführten Aktiengesellschaften näher beschrieben. Im Anschluss daran werden

---

15 Vgl. Hucke, Gesellschafter und Geschäftsführer der GmbH – Juristische und ökonomische Analyse, S. 33; Picot/Dietl, Neue Institutionenökonomie und Recht, S. 321.

16 Vgl. Arrow, The Economics of Agency, S. 40; Demougin/Jost, Theoretische Grundlagen der Prinzipal-Agenten-Theorie, S. 46; Hartmann-Wendels, Finanzierung, S. 119; Hucke, Gesellschafter und Geschäftsführer der GmbH – Juristische und ökonomische Analyse, S. 33.

17 Vgl. Hucke, Gesellschafter und Geschäftsführer der GmbH – Juristische und ökonomische Analyse, S. 33; Jost, Die Prinzipal-Agenten-Theorie im Unternehmenskontext, S. 28.

18 Vgl. Hucke, Gesellschafter und Geschäftsführer der GmbH – Juristische und ökonomische Analyse, S. 39.

19 Vgl. Hucke, Gesellschafter und Geschäftsführer der GmbH – Juristische und ökonomische Analyse, S. 40.

20 Vgl. Arrow, The Economics of Agency, S. 40.

21 Vgl. Alchian/Woodward, Reflections on the Theory of the Firm, S. 115.

die Informationsasymmetrien dargestellt, bevor schließlich die wichtigsten Mechanismen der externen Unternehmenskontrolle vorgestellt werden.

2. Interessenkonflikte in der Aktiengesellschaft

Der Eigenkapitalgeber als Prinzipal ist auf die bestmögliche Kapitalverwendung durch den angestellten Agenten angewiesen. Nur so kann er die Rendite aus seiner Kooperation mit dem Agenten maximieren. Am Kooperationsgewinn beteiligen die Anteilseigner ihre angestellten Manager im Vorstand durch die Vergütung ihrer Tätigkeit. Sie möchten als Prinzipale naturgemäß für die von ihrem Eigenkapital gezahlten Vorstandsgehälter einen möglichst hohen und nutzbringenden Arbeitseinsatz erhalten.[22] Für den angestellten Agenten ist besonderer Arbeitseinsatz jedoch mit besonderer Belastung verbunden. Ihm ist an niedrigem Arbeitseinsatz gelegen. Trotzdem möchte er einen möglichst großen Anteil am Unternehmensgewinn erhalten.[23] Diesen Eindruck bestätigt die national wie international fortwährend geführte Diskussion um zu hohe Managergehälter. Zudem ist die Ausweitung von Macht und Prestige durch die Realisierung wirtschaftlich unvorteilhafter Investitionen zur Vergrößerung des Unternehmens für die angestellten Manager im Vorstand attraktiv.[24] Wertminderungen brauchen die Vorstände nicht zu fürchten, da sie nicht Eigner des Unternehmens sind.[25]

Viele Aktiengesellschaften sind bei der Finanzierung von Investitionsvorhaben auf externes Kapital wie Bankdarlehen angewiesen.[26] Der Darlehensgeber partizipiert über den vereinbarten Zins an den Überschüssen, die die Aktiengesellschaft als Darlehensnehmerin mit dem zur Verfügung gestellten Kapital erwirtschaftet.[27] Für die Vorstände der Aktiengesellschaft ist es daher wiederum vorteilhaft, risikoreiche Vorhaben, die mit Ansehen und Prestige für ihre Person verbunden sind, zu realisieren. Die Erfolge dieser Projekte kommen nämlich zum größten Teil der Aktiengesellschaft als Darlehensnehmerin und damit zumindest mittelbar auch ihnen als angestellte Manager und nur zu dem im Darlehensvertrag fest vereinbarten Teil der darlehensgebenden Bank zugute. Letztere muss

22 Vgl. Jost, Die Prinzipal-Agenten-Theorie im Unternehmenskontext, S. 17.
23 Vgl. Jost, Die Prinzipal-Agenten-Theorie im Unternehmenskontext, S. 17.
24 Vgl. Ewert, Wirtschaftsprüfung und asymmetrische Information, S. 26.
25 Vgl. Jensen/Meckling, JoFE 1976, S. 312.
26 Vgl. Hartmann-Wendels, Finanzierung, S. 117.
27 Vgl. Ewert, Wirtschaftsprüfung und asymmetrische Information, S. 24.

aber die Risiken eines möglichen Totalverlusts des bereitgestellten Fremdkapitals tragen.[28]

3. Informationsasymmetrien in der Aktiengesellschaft

3.1 Verhältnis Vorstand – Aktionär

Aktionäre haben die Möglichkeit, ihre Anteile an der Börse zu verkaufen, wenn sie mit der Unternehmensleitung nicht einverstanden sind.[29] Sie können damit auf den Versuch der gerichtlichen oder außergerichtlichen Konfliktlösung verzichten.[30] Damit der Aktienverkauf über die Börse aber rechtzeitig vor ihrem Wertverlust erfolgen kann, benötigen die Anteilseigner zuverlässige Informationen über die Lage des Unternehmens. Deshalb ist der Vorstand der Aktiengesellschaft als Leitungsorgan nach den §§ 242 ff. HGB zur Rechnungslegung verpflichtet. Die Rechnungslegung legt offen, wie das Gesellschaftskapital im jeweiligen Zeitpunkt konkret verwendet worden ist.[31] Nach § 290 HGB werden die Aktionäre über die Lage der Aktiengesellschaft jährlich durch den Konzernabschluss und den Konzernlagebericht sowie die Einzelabschlüsse und Lageberichte nach § 264 HGB auf dem Laufenden gehalten. Zusätzlich informieren gem. § 15 WpHG ad hoc-Mitteilungen über kursbeeinflussende Tatsachen. Ferner steht dem Aktionär nach § 131 Abs. 1 AktG auf der jährlich stattfindenden Hauptverhandlung gegenüber dem Vorstand ein Auskunftsrecht zu. Das Auskunftsrecht soll es dem Aktionär ermöglichen, sein Stimmrecht verantwortlich auszuüben.[32] Es betrifft nicht nur die Jahresabschlusszahlen der Aktiengesellschaft, sondern auch ihre Geschäftsverbindungen, Planungen und Lizenzen, die Eignung und die Bezüge der Mitglieder von Vorstand und Aufsichtsrat sowie behördliche Vorgänge.[33] Das Auskunftsrecht findet seine Grenzen in § 131 Abs. 3 AktG. Der Vorstand kann insbesondere dann die Erteilung von Auskünften verweigern, wenn er sonst der Aktiengesellschaft oder einem verbundenen Unter-

---

28 Vgl. Galai/Masulis, JoFE 1976, S. 62-64; Gavish/Kalay, JofA 1983, Vol. 18, S. 21; Green/Talmor, JoBF 1986, S. 391; Jensen/Meckling, JoFE 1976, S. 334-337.

29 Vgl. Alchian/Demsetz, AER 62 (1972), S. 788; Hucke, Gesellschafter und Geschäftsführer der GmbH – Juristische und Ökonomische Analyse, S. 61.

30 Steinmann/Schreyögg, ZfB 51 (1981), S. 534.

31 Vgl. Ewert, Wirtschaftsprüfung und asymmetrische Information, S. 1; Wagenhofer, Rechnungslegung, S. 439.

32 Vgl. K. Schmidt, Gesellschaftsrecht, S. 842.

33 Vgl. BayObLG, AG 1999, S. 320; BVerfG, NJW 2000, S. 349; NJW 2000, S. 129; Hirte, Kapitalgesellschaftsrecht, Rnd.Nr. 514; K. Schmidt, Gesellschaftsrecht, S. 843.

nehmen einen nicht unerheblichen Nachteil zufügen würde. Das Auskunftsverweigerungsrecht nach § 131 Abs. 3 Nr. 1 AktG folgt aus der Verpflichtung des Vorstands nach § 93 Abs. 1 S. 3 AktG, die Geschäftsgeheimnisse der Aktiengesellschaft zu wahren. Allerdings können Vorstände sich auch missbräuchlich auf ihr Recht nach § 131 Abs. 3 Nr. 1 AktG zurückziehen, um unliebsame Auskunftsbegehren abzuwehren. Muss die begehrte Auskunft erst vor Gericht erstritten werden, ist es für einen Aktienverkauf meist zu spät. Der Wertverlust der Anteile ist dann in der Regel bereits eingetreten. Deshalb erscheint das Auskunftsrecht der Aktionäre nach § 131 Abs. 1 AktG unzureichend, da seine rechtzeitige Inanspruchnahme vom Wohlwollen des befragten Vorstands abhängt.

Hinzu kommt, dass die Aktionäre die Berichte und Auskünfte des Vorstands, auf die allein sie wirtschaftliche Entscheidungen wie den Verkauf ihrer Anteile stützen können, nicht überprüfen können.[34] Denn ihnen ist der Zugang zu notwendigen Hintergrundinformationen verwehrt. Deshalb können die Aktionäre als Adressaten der Rechnungslegung nicht immer davon ausgehen, dass die Rechnungslegung nach den hierfür geltenden gesetzlichen und in der Satzung der Aktiengesellschaft vereinbarten Regelungen aufgestellt wurde.[35] Denn für den rechnungslegungsverantwortlichen Vorstand mag es Gründe geben, die Unternehmensdaten zu manipulieren und verfälscht darzustellen. Zum einen kann es für den Vorstand vorteilhaft sein, den Erfolgsausweis des abgelaufenen Geschäftsjahres zu schönen, um so zu einer vorteilhafteren Bemessungsgrundlage für die ergebnisabhängigen Bestandteile seiner Vergütung zu gelangen.[36] Zum anderen kann der Vorstand die wirtschaftliche Lage der Aktiengesellschaft übertrieben positiv darstellen wollen, um am Kapitalmarkt günstige Finanzierungskonditionen zu erhalten.[37] Vor allem wird er aber zu vermeiden suchen, dass sich vorsätzliche Bereicherungen oder grobfahrlässige Fehler auf Kosten der Gesellschaft in der Rechnungslegung abzeichnen. Denn sonst könnte der Aufsichtsrat als Agent der Anteilseigner Gegenmaßnahmen ergreifen und den Vorstand gem. § 84 Abs. 3 AktG aus wichtigem Grund abberufen. Trotz der Absenkung der für die Durchsetzung einer Sonderprüfung erforderlichen Quoren durch das „Gesetz zur Unternehmensintegrität und Modernisierung des Anfechtungsrechts"[38] (UMAG), das am 01.11.2005 in Kraft getreten ist, bieten die §§ 142 ff. AktG den Aktionären bei der Überprüfung des Vorstands keine rechte Hilfe. Denn bis zum Ab-

---

34 Vgl. Jost, Die Prinzipal-Agenten-Theorie im Unternehmenskontext, S. 32.

35 Vgl. Ewert, Wirtschaftsprüfung, S. 148.

36 Vgl. Holthausen/Larcker/Sloan, JoAE 1995, Vol. 19, S. 29; Zhang, CAR 1999, S. 171.

37 Vgl. DeFond/Jiambalvo, CAR 1993, S. 415; Dhaliwal/Schatzberg/Trombley, Auditing: A Journal of Practice and Theory, 1993, Vol. 12, S. 22.

38 Regierungsentwurf vom 07.01.2005, BR-Drucks. 3/05.

schluss der Sonderprüfung dürfen die antragstellenden Aktionäre ihre Anteile nicht verkaufen. Diese Bestimmung wird von einer Antragstellung abhalten, weil der Antragsteller das Risiko eingeht, seine Aktien selbst dann nicht veräußern zu können, wenn sich das Unternehmen auf Grund von neuen, nach § 15 WpHG meldepflichtigen Umständen negativ entwickelt.[39] § 145 Abs. 4 AktG ermöglicht es dem Vorstand überdies, bei Gericht zu beantragen, dem Sonderprüfer bestimmte Informationen vorenthalten zu dürfen, wenn überwiegende Belange der Gesellschaft dieses gebieten. Nach der Gesetzesbegründung soll hierdurch verhindert werden, dass Minderheitsaktionäre Geschäftsgeheimnisse ausforschen, um die Aktiengesellschaft zu schädigen.[40] Wie das Auskunftsverweigerungsrecht nach § 131 Abs. 3 Nr. 1 AktG lädt die Auskunftsverweigerung nach § 145 Abs. 4 AktG jedoch auch zu Missbrauch ein. Die Vorschrift stärkt daher gleichzeitig die Rechte von unredlichen Mitgliedern des Vorstands, die im Verdacht stehen, gegen Gesetz und Unternehmenssatzung verstoßen zu haben.[41] Aus diesem Grund scheint es nicht so, dass das UMAG die Klage- und Kontrollrechte von Minderheitsaktionären stärkt. Möglicherweise werden ihre Rechte durch das Gesetz sogar noch weiter eingeschränkt und die Informationsasymmetrie innerhalb der Aktiengesellschaft ausgeweitet.

3.2 Verhältnis Vorstand – Darlehensgeber

Die Beziehung zwischen dem darlehensgebenden Kreditinstitut und der Aktiengesellschaft bzw. ihrem Leitungsorgan ist genauso wie das Verhältnis Vorstand – Aktionär sowohl vor als auch nach dem Abschluss des Darlehensvertrages und der Auszahlung des Fremdkapitals durch eine ungleiche Informationsverteilung gekennzeichnet. Denn die Praxis zeigt, dass sich Kreditinstitute in der Regel keinen Sitz im Kontrollorgan der dalehensnehmenden Aktiengesellschaft ausbedingen. Deshalb geht die Bank bei der Bereitstellung des Kapitals Risiken ein, die in dem wirtschaftlichen Leistungsvermögen der Aktiengesellschaft und im Verhalten ihrer Vorstände liegen.[42] Insbesondere über das wirtschaftliche Leistungsvermögen der Aktiengesellschaft hat die Bank keine Kenntnisse („hidden characteristics“). Vor der Darlehensvergabe ist das Kreditinstitut daher auf die Angaben der für die Finanzierung verantwortlichen Vorstandsmitglieder über den Verwen-

---

39 Vgl. Stellungnahme der Schutzgemeinschaft der Kleinaktionäre e.V. (SdK) vom 30.03.2004 zum Referentenentwurf des UMAG, im Internet abrufbar unter www.sdk.org, S. 5.

40 Vgl. UMAG, Regierungsentwurf, BR-Drucks. 3/05, S. 38.

41 Vgl. Stellungnahme der SdK zum Referentenentwurf des UMAG, S. 5.

42 Vgl. Hartmann-Wendels, Finanzierung, S. 119.

dungszweck und die vorhandenen Sicherheiten angewiesen. Dem trägt auch § 18 KWG Rechnung, nach dem jedes Kreditinstitut ein Darlehen von insgesamt mehr als EUR 750.000 nur dann gewähren darf, wenn der Darlehensnehmer seine wirtschaftlichen Verhältnisse, insbesondere seinen (bei prüfungspflichtigen Aktiengesellschaften) geprüften Jahresabschluss und den Bestätigungsvermerk des Abschlussprüfers, offenlegt.

3.3 Zwischenergebnis

Es hat sich gezeigt, dass Anteilseigner und Darlehensgeber auf Informationen des Vorstands angewiesen sind. Aufgrund der geschilderten Interessengegensätze und Informationsasymmetrien in der Aktiengesellschaft besteht jedoch die Gefahr, dass Vorstandsmitglieder in einer Weise handeln, die für sie selbst vorteilhaft, für die Kapitalgeber jedoch nachteilig ist. Das kann im schlimmsten Fall bis hin zu vorsätzlicher Untreue zum Schaden der Eigen- oder Fremdkapitalgeber führen. In den USA war dies bei Enron[43] und WorldCom[44] der Fall, in Italien bei Parmalat[45] und in Deutschland insbesondere bei Flowtex und Comroad. Daher bedarf es besonderer Mechanismen zur Disziplinierung der Vorstände.[46] Nur so können die Interessengegensätze und Informationsasymmetrien abgebaut werden.[47] Fraglich ist, ob die drohende Schadenersatzhaftung allein die Vorstände von Pflichtverletzungen abhält oder ob weitere externe Disziplinierungsmechanismen hinzutreten müssen.

---

43 Vgl. hierzu die Anklageschrift der SEC gegen den Chief Financial Officer Andrew S. Fastow, im Internet abrufbar unter www.sec.gov/litigation/complaints/comp 17762.htm.

44 Vgl. hierzu die Anklageschrift der SEC gegen die WorldCom Inc., im Internet abrufbar unter www.sec.gov/litigation/complaints/complr17588.htm.

45 Vgl. hierzu die Rede vom ehemaligen EU-Binnenmarktkommissar Frits Bolkestein vom 11.02.2004, im Internet abrufbar unter www.europa.eu.int.

46 Vgl. Hucke, Corporate Governance Standards in deutschen Unternehmen – nützlich oder überflüssig?, S. 81; dies., Gesellschafter und Geschäftsführer der GmbH – Juristische und Ökonomische Analyse, S. 49-122.

47 Vgl. Berle/Means, The Modern Corporation and Private Property, S. 9.

4. Vorstandshaftung

4.1 Schadenersatzhaftung gegenüber der Aktiengesellschaft

4.1.1 Pflichtverletzung und „Business Judgement Rule"

Die Mitglieder des Vorstands einer Aktiengesellschaft müssen die Interessen der Gesellschaft wahrnehmen und alles unterlassen, was diese schädigt.[48] Wenn ein Vorstandsmitglied gegen diese Verpflichtung verstößt, macht es sich gem. § 93 Abs. 1 AktG gegenüber der Aktiengesellschaft schadenersatzpflichtig. Entscheidungen des Vorstands sind entsprechend der im US-amerikanischen Gesellschaftsrecht entwickelten „business judgement rule"[49] jedoch solange einer Gerichtskontrolle entzogen, wie sich die Vorstände bei der Ausübung ihres unternehmerischen Ermessens nicht von sachfremden Erwägungen leiten lassen. Der BGH billigt dem Vorstand für die Leitung der Geschäfte der Aktiengesellschaft seit seiner ARAG/Garmenbeck-Entscheidung[50] einen weiten Handlungsspielraum zu. Ohne einen solchen Ermessensspielraum, so der BGH, sei unternehmerisches Handeln undenkbar.[51] Das UMAG nimmt die „business judgement rule" in § 93 Abs. 1 S. 2 AktG auf.[52] Danach haftet ein Vorstandsmitglied für seine Entscheidungen solange nicht, wie es „vernünftigerweise" annehmen durfte, zum Wohl der Gesellschaft zu handeln.[53] In Anlehnung an die ARAG/Garmenbeck-Entscheidung des BGH ist das Tatbestandsmerkmal „vernünftigerweise" nur dann zu verneinen, wenn das mit der unternehmerischen Entscheidung verbundene Risiko in völlig unverantwortlicher Weise falsch beurteilt worden ist.[54] Nach der Begründung des Regierungsentwurfs des UMAG liegt ein Handeln zum Wohle der Aktiengesellschaft solange vor, wie das Handeln der langfristigen Ertragsstärkung und Wettbewerbsfähigkeit des Unternehmens und seiner Produkte oder Dienstleistungen dient. Dabei ist nicht das ex post ermittelte Wohl der Gesellschaft maßgeblich, sondern das ex ante in gutem Glauben angestrebte Gesellschaftswohl.[55] Solange das Handeln des verantwortlichen Vorstandsmitglieds al-

---

48 Vgl. K. Schmidt, Gesellschaftsrecht, S. 815.

49 Vgl. hierzu Merkt, US-amerikanisches Gesellschaftsrecht, Rnd.Nr. 835 ff.; Thümmel, Persönliche Haftung von Managern und Aufsichtsräten, Rnd.Nr. 6, 34; ders., DB 2004, S. 417.

50 Vgl. BGHZ 135, S. 244.

51 Vgl. ebenso Kindler, ZHR 162 (1998), S. 101 ff.; Ulmer, ZHR 163 (1999), S. 294.

52 Vgl. UMAG, Regierungsentwurf, BT-Drucks. 3/05, S. 18 ff.; Seibert/Schütz, ZIP 2004, S. 254; Thümmel, DB 2004, S. 471.

53 Vgl. UMAG, Regierungsentwurf, BT-Drucks. 3/05, S. 19.

54 Vgl. UMAG, Regierungsentwurf, BT-Drucks. 3/05, S. 19.

55 Vgl. UMAG, Regierungsentwurf, BR-Drucks. 3/05, S. 19-20.

so unbeeinflusst von Interessenkonflikten, Fremdeinflüssen und ohne unmittelbaren Eigennutz ist sowie auf der Grundlage angemessener Informationen erfolgt, stellt es keine Pflichtverletzung dar, auch wenn es sich für die Aktiengesellschaft und ihre Aktionäre nachteilig auswirkt.[56]

4.1.2 Klageanreize für die Minderheitsaktionäre

Aber auch wegen eigennützigem oder unverantwortlichem Handeln wurden Vorstandsmitglieder bislang nur selten zur Verantwortung gezogen. Denn nach § 93 Abs. 1 AktG haftet der Vorstand nur der Aktiengesellschaft auf Schadenersatz. Die Vorstandshaftung gegenüber der Gesellschaft durchzusetzen hat für den einzelnen Aktionär jedoch nur geringen Reiz. Erklärtes Ziel des UMAG soll zwar sein, Minderheitsaktionären eine Haftungsklage gegen den Vorstand durch die Absenkung des für eine Klage erforderlichen Quorums zu erleichtern.[57] Denn einen Börsenwert von EUR 100.000 dürften die Anteile jedes institutionellen Anlegers und größerer Privatanleger leicht erreichen.[58] Dem einzelnen Aktionär kommt durch die Klage allerdings nur ein geringer Mehrertrag zu, da der Schadenersatz an die Aktiengesellschaft zu leisten und dadurch unter der Gesamtzahl der Anteilseigner aufzuteilen ist.[59] Demgegenüber sieht das UMAG für die Haftungsklage gegen den Vorstand mit § 147a Abs. 1 AktG ein besonderes gerichtliches Zulassungsverfahren vor.[60] § 147a Abs. 6 AktG bürdet dem klagenden Aktionär das Kostenrisiko für dieses Klageerzwingungsverfahren auf. Nur wenn er diese Stufe überwunden hat, bekommt er von der Gesellschaft die Kosten für die Klage – dann allerdings unabhängig von ihrem Erfolg – erstattet. Es ist zweifelhaft, ob ein Minderheitsaktionär eine Klage für seine Aktiengesellschaft, an deren potentiellem Erfolg er nicht direkt teilhat, führen wird, wenn er das mit dieser Klage verbundene Kostenrisiko übernehmen muss.[61] Denn dieses Kostenrisiko ist beträchtlich. Nach § 147a Abs. 2 AktG soll über die Zulassung der Klage das Landgericht, in dessen Bezirk die Aktiengesellschaft ihren Geschäftssitz hat, entscheiden. Und vor dem Landgericht herrscht gem. § 78 Abs. 1 ZPO Anwaltszwang. Im Falle der Nichtzulassung der Klage müsste der Aktionär also die Gerichtskosten, den Anwalt der Aktiengesellschaft und seinen eigenen Anwalt bezahlen. Es ist daher zum jetzigen Zeitpunkt davon auszugehen, dass Minderheits-

---

56 Vgl. UMAG, Regierungsentwurf, BR-Drucks. 3/05, S. 20.
57 Vgl. UMAG, Regierungsentwurf, BR-Drucks. 3/05, S. 41.
58 Vgl. Seibert/Schütz, ZIP 2004, S. 253.
59 Vgl. Hucke, Gesellschafter und Geschäftsführer der GmbH – Juristische und ökonomische Analyse, S. 61; Picot/Michaelis, ZfB 54 (1984), S. 259.
60 Vgl. hierzu Seibert/Schütz, ZIP 2004, S. 253; Thümmel, DB 2004, S. 473 ff..
61 Vgl. Stellungnahme der SdK zum Referentenentwurf des UMAG, S. 8.

aktionäre das Risiko und den Aufwand einer Haftungsklage gegen den eigenen Vorstand scheuen werden.

4.1.3 Klageanreize für den Aufsichtsrat

Ob das Gleiche für den Aufsichtsrat gilt, ist die Frage. Der BGH hatte die Verantwortung für die Verfolgung von Ansprüchen der Aktiengesellschaft gegen den Vorstand in seiner ARAG/Garmenbeck-Entscheidung ausdrücklich dem Aufsichtsrat als internem Kontrollorgan zugewiesen.[62] Die Entscheidung über die Verfolgung von Ansprüchen gegenüber dem Vorstand wird aus vorstehenden Erwägungen wohl auch in Zukunft vom Aufsichtsrat getroffen werden. Zumal dem einzelnen Aktionär gem. § 147a Abs. 1 Nr. 2 AktG das Klagezulassungsverfahren ohnehin erst eröffnet sein soll, wenn er den Aufsichtsrat zuvor vergeblich zur Erhebung der Haftungsklage aufgefordert hat.

Die Überwachungstätigkeit des Aufsichtsrats hat im Interesse der Aktiengesellschaft und ihrer Aktionäre zu erfolgen.[63] Deshalb müssen seine Mitglieder vom Vorstand unabhängig sein.[64] Mit der Unabhängigkeit des Aufsichtsrats befasst sich die EU-Kommission in ihrer Empfehlung vom 15.02.2005 zu den „Aufgaben der nicht geschäftsführenden Direktoren/Aufsichtsratsmitglieder sowie zu den Ausschüssen des Verwaltungs-/Aufsichtsrats“.[65] Auch der Deutsche Corporate Governance-Kodex beschäftigt sich mit der Unabhängigkeit des unternehmensinternen Kontrollorgans vom geschäftsleitenden Vorstand. Standard 5.4.2 empfiehlt, dass nicht mehr als zwei ehemalige Vorstandsmitglieder gleichzeitig Mitglied des Aufsichtsrats sind. Die Empfehlungen des Deutschen Corporate Governance-Kodex beruhen auf einer nicht zwingenden Selbstverpflichtung der Unternehmen, die lediglich durch die „Comply or explain“-Pflicht des § 161 AktG eine gewisse Bindungswirkung erhält. Umfragen zeigen jedoch, dass über 90 Prozent aller börsennotierten Aktiengesellschaften in Deutschland und sogar 97 Prozent der DAX-Unternehmen Standard 5.4.2 respektieren und anwenden.[66] In der Praxis tun sich aber auch unabhängige Aufsichtsräte schwer damit, gegen den Vorstand der eigenen Aktiengesellschaft eine Organhaftungsklage zu erhe-

---

62 Vgl. Thümmel, DB 2004, S. 473.

63 Vgl. Hucke, Aufsichtsrat und Abschlussprüfer – Eine symbiotische Beziehung?, S. 120; dies., Corporate Governance Standards in deutschen Unternehmen – nützlich oder überflüssig?, S. 82; Mattheus, ZGR 1999, S. 684.

64 Vgl. Böcking, zfbf 2003, S. 702; Böcking/Orth, WPg 1998, S. 360; Mattheus/ Hommelhoff, AG 1998, S. 257; Schwandtner, DStR 2002, S. 330.

65 ABl.EG L 52, S. 51-63.

66 Vgl. Werder/Talaulicar/Kolat, DB 2003, S. 1862.

ben.[67] Der Grund hierfür liegt häufig in der Sorge um das Ansehen des Unternehmens und in der Furcht, selbst Fehler gemacht zu haben.[68] Deshalb bringt die Haftung des Vorstands nach § 93 Abs. 1 AktG der Aktiengesellschaft gegenüber auch nach (oder gerade wegen) der Neufassung des Haftungstatbestands und seiner prozessualen Durchsetzung durch das UMAG keinen genügenden Anreiz für die Vorstände, die eigenen Interessen hinter die Interessen der Anteilseigner zu stellen.[69]

4.2 Schadenersatzhaftung gegenüber den Anteilseignern

Eine spezielle Außenhaftung der Vorstände für fehlerhafte Informationen gegenüber den Aktionären sieht das deutsche Aktienrecht bislang nicht vor. Nach den §§ 37b, 37c WpHG haftet den Aktionären für fehlerhafte Kapitalmarktinformationen die Aktiengesellschaft auf Schadenersatz, nicht dagegen das verantwortliche Vorstandsmitglied. Dieser Schadenersatzanspruch ist jedoch im Ernstfall oftmals wegen Insolvenz der Aktiengesellschaft nicht werthaltig.[70] Aktionäre konnten die Mitglieder des Vorstands für fehlerhafte Kapitalmarktinformationen in der Vergangenheit auch nicht nach den Vorschriften des allgemeinen Zivilrechts in Anspruch nehmen.[71] Sie scheiterten an den Beweishürden des Deliktsrechts. Regelmäßig konnten sie im Haftpflichtprozess nämlich den behaupteten Ursachenzusammenhang zwischen der unwahren Kapitalmarktinformation und dem Aktienkauf nicht beweisen.[72] Auch Beweiserleichterungen konnten Anteilseigner in der Regel nicht für sich in Anspruch nehmen.[73] Die Anlageentscheidung eines potentiellen Aktienkäufers stellt nämlich einen individuellen Willensentschluss dar, der durch viele Faktoren, so auch die Bereitschaft zu spekulativen Anlageformen, bestimmt wird.[74] Der Beweis des ersten Anscheins gilt aber nur bei typischen Geschehensabläufen und nicht bei subjektiven Entscheidungen.[75] Beweiserleichterungen kommen nur bei großer zeitlicher Nähe zwischen dem Aktienkauf und

67 Vgl. Thümmel, DB 2004, S. 473.
68 Vgl. Thümmel, DB 2004, S. 473.
69 Vgl. Meilicke/Heidel, DB 2004, S. 1479.
70 Vgl. Baums, ZHR 167 (2003), S. 146.
71 Vgl. Baums, ZHR 167 (2003), S. 141.
72 Vgl. LG Augsburg, NZG 2002, S. 430; LG Bonn, AG 2001, S. 487-488 (Refugium); LG Kassel, DB 2002, S. 2152; AG München, WM 2002, S. 596; LG München, ZIP 2001, S. 1817; OLG München, ZIP 2002, S. 1727; ZIP 2002, S. 1991.
73 Vgl. BGH, NJW 2004, S. 2666; NJW 2004, S. 2671 (Infomatec).
74 Vgl. Rössner/Bolkart, WM 2003, S. 956; Rützel, AG 2003, S. 74.
75 Vgl. BGH, NJW 2004, S. 2666; NJW 2004, S. 2671; BGHZ 123, S. 316; BGHZ 110, S. 216.

dem Bekanntwerden der fehlerhaften Kapitalmarktinformation oder bei allzu positivem Wortlaut der Information in Betracht.[76] Letztere Erwägung des BGH gilt nur für ad hoc-Mitteilungen nach § 15 WpHG. Für den grundsätzlich neutral formulierten Jahresabschluss und Lagebericht ist sie nicht von Bedeutung. Denn deren Form und Inhalt sind vom Gesetzgeber weitestgehend vorgeschrieben. Ob sich aus Jahresabschluss und Lagebericht allein eine positive Anlagestimmung für den Erwerb von Aktien ergeben kann, ist daher zweifelhaft.

Mit dem „Gesetz zur Verbesserung der Haftung für falsche Kapitalmarktinformationen" (Kapitalmarktinformationshaftungsgesetz)[77] sollte ein besonderer Haftungstatbestand für die Organaußenhaftung eingeführt werden. Nach § 37a Abs. 2 WpHG-E in der Fassung des Diskussionsentwurfs sollen auch die Organmitglieder für fehlerhafte Informationen an den Kapitalmarkt haften. Die Haftung soll sich insbesondere auf öffentlich gemachte Informationen wie Jahresabschlüsse, Zwischenberichte oder ad hoc-Mitteilungen erstrecken.[78] Die Organmitglieder sollen für Vorsatz und grobe Fahrlässigkeit haften. Ihr Verschulden wird nach dem Diskussionsentwurf vermutet, wenn sie sich nicht exkulpieren und darlegen können, dass sie nicht schuldhaft oder zumindest nur einfach fahrlässig von der Richtigkeit der bekanntgegebenen Information ausgegangen sind.[79] Der Diskussionsentwurf des Bundesfinanzministeriums ist somit in zwei Punkten strenger als die deliktische Organaußenhaftung nach § 826 BGB: Zum einen soll das in Anspruch genommene Organmitglied nicht nur für Vorsatz, sondern wenigstens auch für grobe Fahrlässigkeit haften. Zum anderen muss der Aktionär nach dem Entwurf das Verschulden des Organmitglieds nicht beweisen. Vielmehr muss sich das Organmitglied von dem Vorwurf grober Fahrlässigkeit entlasten. Dennoch verbessert sich auch nach dem Diskussionsentwurf die Beweislage der Aktionäre nicht: Eine Beweiserleichterung soll für sich nach § 37a Abs. 3 S. 1 WpHG-E nur in Anspruch nehmen können, wer seine Aktien innerhalb von drei Monaten seit der fehlerhaften Kapitalmarktinformation erworben hat. Nach § 37a Abs. 3 S. 3 WpHG-E soll es bei der normalen Beweislastverteilung verbleiben, wenn der Aktienerwerb außerhalb dieser Frist erfolgt ist. Da es für den Anleger aber nahezu unmöglich ist, den ihm obliegenden Beweis des Ursachenzusammenhangs zu führen,[80] wird ihm nach dem Diskussionsentwurf außerhalb der

---

76 Vgl. BGH, NJW 2004, S. 2666; NJW 2004, S. 2671.

77 Diskussionsentwurf des Bundesfinanzministeriums vom 07.10.2004 im Internet abrufbar unter www.wpk_stellungnahmen_kapinhag_diskussionsentwurf.pdf.

78 Vgl. Kapitalmarktinformationshaftungsgesetz, Diskussionsentwurf des Bundesfinanzministeriums, S. 16.

79 Vgl. Kapitalmarktinformationshaftungsgesetz, Diskussionsentwurf des Bundesfinanzministeriums, S. 17.

80 Vgl. BGH, NJW 2004, S. 2666.

Drei-Monats-Frist praktisch jeder Anspruch gegen die Vorstände seiner Aktiengesellschaft abgeschnitten. Das klingt auch in der Begründung des Bundesfinanzministeriums zu dem Diskussionsentwurf an: „Nach Satz 3 (§ 37a Abs. 3 S. 3 WpHG) ist die Geltendmachung der Schadenersatzansprüche auch dann möglich, wenn das Erwerbsgeschäft nach der Drei-Monats-Frist abgeschlossen wurde, sofern es dem Kläger möglich ist, eine Kausalität der schädigenden Handlung ... für den Kauf ... der Finanzinstrumente durch den Anspruchsteller nachzuweisen.“[81] Der Diskussionsentwurf des Kapitalmarktinformationshaftungsgesetzes vom 07.10.2004 ist überwiegend auf Widerspruch gestoßen. Gerügt wurde insbesondere die Missbrauchsanfälligkeit der vorgesehenen Klagemöglichkeit für Minderheitsaktionäre, deren Aktien an Wert verloren haben und die hierfür eine Ersatzmöglichkeit suchen.[82] Aus diesem Grund hat das Bundesfinanzministerium den Gesetzentwurf zurückgezogen. Wann das Kapitalmarktinformationshaftungsgesetz in Kraft tritt, ist damit ungewiss.

Es ist in der Tat zweifelhaft, ob angesichts der Infomatec-Rechtsprechung des BGH[83] eine gesetzliche Regelung zur Organaußenhaftung notwendig ist. Der Entwurf des Bundesfinanzministeriums jedenfalls hätte es bei der allgemeinen, für die Anteilseigner ungünstigen Beweislast belassen. Daher hätte er im Vergleich zu den Infomatec-Urteilen die Aussichten der Aktionäre auf Schadenersatz kaum verbessert. Der BGH hat in seinen Urteilen vom 19.07.2004 die engen Voraussetzungen, unter denen sich die Anteilseigner auf eine Beweiserleichterung berufen können, festgelegt. An ihnen sollte sich nach den Vorstellungen des Bundesfinanzministeriums das Kapitalmarktinformationshaftungsgesetz orientieren. Trotz der Rücknahme des Diskussionsentwurfs sind die vom BGH aufgestellten Grundsätze für Aktionäre und ihre Rechtsanwälte bei der Beurteilung der Erfolgsaussichten einer Organhaftungsklage verbindlich. Wegen der Beweislastverteilung dürfte die disziplinierende Wirkung der Organaußenhaftung genauso wie bei der Innenhaftung des Vorstands nach § 93 Abs. 1 AktG gering sein. Deshalb bedarf es weiterer externer Mechanismen zur wirkungsvollen Kontrolle und Disziplinierung der Unternehmensvorstände.

81 Vgl. Kapitalmarktinformationshaftungsgesetz, Diskussionsentwurf des Bundesfinanzministeriums, S. 20.

82 Vgl. Handelsrechtsausschuss des DAV, NZG 2004, S. 1100; Semler/Gittermann, NZG 2004, S. 1085.

83 Vgl. BGH, NJW 2004, S. 2666.

5. Kontrolle des Vorstands durch Rechnungslegungs-Enforcement und Jahresabschlussprüfung

Wegen der beschriebenen Interessenkonflikte und Informationsasymmetrien in nicht-eigentümergeführten Aktiengesellschaften kann die Rechnungslegung nur dann glaubwürdig und als Basis von Verträgen zwischen der Aktiengesellschaft und potentiellen Anteilseignern, Darlehensgebern und Geschäftspartnern geeignet sein, wenn sie einer Kontrolle unabhängiger Dritter unterzogen wird. Das Kontrollsystem sollte präventiv gewährleisten, dass wesentliche Unregelmäßigkeiten bereits im Rahmen der Abschlusserstellung verhindert werden. Treten dennoch Unregelmäßigkeiten auf, so muss sichergestellt werden, dass diese aufgedeckt, berichtigt und sanktioniert werden.[84] In Deutschland sind für die Kontrolle das Rechnungslegungs-Enforcement und die Jahresabschlussprüfung zuständig.

5.1 Rechnungslegungs-Enforcement

In Frankreich und Italien erfolgt die Durchsetzung der Rechnungslegungsgrundsätze bei börsennotierten Unternehmen durch eine rein staatliche Instanz. Neben der Prüfung durch den Abschlussprüfer überprüfen die nationalen Börsenaufsichtsbehörden – in Frankreich die AMF („Autorité Des Marchés Financiers") und in Italien die CONSOB („Commissione Nazionale per le Società e la Borsa") – in Form von Stichproben sowie auf Beschwerden oder Presseberichte hin veröffentlichte Jahresabschlüsse und Zwischenberichte.[85] Im Fall von Verstößen können die Behörden gegen die Unternehmen Bußgelder verhängen und/oder die Strafverfolgungsbehörden einschalten. Ähnlich wie die US-amerikanische Börsenaufsicht SEC haben die AMF und die CONSOB gegenüber den an nationalen Börsen notierten Unternehmen weitreichende Auskunftsrechte, die sie mit Zwangsgeldern durchsetzen können. In England existiert mit dem FRRP („Financial Reporting Review Panel") dagegen eine privatrechtliche Instanz zur Überprüfung der Rechnungslegung kapitalmarktorientierter Unternehmen.[86] Das FRRP hat weder Auskunftsrechte noch Sanktionsbefugnisse und wird ausschließ-

84 Vgl. Hendricks, Überlegungen zur Weiterentwicklung des Enforcement in Deutschland und Europa, S. 42.

85 Vgl. die Internet-Auftritte der Aufsichtsbehörden unter www.amf-france.org und www.consob.it/eng_index.htm.

86 Vgl. den Internet-Auftritt des FRRP unter www.frrp.org.uk/frrp/about.htm.

lich reaktiv aufgrund von Hinweisen oder Presseartikeln tätig.[87] Im Falle eines festgestellten Verstoßes oder eines entsprechenden Verdachts muss das FRRP die zuständigen Zivilgerichte anrufen. Im Gegensatz zur AMF, CONSOB oder SEC kann das FRRP die Beseitigung festgestellter Bilanzierungsfehler nicht gewährleisten: In den zehn Jahren des Bestehens des FRRP ist es bislang noch zu keinem einzigen Gerichtsverfahren und praktisch nie zu der Korrektur eines festgestellten Jahresabschlusses gekommen.[88]

Der deutsche Gesetzgeber hat mit § 316 HGB die Überprüfung von Gesetz- und Ordnungsmäßigkeit der Jahresabschlüsse börsennotierter Unternehmen in erster Linie dem Abschlussprüfer übertragen.[89] Gem. § 171 Abs. 1 AktG soll auch der Aufsichtsrat auf die Rechtmäßigkeit von Jahres- und Konzernabschluss sowie Lagebericht achten.[90] Allerdings wurde die Effizienz von Abschlussprüfung und Aufsichtsrat durch Unternehmenskrisen national wie international stark in Frage gestellt.[91] So wurde in Deutschland schon von einer Enforcement-Lücke gesprochen.[92] Diese tat sich bislang insbesondere dann auf, wenn der für den Kapitalmarkt bestimmte Konzernabschluss unter Verstoß gegen Rechnungslegungsstandards aufgestellt worden ist und die Prüfung durch Abschlussprüfer und Aufsichtsrat die Verstöße nicht festgestellt hat.[93] Bis zum 01.07.2005 gab es nämlich kein von staatlicher Seite beauftragtes Gremium, das neben Abschlussprüfer und Aufsichtsrat regelmäßig die Richtigkeit der Unternehmensberichte kapitalmarktorientierter Unternehmen prüfte.[94] Aus diesem Grund wurde durch das „Gesetz zur Kontrolle von Unternehmensabschlüssen“[95] (Bilanzkontrollgesetz) als Maßnahme zur Verbesserung der Qualität der deutschen bzw. europäischen Finanzberichterstattung eine über die Abschlussprüfung hinausgehende Enforcement-Institution geschaffen,[96] die seit dem 01.07.2005 unabhängig vom Abschlussprü-

---

87 Vgl. Hendricks, Überlegungen zur Weiterentwicklung des Enforcement in Deutschland und Europa, S. 45.

88 Vgl. Hendricks, Überlegungen zur Weiterentwicklung des Enforcement in Deutschland und Europa, S. 45.

89 Vgl. Hommelhoff/Mattheus, BB 2004, S. 93; Schulze-Osterloh, ZGR 1976, S. 416.

90 Vgl. Hommelhoff/Mattheus, BB 2004, S. 93; Hüffer, Aktiengesetz, § 171, Rnd.Nr. 2; Schulze-Osterloh, ZIP 1998, S. 2129.

91 Vgl. Hommelhoff, WPg 2001, Sonderheft, S. 39; Hommelhoff/Mattheus, BB 2004, S. 93.

92 Vgl. Baetge/Lutter (Hrsg.), Abschlussprüfung und Corporate Governance, S. 17.

93 Vgl. Baetge/Lutter (Hrsg.), Abschlussprüfung und Corporate Governance, S. 18.

94 Vgl. DAV, NZG 2004, S. 220.

95 BGBl. 2004, Teil I, S. 3408-3415.

96 Vgl. Arbeitskreis Externe Unternehmensrechnung der Schmalenbach-Gesellschaft für Betriebswirtschaft, DB 2004, S. 329; Wolf, DStR 2004, S. 244.

fer die Rechnungslegung von Unternehmen prüft, die an einer inländischen Börse notiert sind.

Das Rechnungslegungs-Enforcement in Deutschland soll durchsetzungsfähiger sein als das britische FRRP. Dennoch kann schon aus Kostengründen nicht bei jedem Verdacht eine mit Hoheitsrechten ausgestattete Bilanzpolizei einschreiten. Dem Vorbild der hochspezialisierten SEC wird das Enforcement daher nicht entsprechen können. Denn für die Aus- und Fortbildung der Mitarbeiter einer solchen Behörde fehlen die notwendigen finanziellen Mittel.[97] Die nach dem Bilanzkontrollgesetz konzipierte Enforcement-Institution besteht daher aus zwei Instanzen. Die erste Stufe, die sog. „Deutsche Prüfstelle Rechnungslegung", ist gem. § 342b Abs. 1 S. 1 HGB eine privatrechtliche Organisation, die dem Unternehmen rechtlich auf gleicher Ebene begegnet. Die Prüfstelle soll gem. § 342b Abs. 1 S. 3 HGB bei Verdacht auf Unregelmäßigkeiten sowie ohne besonderen Anlass in Stichproben die Rechnungslegung der börsennotierten Unternehmen überprüfen. Die Prüfstelle finanziert sich gem. § 342d HGB aus einer nach § 17d FinDAG von Kapitalmarktunternehmen zu erhebenden Umlage und belastet damit nicht den Bundeshaushalt. Da sich die Prüfstelle und die zu prüfenden Unternehmen rechtlich auf gleicher Ebene begegnen und die Prüfstelle mit keinerlei hoheitlichen Kompetenzen ausgestattet ist, ist diese auf die freiwillige Mitwirkung der Unternehmen angewiesen.[98] Das formale Gleichgewicht von Prüfstelle und Kapitalmarktunternehmen, so wird erwartet, erhöht die Bereitschaft der enforcement-pflichtigen Unternehmen zur Kooperation mit der Prüfstelle sowie zur Korrektur beanstandeter Fehler.[99] Durch das Enforcement soll den Unternehmen die Möglichkeit geboten werden, Unstimmigkeiten über Bilanzierungsfragen mit Fachleuten im Dialog unter Gleichen zu klären.[100] Verweigert das enforcementpflichtige Unternehmen die Durchführung der Prüfung, die Kooperation während der Prüfung oder die Beseitigung der durch die Prüfstelle festgestellten Bilanzierungsfehler, so erhält hiervon die BAFin (Bundesanstalt für Finanzdienstleistungen) Kenntnis. Diese ordnet dann gem. § 37o Abs. 1 S. 1 WpHG per Verwaltungsakt eine eigene Prüfung an, die sie durch eigenes Personal oder externe Wirtschaftsprüfer durchführen lässt. Gem. § 37q Abs. 1 S. 2 WpHG kann die BAFin mit einem weiteren Verwaltungsakt anordnen, dass die von ihr festgestellten Fehler unter Berücksichtigung ihrer Rechtsauffassung im nächsten Jahresab-

97 Vgl. Hommelhoff, WPg 2001, Sonderheft, S. 40; Hommelhoff/Mattheus, BB 2004, S. 94.

98 Vgl. Hommelhoff/Mattheus, BB 2004, S. 94.

99 Vgl. Baetge/Lutter (Hrsg.), Abschlussprüfung und Corporate Governance, S. 18; Hommelhoff, WPg 2001, Sonderheft, S. 41; Hommelhoff/Mattheus, BB 2004, S. 94.

100 Vgl. Bilanzkontrollgesetz, Gesetzentwurf der Bundesregierung vom 24.06.2004, BT-Drucks. 15/3421, S. 11.

schluss oder, in gravierenden Fällen, durch Neuaufstellung des geprüften Abschlusses zu berichtigen sind. Ihre Verwaltungsakte kann die BAFin mit Verwaltungszwang durchsetzen.

5.2 Jahresabschlussprüfung

Neben dem Rechnungslegungs-Enforcement soll die Jahresabschlussprüfung den Aussagewert der Rechnungslegung kapitalmarktorientierter Unternehmen sicherstellen.[101] Sie umfasst gem. § 317 Abs. 1 und Abs. 2 HGB den Jahresabschluss sowie den Lagebericht. Auf die Geschäftsleitung der prüfungspflichtigen Aktiengesellschaft erstreckt sie sich nicht. Die Kontrolle des Vorstands ist gem. § 111 Abs. 1 AktG Aufgabe des unternehmensinternen Aufsichtsrats. Diesem obliegt gem. § 171 Abs. 1 S. 1 AktG auch die Überprüfung des Jahresabschlusses, des Lageberichts und des Vorschlags für die Verwendung des Bilanzgewinns. Der Abschlussprüfer soll den Aufsichtsrat hierbei unterstützen,[102] indem er ein Urteil über die Rechnungslegung als Teilbereich der Verantwortung des Vorstands[103] abgibt und ihm so unabhängige und sachverständige Informationen zur Verfügung stellt.[104] Gem. § 317 Abs. 4 HGB muss sich der Abschlussprüfer einer börsennotierten Aktiengesellschaft zusätzlich vergewissern, ob der Vorstand seiner Pflicht aus § 91 Abs. 2 AktG nachgekommen ist und ein funktionierendes Risikofrüherkennungssystem eingerichtet hat. Er muss feststellen, ob das System die Identifikation, Bewertung und Analyse von Risiken innerhalb der Gesellschaft gewährleistet.[105] Das kann der Prüfer aber nur, wenn er sich auch mit Fragen der strategischen und operativen Führung des zu prüfenden Unternehmens auseinan-

---

101 Vgl. ADS, § 319 HGB, Rnd.Nr. 12; Hommelhoff/Mattheus, BB 2004, S. 93; Lutter/Hommelhoff, GmbHG, § 42, Anh., Rnd.Nr. 3; Marx, Unabhängige Abschlussprüfung und Beratung, S. 67.

102 Vgl. Bormann, BB 2002, S. 190; Hellwig, ZIP 1999, S. 2123; Hucke, Corporate Governance Standards in deutschen Unternehmen – nützlich oder überflüssig?, S. 82; Mattheus, ZGR 1999, S. 687.

103 Vgl. ADS, § 317 HGB, Rnd.Nr. 140.

104 Vgl. Baetge/Linßen, BFuP 1999, S. 371; Hucke, Wirtschaftsprüfer – Auf dem Weg zu Alleskönnern oder vom Gesetzgeber überfordert?, S. 29; Schindler/Rabenhorst, BB 1998, S. 1939.

105 Vgl. zum Risikomanagement: Bitz, Risikomanagement nach dem KonTraG, S. 25-67; Lück, Betriebswirtschaftliche Aspekte der Einrichtung eines Überwachungssystems und eines Risikomanagementsystems, S. 146-171; Wolf/Runzheimer, Risikomanagement und KonTraG, S. 27-87; WP-Handbuch, Abschnitt P, Rnd.Nr. 22-61.

dersetzt.[106] Hierfür benötigt er umfassende und intensive Kenntnisse über die Branche und den Markt, in dem dieses Unternehmen tätig ist.[107]

Das „Gesetz zur Kontrolle und Transparenz im Unternehmensbereich“[108] (KonTraG) hat mit § 317 Abs. 4 HGB bei der gesetzlichen Abschlussprüfung die Geschäftstätigkeit und das wirtschaftliche Umfeld der prüfungspflichtigen Aktiengesellschaft in den Vordergrund gerückt.[109] Die Abschlussprüfer von börsennotierten Aktienkonzernen, zumeist selbst große Prüfungs- und Beratungsgesellschaften, haben erkannt, dass der Ursprung von Risiken in der Geschäftstätigkeit des zu prüfenden Unternehmens liegt.[110] Deshalb befassen sie sich seit Inkrafttreten des KonTraG über ihren gesetzlichen Auftrag hinaus verstärkt mit den Planungen des Vorstands und den Annahmen, die diesen Planungen zugrunde liegen.[111] Die Tätigkeit des Abschlussprüfers hat sich somit in den letzten Jahren gewandelt.[112] Sie ist nicht mehr rein vergangenheitsbezogen und allein auf das Rechnungswesen ausgerichtet.[113] Das KonTraG und der Deutsche Corporate Governance-Kodex haben vielmehr die Beziehungen von Aufsichtsrat und Abschlussprüfer intensiviert.[114] Das trägt dem Umstand Rechnung, dass der Aufsichtsrat als Kontrollorgan bei der Prüfung von Jahresabschluss und Lagebericht nach § 171 Abs. 1 S. 1 AktG im Hinblick auf die Darstellung der zukünftigen Entwicklung der Aktiengesellschaft und auf die Ausgestaltung des Risikofrüherkennungssystems professioneller Beratung bedarf.[115] Besondere Bedeutung bei der Beratung des Aufsichtsrats kommt dem Prüfungsbericht des Abschlussprüfers zu, den dieser gem. § 321 Abs. 5 S. 2 HGB dem Aufsichtsrat vorzulegen hat. Der Abschlussprüfer ist gem. § 171 Abs. 1 S. 2 AktG auch verpflichtet, an der Bi-

---

106 Vgl. Hucke, WPg 2001, S. 561.

107 Vgl. Böcking/Orth, BFuP 2000, S. 251; Eggemann/Konradt, BB 2000, S. 509; Schindler/Rabenhorst, BB 1998, S. 1891.

108 BGBl. 1998, Teil I, S. 786 ff..

109 Vgl. Baetge/Zülch, Von der Spätwarnung zur Frühwarnung, S. 16; Dörner, WPg 1998, S. 1943; Dyckerhoff, Entwicklungstendenzen bei der Abschlussprüfung, S. 119; Schindler/Rabenhorst, BB 1998, S. 1943; Wiedmann, Neuere Prüfungsansätze vor dem Hintergrund des KonTraG, S. 86.

110 Vgl. Dyckerhoff, Entwicklungstendenzen bei der Abschlussprüfung, S. 119.

111 Vgl. Dyckerhoff, Entwicklungstendenzen bei der Abschlussprüfung, S. 119.

112 Vgl. Hucke, WPg 2001, S. 562; Marten/Köhler, WPg 2001, S. 435.

113 Vgl. Mattheus, ZGR 1999, S. 695.

114 Vgl. Böcking/Orth, BFuP 1999, S. 432; Escher-Weingart, NZG 1999, S. 913; Hachmeister, DStR 1999, S. 1455; Hucke, Aufsichtsrat und Abschlussprüfer – Eine symbiotische Beziehung?, S. 127-129; dies., WPg 2001, S. 562; Hucke/Ammann, Der Deutsche Corporate Governance-Kodex, S. 129; Mattheus, ZGR 1999, S. 684.

115 Vgl. Hucke, Aufsichtsrat und Abschlussprüfer – Eine symbiotische Beziehung?, S. 128.

lanzsitzung des Aufsichtsrats teilzunehmen und dort über die wesentlichen Ergebnisse seiner Prüfung zu berichten.

5.3 Nebeneinander von Rechnungslegungs-Enforcement und Jahresabschlussprüfung

Eine rechnungslegungsbezogene Beratung des Aufsichtsrats durch die Deutsche Prüfstelle Rechnungslegung ist nach dem Bilanzkontrollgesetz nicht vorgesehen. Zwar sollen die geprüften Unternehmen die Möglichkeit haben, auf der ersten Enforcement-Stufe Unstimmigkeiten über Bilanzierungsfragen mit den Fachleuten der Prüfstelle zu klären. Eine Beratung durch die Prüfstelle, wie sie das KonTraG im Verhältnis Aufsichtsrat – Jahresabschlussprüfer vorsieht, würde jedoch die Unabhängigkeit der Prüfstelle gefährden, die § 342b Abs. 1 S. 2 HGB verlangt. Auch die Mitteilung sowie die Begründung des Prüfungsergebnisses der Prüfstelle gem. § 342b Abs. 5 S. 1 und S. 2 HGB ist nicht vergleichbar mit dem Prüfungsbericht des Abschlussprüfers. Insbesondere hat der Abschlussprüfer gem. § 321 Abs. 1 S. 3 HGB in seinem Bericht über bestandsgefährdende und entwicklungsbeeinträchtigende Tatsachen zu berichten.[116] Die Enforcement-Prüfung bezieht sich gem. § 342b Abs. 2 S. 1 HGB aber nur auf die Ordnungsmäßigkeit von Jahresabschluss und Lagebericht. Der Bericht der Prüfstelle gibt daher lediglich Aufschluss über Rechnungslegungsfehler. Zudem soll die Enforcement-Stelle nicht wie der Abschlussprüfer jeden Jahresabschluss des prüfungspflichtigen Unternehmens prüfen. Die Deutsche Prüfstelle Rechnungslegung soll gem. § 342b Abs. 2 S. 3 Nr. 1 HGB nur bei Vorliegen konkreter Anhaltspunkte für einen Verstoß gegen Rechnungslegungsvorschriften tätig werden. Ohne besonderen Anlass soll sie gem. § 342b Abs. 2 S. 3 Nr. 3 HGB nur stichprobenartig Prüfungen durchführen. Schließlich unterliegen gem. § 342b Abs. 2 S. 2 HGB Unternehmen nur dann dem Enforcement, wenn ihre Anteile an einer inländischen Börse gehandelt werden. Die handelsrechtliche Prüfungs- und Publizitätspflicht dagegen knüpft nach § 316 HGB und § 267 HGB nicht nur an die Börsennotierung, sondern auch an die Unternehmensgröße an. Die Abschlussprüfung wird deshalb auch neben dem Enforcement langfristig Bestand haben. Beide Institutionen werden nebeneinander darauf hinwirken, Unternehmensintegrität und Anlegerschutz zu stärken und transparent zu machen: Die Abschlussprüfung in regelmäßigem Abstand, das Enforcement aus gegebenem Anlass.

Genauso wie bei den Vorstandsmitgliedern einer börsennotierten Aktiengesellschaft sind auch beim Abschlussprüfer selbst Interessenkonflikte nicht auszu-

116 Vgl. Baetge/Zülch, Von der Spätwarnung zur Frühwarnung, S. 7.

schließen.[117] Daher ist bei ihm über Disziplinierungsmechanismen nachzudenken. Zu ihnen zählen die Vorschriften über seine Unabhängigkeit und die Sanktionierung von Verstößen. Das folgende Kapitel schildert zunächst den Interessenkonflikt, in dem sich der Abschlussprüfer befindet: Er steht zwischen Eigeninteresse und Öffentlichkeit.

117 Vgl. Ballwieser, Auditing in an Agency Setting, , S. 327; ders., Kapitalmarkt, Managementinteressen und die Rolle des Wirtschaftsprüfers, S. 351; Ewert, Wirtschaftsprüfung, S. 166; Westhoff, DStR 2003, S. 2086.

3. Kapitel: Der Abschlussprüfer zwischen Eigeninteresse und Öffentlichkeit

Unternehmensvorstände messen der Abschlussprüfung keinen besonderen Nutzen bei.[1] Die Außenwirkung des Bestätigungsvermerks auf Kapitalgeber schätzen sie als gering ein.[2] Aus ihrer Sicht sind die Prüfungsleistungen der verschiedenen Prüfungsgesellschaften wegen gleicher Prüfungsmethoden und Prüfungsansätze ohnehin kaum noch zu unterscheiden.[3] Überdies benötigen die prüfungspflichtigen Unternehmen ihren geprüften Jahresabschluss auch nicht mehr zur Selbstinformation.[4] Diese Funktion nimmt ihr durch die Fortschritte der Informationstechnologie während der letzten Jahre verbessertes internes Rechnungswesen ein. Daher stellt die Jahresabschlussprüfung für die prüfungspflichtigen Aktiengesellschaften einen reinen Kostenfaktor dar.[5] Für sie gilt es, die Prüfung möglichst günstig abzuhaken.[6] Prüfungspflichtige Unternehmen können insbesondere deshalb Preisdruck auf den Abschlussprüfer ausüben, weil deren Honorare nicht an eine Gebührenordnung gebunden sind. Hinzu kommt die nur begrenzte Nachfrage nach Abschlussprüferleistungen.[7] Ein Wirtschaftsprüfer kann es sich nicht leisten, wegen Unstimmigkeiten ein börsennotiertes Unternehmen als Mandanten zu verlieren. Nach einer im November 2003 veröffentlichten Studie des GAO („United States General Accounting Office“) wechseln börsennotierte Unternehmen ihre Abschlussprüfer im Durchschnitt erst nach 22 Jahren.[8] Das macht die Akquisition großer Prüfungsmandate praktisch unmöglich.

---

1 Vgl. Marx, Unabhängige Abschlussprüfung und Beratung, S. 41.
2 Vgl. Wiedmann, WPg 1998, S. 338.
3 Marten, WPK-Mitt. 1996, S. 12.
4 Vgl. Wiedmann, WPg 1998, S. 341.
5 Vgl. Braun, BB 1996, S. 999; Dörner, WPg 1998, S. 302; Frei, BB 1996, S. 1427; Marten, WPK-Mitt. 1996, S. 12; Schmidt, WPg 1998, S. 319; Vogel, WPg 1988, S. 637; Wiedmann, WPg 1998, S. 341.
6 Vgl. Rauch, BB 1997, S. 35; Steiner, Der Prüfungsbericht des Abschlussprüfers, S. 363; Vogel, WPg 1988, S. 637.
7 Vgl. Braun, BB 1996, S. 999; Ebke, Abschlussprüfer und Dritthaftung, S. 351-353; Heukamp, Abschlussprüfer und Haftung, S. 188-189; Hönle, Die Unabhängigkeit des aktienrechtlichen Abschlussprüfers, S. 115-116; MünchKommHGB, Ebke, § 318, Rnd.Nr. 26; Steiner, Der Prüfungsbericht des Abschlussprüfers, S. 371; ders., WPg 1991, S. 481.
8 Vgl. Required Study on the Potential Effects of Mandatory Audit Firm Rotation, S. 16.

Wirtschaftsprüfer und Wirtschaftsprüfungsgesellschaften nehmen daher zwangsläufig Rücksicht auf die Bedürfnisse ihrer Mandanten.[9] So haben sie ihre Prüfungstätigkeit zu einer prüfungsnahen Beratung ausgebaut.[10] Die Prüfer beraten ihre Mandanten prüfungsbegleitend zur EDV, zur Vermögens-, Bilanz- und Ertragslage sowie zur Finanz- und Investitionspolitik.[11] Sie hoffen, hierdurch die Prüfungsqualität zu verbessern und so höherere Honorare durchsetzen zu können. Neben prüfungsnaher Beratung bieten Wirtschaftsprüfer ihren Mandanten auch Dienstleistungen an, die nicht im Zusammenhang mit der Abschlussprüfung stehen. Dazu zählt insbesondere das weite Feld der Unternehmensberatung.[12] Wirtschaftsprüfer sind hier gegenüber anderen Beratern im Vorteil. Denn die Vorstände von prüfungspflichtigen Aktiengesellschaften bringen ihrem Abschlussprüfer wegen seiner umfassenden theoretischen und praktischen Ausbildung mehr Vertrauen entgegen als anderen Beratern.[13] Sie verlangen von ihm Abschlussprüfung, Steuerberatung und Unternehmensberatung aus einer Hand.[14] Den prüfungspflichtigen Unternehmen bietet der „full service“[15] die Möglichkeit, Kosten zu sparen. Weil der Wirtschaftsprüfer bei der Beratung prüfungsrelevante Informationen gewinnt, fallen geringere Prüfungskosten an.[16] Das „Full-Service-Konzept“ der modernen Wirtschaftsprüfung führt aber auch dazu, dass die Ab-

---

9 Vgl. Ballwieser, Die Unabhängigkeit des Wirtschaftsprüfers – eine Analyse von Beratungsverbot und externer Rotation, S. 105; Marx, ZGR 2002, S. 294; Vogel, WPg 1988, S. 637.

10 Vgl. Dörner, WPg 1998, S. 302; Lenz, WPg 1999, S. 543; Mattheus, ZGR 1999, S. 689; Schmidt, WPg 1998, S. 319.

11 Vgl. Steiner, Der Prüfungsbericht des Abschlussprüfers, S. 362 und 377.

12 Vgl. Backhaus, Der Wirtschaftsprüfer als Unternehmensberater – Selbstverständlichkeit oder neue Herausforderung?, S. 170; ders. WPg 1990, S. 683; Backhaus/Späth, DBW 1992, S. 762.

13 Vgl. Ballwieser, Die Unabhängigkeit des Wirtschaftsprüfers – eine Analyse von Beratungsverbot und externer Rotation, S. 105.

14 Vgl. Havermann, Die Wirtschaftsprüfungsgesellschaft – Struktur und Strategie eines modernen Dienstleistungsunternehmens, S. 56; ders., Herausforderungen eines sich wandelnden Marktes an internationale Wirtschaftsprüfungsgesellschaften, S. 408; Lanfermann, Zur Internationalisierung der Wirtschaftsprüfung, S. 387; Mandler, ZfB 1994, S. 177.

15 Vgl. zu diesem Begriff: Hellwig, ZHR 1997, S. 340; Marx, Unabhängige Abschlussprüfung und Beratung, S. 39-40; dies., ZGR 2002, S. 292; Summers/Knight, Management Advisory Services by CPAs – A study of required knowledge, S. 13.

16 Vgl. Böcking/Löcke, DBW 1997, S. 465-467; Lange, Die Kompatibilität von Abschlussprüfung und Beratung – Eine ökonomische Analyse, S. 213; Marx, Unabhängige Abschlussprüfung und Beratung, S. 41; Wiedmann, DBW 1997, S. 878.

schlussprüfung zur bezahlten Akquisitionsmöglichhkeit umfangreicher Beratungsmandate degradiert wird.[17]

1. Verlust der inneren Urteilsfreiheit des Abschlussprüfers

Zwischen der Jahresabschlussprüfung und jeder Art von Beratung durch den Abschlussprüfer tut sich ein grundsätzlicher Konflikt auf: Effektive Beratung setzt ein besonderes Vertrauensverhältnis zwischen dem Berater und dem Vorstand der beratenen Aktiengesellschaft voraus.[18] Der Prüfer als Berater hat bei seiner Beratungstätigkeit ausschließlich die Interessen des Unternehmens(vorstands) zu berücksichtigen.[19] Bei der Abschlussprüfung muss der Prüfer dagegen die Interessen aller Prüfungsadressaten beachten.[20] Hier agiert der Abschlussprüfer als außenstehende Kontrollinstanz mit öffentlicher Funktion.[21] Er führt die Prüfung im Interesse der Öffentlichkeit durch und besitzt eine besondere Verantwortung ihr gegenüber.[22] Adressat der gesetzlichen Jahresabschlussprüfung sind nämlich nicht nur das geprüfte Unternehmen und seine Organe. Das Urteil des Prüfers interessiert vielmehr aktuelle wie künftige Geschäftspartner, Gläubiger und Anteilseigner des prüfungs- und publizitätspflichtigen Unternehmens.[23] Sie alle verlassen sich bei Vermögensdispositionen auf den Bestätigungsvermerk des Abschlussprüfers. Denn sie können sich vielfach keinen eigenen Einblick in die unternehmensinternen Abläufe des geprüften Unternehmens verschaffen.[24] Deshalb soll der Abschlussprüfer als Garant der Rechnungslegung das Vertrauen der Öf-

---

17 Vgl. Schmidt, WPg 1998, S. 320; Stahl, Der Steuerberater als Unternehmensberater, S. 110; Steiner, WPg 1991, S. 472.

18 Vgl. Hellwig, ZIP 1999, S. 2122; Marx, Unabhängige Abschlussprüfung und Beratung, S. 52.

19 Vgl. Lange, Die Kompatibilität von Abschlussprüfung und Beratung – Eine ökonomische Analyse, S. 5.

20 Vgl. Backhaus/Späth, DBW 1992, S. 765.

21 Vgl. BayObLG, BayOLGZ 1987, S. 308.

22 Vgl. BayObLG, BayOLGZ 1987, S. 308; BVerfG, AnwBl. 1998, S. 409; Demme, Die Unabhängigkeit des Abschlussprüfers nach deutschem, US-amerikanischem und internationalem Recht, S. 48; Ebke, WPK-Mitt. 1998, S. 76-77; MünchKommHGB, Ebke, § 316, Rnd.Nr. 29 ff..

23 Vgl. Demme, Die Unabhängigkeit des Abschlussprüfers nach deutschem, US-amerikanischem und internationalem Recht, S. 48; Marx, Unabhängige Abschlussprüfung und Beratung, S. 67-68; Röhricht, WPg 2001, Sonderheft, S. 80; Veltins, DB 2004, S. 451.

24 Vgl. Marx, Unabhängige Abschlussprüfung und Beratung, S. 67.

fentlichkeit in die durch das Unternehmen veröffentlichten Finanzdaten bekräftigen.[25]

Nur wenn der Prüfer in seinem Urteil frei ist, ist sein Bestätigungsvermerk glaubwürdig.[26] Nur dann kann er sich eine eigene Meinung bilden.[27] Der Abschlussprüfer muss seine Feststellungen deshalb unbeeinflusst von sachfremden Erwägungen und ohne Rücksichtnahme auf eigene Belange oder Interessen Dritter, insbesondere des Leitungs- und Kontrollorgans des prüfungspflichtigen Unternehmens, treffen können.[28] Er muss frei von allen Bindungen sein, die seine berufliche Entscheidungsfreiheit beeinträchtigen oder beeinflussen können.[29] Denn erst die Unabhängigkeit des Abschlussprüfers verleiht seinen Berichten Wert und Bedeutung.[30] Wenn sich der Abschlussprüfer und die Geschäftsleitung des prüfungspflichtigen Unternehmens über den Inhalt der Berichterstattung des Prüfers einigen, ist der Bestätigungsvermerk für die Adressaten der Prüfung bedeutungslos.[31] Die Jahresabschlussprüfung verfügt dann nicht über die vom Gesetzgeber beabsichtigte Wirkung.[32] Das zeigen die spektakulären Unternehmenskrisen der letzten Jahre. Hier wurden vorsätzlich wirtschaftliche Probleme verheimlicht und Unternehmensdaten manipuliert.[33] Die Prüfer haben sie dennoch testiert. In ihrem Vertrauen auf die geprüften Zahlen haben die Prüfungsadressaten erhebliche wirtschaftliche Schäden hinnehmen müssen. Der Wert ihrer Anteile sank, zum Teil ins Bodenlose. Darlehen wurden nicht zurückgezahlt, Schulden

---

25 Vgl. Heine, BuW 1994, S. 808; Jacobs, DB 1975, S. 2238; Marx, Unabhängige Abschlussprüfung und Beratung, S. 67; Röhricht, WPg 2001, Sonderheft, S. 80.

26 Vgl. Hartmann, Das neue Bilanzrecht und der Gesellschaftsvertrag der GmbH, S. 72; Heukamp, Abschlussprüfer und Haftung, S. 179; Lavin, Accounting Review, 1976, S. 31; Peemöller/Oberste-Padtberg, DStR 2001, S. 1813; Schwandtner, DStR 2002, S. 323.

27 Vgl. Heukamp, Abschlussprüfer und Haftung, S. 179.

28 Vgl. WP-Handbuch, Abschn. A, Rnd.Nr. 229.

29 Vgl. WP-Handbuch, Abschn. A, Rnd.Nr. 229.

30 Vgl. Lavin, Accounting Review 1976, S. 31; Marx, Unabhängige Prüfung und Beratung, S. 69.

31 Vgl. Ewert, Wirtschaftsprüfung, S. 167.

32 Vgl. Carmichael, CPA-Journal 1999, Vol. 5, S. 42; Dürrhammer, Unabhängigkeit des Abschlussprüfers im Aktiengesetz und in der Praxis, S. 8; Handbuch der Rechnungslegung, Baetge/Hense, § 319, Rnd.Nr. 328; Berliner Initiativkreis German Code of Corporate Governance, DB 2000, S. 1580; KölnKommAktG, Claussen/Korth, § 319 HGB, Rnd.Nr. 17; Lutter/Hommelhoff, GmbHG, § 42, Anh., Rnd.Nr. 5; Richter, Die Unabhängigkeit des Wirtschaftsprüfers, S. 3; Schmidt, WPg 2000, S. 805.

33 Vgl. Gesetz zur Kontrolle von Unternehmensabschlüssen (Bilanzkontrollgesetz), Gesetzentwurf der Bundesregierung v. 24.06.2004, BT-Drucks. 15/3421, S. 11.

nicht beglichen. Außerdem wurde national wie international das Vertrauen in die Kapitalmärkte erschüttert.[34]

Schon im Jahre 1984 leitete deshalb der US-Supreme Court, das höchste Gericht in den USA, das Unabhängigkeitkeitserfordernis des Abschlussprüfers aus seiner „public watchdog"-Funktion her: „The public watchdog function demands that the accountant maintains total independence from the client at all times and requires complete fidelity in the public trust."[35] Hierfür ist ein besonderes Misstrauen gegenüber dem Leitungsorgan des prüfungspflichtigen Unternehmens nicht erforderlich. Die gesetzliche Abschlussprüfung ist nämlich keine Deliktsprüfung, die darauf abzielt, Straftaten des Leitungsorgans zulasten der Anteilseigner aufzudecken.[36] Allerdings muss sich der Abschlussprüfer im Rahmen der Prüfungsdurchführung stets fragen, ob das Leitungsorgan glaubwürdig ist.[37] Danach bestimmt sich die notwendige Intensität der Prüfung.[38] Deshalb ist der Abschlussprüfer zur kritischen Distanz verpflichtet.[39] Diese kritische Grundhaltung muss der Abschlussprüfer ständig aufrechterhalten. Er hat stets die Möglichkeit in Betracht zu ziehen, dass in dem zu prüfenden Jahresabschluss und Lagebericht wesentliche Falschangaben aufgrund von Verstößen vorhanden sein können, ungeachtet seiner Erfahrungen im Hinblick auf die Ehrlichkeit und die Integrität der gesetzlichen Vertreter und anderer Führungskräfte sowie der Mitglieder des Aufsichtsrats.[40] Insbesondere darf der Abschlussprüfer sich nicht mit weniger überzeugenden Prüfungsnachweisen zufriedengeben, nur weil er auf die

---

34 Vgl. Bilanzkontrollgesetz, Regierungsentwurf, BT-Drucks. 15/3421, S. 11.

35 Vgl. United States vs. Arthur Young & Co., 465 U.S., S. 817-818 (1984).

36 Vgl. Graumann, StuB 2002, S. 160; Schruff, Top Management Fraud – neue Dimensionen des Betrugs. Was Wirtschaftsprüfer tun können, S. 35.

37 Vgl. Schruff, Top Management Fraud – neue Dimensionen des Betrugs. Was Wirtschaftsprüfer tun können, S. 35.

38 Vgl. Schruff, Top Management Fraud – neue Dimensionen des Betrugs. Was Wirtschaftsprüfer tun können, S. 35.

39 Vgl. Graumann, StuB 2002, S. 160; Hellwig, ZIP 1999, S. 2122; Hucke, Wirtschaftsprüfer: Auf dem Weg zu Alleskönnern oder vom Gesetzgeber überfordert?, S. 18; dies., WPg 2001, S. 563; Jenkins, Die Wirtschaftsprüfer im Konflikt zwischen Prüfung und Beratung, Ursprung, Entwicklung, Probleme, S. 86; Leffson, Wirtschaftsprüfung, S. 85-86; Marx, Unabhängige Abschlussprüfung und Beratung, S. 53; Windmöller/Hönsch, zfbf 2003, S. 728.

40 Vgl. IDW, Prüfungsstandard E-IPS 240 zur Verantwortung des Abschlussprüfers zur Berücksichtigung von Verstößen (fraud) im Rahmen der Abschlussprüfung vom 14.10.2004, IDW-Fachnachrichten 2004, S. 638, Rnd.Nr. 24.

Ehrlichkeit und Integrität der Organe der zu prüfenden Aktiengesellschaft vertraut.[41]

Für gegenseitiges Vertrauen und Wohlwollen bleibt bei der Abschlussprüfung folglich nur eingeschränkt Spielraum.[42] Gleichzeitige Beratung könnte zum Verlust der geforderten kritischen Distanz führen.[43] Denn intensive Beratungstätigkeit hat zur Folge, dass der Abschlussprüfer mit der zu prüfenden Aktiengesellschaft und ihrem Vorstand immer vertrauter wird und sich möglicherweise sogar mit ihnen identifiziert.[44] Besonders groß ist diese Gefahr, wenn der Abschlussprüfer als Berater auf das Rechnungswesen der Aktiengesellschaft eingewirkt hat und damit Prüfungs- und Beratungsobjekt identisch sind.[45] In solchen Situationen wird befürchtet, dass der Abschlussprüfer seine Beratungsergebnisse nicht oder nur nachlässig überprüft und dadurch eigene Beratungsfehler übersieht.[46] Stellt der Prüfer einmal einen eigenen Beratungsfehler fest, so besteht die Gefahr, dass er aus Furcht vor Schadenersatzhaftung und berufsrechtlichen Sanktionen über diesen Fehler hinwegzutäuschen versucht.[47] Bei langjähriger Prüfung desselben Mandanten kann die innere Urteilsfreiheit des Abschlussprüfers ebenfalls verloren gehen.[48] Sie führt beim Prüfer möglicherweise zur Betriebsblindheit.[49] Seine

---

41 Vgl. IDW, Prüfungsstandard E-IPS 240 zur Verantwortung des Abschlussprüfers zur Berücksichtigung von Verstößen (fraud) im Rahmen der Abschlussprüfung vom 14.10.2004, IDW-Fachnachrichten 2004, S. 638, Rnd.Nr. 25.

42 Vgl. Hellwig, ZIP 1999, S. 2122.

43 Vgl. Marx, Unabhängige Abschlussprüfung und Beratung, S. 81; dies., ZGR 2002, S. 296.

44 Lange, Die Kompatibilität von Abschlussprüfung und Beratung – Eine ökonomische Analyse, S. 42; Richter, Die Sicherung der aktienrechtlichen Publizität durch ein Aktienamt, S. 147; Schrörs, Der Abschlussprüfer als externer Berater – Zur Problematik einer Unternehmensberatung durch Wirtschaftsprüfer, S. 121; Wüstemann, Probleme der Glaubwürdigkeit von Abschlussprüfern: Wirtschaftsprüfer und Certified Public Accountants, S. 31.

45 Vgl. Baumbach/Hopt, HGB, § 318, Rnd.Nr. 6; Bormann, BB 2002, S. 191; Hellwig, ZIP 1999, S. 2120; Hommelhoff, ZGR 1997, S. 559; Weiland, BB 1996, S. 1213.

46 Vgl. Lange, Die Kompatibilität von Abschlussprüfung und Beratung – Eine ökonomische Analyse, S. 41; Marx, Unabhängige Abschlussprüfung und Beratung, S. 82; Schrörs, Der Abschlussprüfer als externer Berater – Zur Problematik einer Unternehmensberatung durch Wirtschaftsprüfer, S. 132.

47 Vgl. BGH, BB 2003, S. 465; Fliess, Prüfung und Beratung im Spannungsfeld öffentlicher Erwartungen und unternehmerischer Zielsetzungen, S. 53; Hellwig, ZIP 1999, S. 2120; Heukamp, Abschlussprüfer und Haftung, S. 192; Lange, Die Kompatibilität von Abschlussprüfung und Beratung – Eine ökonomische Analyse, S. 42; Richter, Die Sicherung der aktienrechtlichen Publizität durch ein Aktienamt, S. 147.

48 Vgl. Niehus, DB 2003, S. 1638

49 Vgl. Ballwieser, Die Unabhängigkeit des Wirtschaftsprüfers – Eine Analyse von Beratungsverbot und externer Rotation, S. 99; Marx, Unabhängige Abschlussprüfung und Beratung, S. 86.

Sensibilität für Fehler in der Rechnungslegung der prüfungspflichtigen Aktiengesellschaft nimmt ab, je länger er das Mandat innehat. Das italienische Unternehmen Parmalat beispielsweise hat sich über einen Zeitraum von 18 Jahren vom selben Abschlussprüfer prüfen lassen.[50] Die Betriebsblindheit des Prüfers führte dazu, dass er in den letzten Jahren seiner Tätigkeit eine ernste wirtschaftliche Schieflage des Unternehmens, die beinahe zu seinem Zusammenbruch geführt hätte, nicht wahrgenommen hat. Intensive Beratung des Prüfungsmandanten wirkt sich somit genauso wie langjährige Prüfung desselben Mandanten negativ auf die „independence in fact" des Abschlussprüfers aus. Infolge der Diskussion der letzten Jahre wird auch die „independence in appearance" des Prüfers bei gleichzeitiger Prüfung und Beratung oder langjähriger Prüfung beeinträchtigt.[51] Die Öffentlichkeit assoziiert mit Beratung durch den Abschlussprüfer automatisch den Zusammenbruch des siebtgrößten US-amerikanischen Unternehmens Enron[52] und mit langjähriger Prüfung desselben Mandanten die bedrohliche Schieflage bei Parmalat.[53]

Die Unbefangenheit des Abschlussprüfers, international „independence of fact" genannt, ist Ausdruck seiner inneren Haltung und einer Kontrolle von außen kaum zugänglich.[54] Gerade die Anteilseigner und die unternehmensfremden Prüfungsadressaten können die Feststellungen des Abschlussprüfers nicht überprüfen. Denn sie haben keinen Überblick über die Prüfungsmethoden und die Prüfungsergebnisse. Nur der Prüfungsbericht gibt hierüber Aufschluss, nicht aber der vom Unternehmen zu veröffentlichende Bestätigungsvermerk. Der Prüfungsbericht richtet sich jedoch gem. § 321 Abs. 5 S. 2 Halbs. 1 HGB an den unternehmensinternen Aufsichtsrat und nicht an die Aktionäre und an unternehmensfremde Dritte. Die Prüfungsadressaten erfahren daher nicht, wenn und wann sich der Prüfer bei der Prüfungsdurchführung und der anschließenden Berichterstattung von sachfremden Erwägungen hat leiten lassen. Deshalb genügen Regeln zur Unbefangenheit des Prüfers nicht. Seine Unabhängigkeit muss vielmehr auch aus

---

50 Vgl. die Rede vom ehemaligen EU-Binnenmarktkommissar Frits Bolkestein vom 11.02.2004, im Internet abrufbar unter www.europa.eu.int.

51 Vgl. Born, Rechnungslegung international, Konzernabschlüsse nach IAS, US-GAAP, HGB und EG-Richtlinien, S. 438; Fleischer, DStR 1996, S. 760; Marx, Unabhängige Abschlussprüfung und Beratung, S. 87; Röhricht, WPg 2001, Sonderheft, S. 82.

52 Vgl. Marx, Unabhängige Abschlussprüfung und Beratung, S. 7.

53 Vgl. Die Rede vom ehemaligen EU-Binnenmarktkommissar Frits Bolkestein vom 11.02.2004, im Internet abrufbar unter www.europa.eu.int.

54 Vgl. Marx, Unabhängige Abschlussprüfung und Beratung, S. 75.

der Perspektive verständiger und sachkundiger, unternehmensfremder Prüfungsadressaten gewährleistet sein („independence in appearance").[55]

2. Einflussnahmemöglichkeit des Vorstands der prüfungspflichtigen Aktiengesellschaft

Die „independence in fact" und die „independence in appearance" des Abschlussprüfers werden bei gleichzeitiger Beratung und langjähriger Prüfung nicht nur durch den Verlust seiner inneren Urteilsfreiheit bedroht. Auch die Unternehmensvorstände gewinnen die Möglichkeit, auf ihren Abschlussprüfer verstärkt Einfluss auszuüben.

In Deutschland hat das KonTraG durch die Neufassung des § 111 Abs. 2 S. 3 AktG die Kompetenz zur Vergabe des Prüfungsauftrages vom Vorstand auf den Aufsichtsrat verlagert. Diese Zuständigkeit schließt neben der Festlegung der Prüfungsschwerpunkte auch die Vereinbarung des Honorars ein.[56] Das stellt Standard 7.2.2 des Deutschen Corporate Governance-Kodex klar. Gem. § 124 Abs. 3 S. 1 Halbs. 2 AktG darf schon im Vorfeld der Auftragserteilung der Vorstand nicht an der Prüferwahl mitwirken. Nur der Aufsichtsrat darf der Hauptversammlung der Aktiengesellschaft bestimmte Wirtschaftsprüfer oder Wirtschaftsprüfergesellschaften zur Wahl zum Abschlussprüfer für das nächste Geschäftsjahr vorschlagen. Kommt der Vorschlag vom Vorstand oder von Vorstand und Aufsichtsrat gemeinsam, so ist die Prüferwahl gem. § 243 Abs. 1 AktG anfechtbar.[57] Deshalb kann der Vorstand der prüfungspflichtigen Aktiengesellschaft über die Prüferwahl und die Prüfungshonorare keinen Druck auf den Abschlussprüfer ausüben.

Anders verhält es sich mit den Beratungshonoraren. Die Vergabe von Beratungsaufträgen fällt nämlich in den Aufgabenbereich des Unternehmensvorstands.[58] Denn während die Abschlussprüfung dem Bereich der Unternehmenskontrolle zuzuordnen ist, gehört die Entscheidung über externe Beratung zur Un-

---

55 Vgl. Bilanzrechtsreformgesetz, Regierungsentwurf, BT-Drucks. 15/3419, S. 25; Böcking, zfbf 2003, S. 684; EU-Kommission, Unabhängigkeit des Abschlussprüfers in der EU – Grundprinzipien, ABl.EG L 191, S. 34; Röhricht, WPg 2001, Sonderheft, S. 80.

56 Vgl. Dörner/Schwegler, DB 1997, S. 288; Forster, WPg 1998, S. 43; KonTraG, Gesetzentwurf der Bundesregierung, BT-Drucks. 13/9712, S. 16; MünchKomm HGB, Ebke, § 318, Rnd.Nr. 27; Röhricht, WPg 2001, Sonderheft, S. 83; Schindler/Rabenhorst, BB 1998, S. 1887; Theisen, DB 1999, S. 342.

57 Vgl. BGH, BB 2003, S. 463.

58 Vgl. Hellwig, ZIP 1999, S. 2125.

ternehmensleitung, die dem Vorstand obliegt. Dieser hat einen besseren Überblick über die Notwendigkeit externen Sachverstands als der Aufsichtsrat.[59] Auch eine analoge Anwendung von § 111 Abs. 2 S. 3 Halbs. 2 AktG auf Beratungsmandate verbietet sich, da die dem Vorstand obliegende Unternehmensleitung nicht auf andere Gesellschaftsorgane wie den Aufsichtsrat übertragen werden kann.[60] Der Unternehmensvorstand kann einem Abschlussprüfer, der umfangreiche Beratungsleistungen für ihn erbringt, die Ordnungsmäßigkeit seiner Rechnungslegung aber nicht bestätigen will, zwar nicht mit dem Entzug des Prüfungsmandats drohen. Zur Abberufung des Prüfers sind nämlich nur Gerichte der freiwilligen Gerichtsbarkeit, §§ 318 Abs. 3 HGB, 145 Abs. 1 FGG, befugt. Zwar ist der Vorstand im Ersetzungsverfahren antragsberechtigt. Allerdings müsste er dann zur Begründung des Antrags die Befangenheit des Abschlussprüfers substantiiert vortragen, also seine eigenen Beziehungen zum Prüfer offenlegen. Damit würde er sich nur selbst schaden. Der Unternehmensvorstand kann dem Prüfer aber mit dem Entzug des Beratungsmandats drohen. Eine analoge Anwendung des § 318 Abs. 3 HGB kommt nicht in Betracht, da bei der Beratung der Aktiengesellschaft im Gegensatz zur Abschlussprüfung typischerweise ein besonderes Vertrauensverhältnis zu dieser vorliegt. Der Entzug des Beratungsmandats wird für den Prüfer deutlich ärgerlicher sein als der Verlust des Prüfungsmandats, da das Beratungsmandat in der Regel höher dotiert ist.[61]

Die Einflussnahme durch den Vorstand wird dadurch möglich, dass er vor Erstellung des Prüfungsberichts die Prüfungsergebnisse erfährt.[62] Gem. § 321 Abs. 5 S. 2 Halbs. 2 HGB soll der Abschlussprüfer diesem nämlich seinen Bericht vorlegen und ihm Gelegenheit zur Stellungnahme geben, bevor er ihn an den Aufsichtsrat weiterleitet. Standard 7.2.3 Abs. 1 des Deutschen Corporate Governance-Kodex verpflichtet den Abschlussprüfer zwar, dem Aufsichtsrat unverzüglich über alle für dessen Überwachungstätigkeit wesentlichen Feststellungen und Vorkommnisse bei der Prüfung zu berichten. Diese Empfehlung intensi-

---

59 Vgl. Marx, Unabhängige Abschlussprüfung und Beratung, S. 78; Vollmer/Maurer, BB 1993, S. 595; Zimmerer, NB 1996, S. 49.

60 Vgl. Hellwig, ZIP 1999, S. 2125.

61 Vgl. Ebke, Abschlussprüfer und Dritthaftung, S. 40; Heukamp, Abschlussprüfer und Haftung, S. 187; Heni, DStR 1997, S. 1211; Hönle, Die Unabhängigkeit des aktienrechtlichen Abschlussprüfers, S. 157-158; Lange, Die Kompatibilität von Abschlussprüfung und Beratung – Eine ökonomische Analyse, S. 40; Richter, Die Sicherung der aktienrechtlichen Publizität durch ein Aktienamt, S. 149; Westrick, Abschlussprüfung und Abschlussprüfer nach geltendem und zukünftigem Aktienrecht, S. 72.

62 Vgl. Ewert, Wirtschaftsprüfung, S. 167; ders., Wirtschaftsprüfung und asymmetrische Information, S. 141.

viert die Zusammenarbeit von Aufsichtsrat und Wirtschaftsprüfer.[63] Standard 7.2.3 Abs. 1 erschwert dem Vorstand außerdem die ausdrückliche Einflussnahme auf den Prüfungsbericht, da der Aufsichtsrat die wichtigsten Prüfungsergebnisse schon bei der Prüfungsdurchführung erfährt. Dennoch ist der Abschlussprüfer nie frei von der Sorge, bei Beratungsaufträgen nicht mehr berücksichtigt zu werden.[64] Das beeinflusst möglicherweise seine Informationspolitik nach Standard 7.2.3 Abs. 1 des Deutschen Corporate Governance-Kodex negativ. Die Einflussnahmemöglichkeit von Unternehmensvorständen über Beratungshonorare wirkt sich nicht nur negativ auf die „independence in fact" des gesetzlichen Jahresabschlussprüfers aus. Auch hier entsteht in der Öffentlichkeit der Eindruck der (wenn auch unfreiwilligen) Parteilichkeit des Abschlussprüfers.

Die vorstehenden Überlegungen haben gezeigt, dass durchsetzbare Vorschriften zur Reglementierung gleichzeitiger Prüfung und Beratung derselben Aktiengesellschaft sowie zur zeitlichen Begrenzung der Prüfungstätigkeit für dasselbe Unternehmen notwendig sind. Das folgende Kapitel beschäftigt sich zunächst mit den Vorschriften des Bilanzrechtsreformgesetzes zum Verhältnis Abschlussprüfung und Beratung im internationalen Vergleich.

---

63 Vgl. Hucke/Ammann, Der Deutsche Corporate Governance-Kodex, S. 129; Ringleb/Kremer/Lutter/Werder, Kommentar zum Deutschen Corporate Governance-Kodex, Rnd.Nr. 952.

64 Vgl. Böcking, zfbf 2003, S. 686; Leffson, Wirtschaftsprüfung, S. 82.

4. Kapitel: Reglementierung von Abschlussprüfung und Beratung

Der im dritten Kapitel der Arbeit geschilderte Konflikt zwischen gleichzeitiger Prüfung und Beratung eines kapitalmarktorientierten Unternehmens ist in den letzten Jahren beim US-amerikanischen Energiedienstleistungsunternehmen Enron besonders deutlich zum Vorschein getreten. Das Unternehmen war durch Unternehmenskäufe und aggressive Expansion zum siebtgrößten Unternehmen in den USA aufgestiegen. Gleichzeitig hatte es jedoch durch die Expansionspolitik immense Schulden angehäuft. Die Abschlussprüfer von Enron rieten dem Unternehmen daraufhin, die Schulden in eigens dafür neu zu gründende Tochtergesellschaften auszugliedern, diese Gesellschaften aber nicht in den Konzernabschluss mit einzubeziehen. Auf diese Weise erschien Enron praktisch schuldenfrei. Diese Bilanzierungspraxis war nach den US-Bilanzierungsstandards US-GAAP („General Accepted Accounting Principles") verboten.[1] Trotzdem bestätigten die Prüfer die Jahresabschlüsse von Enron. Da die Honorare für die mit der Schuldenverlagerung verbundene Beratungstätigkeit die Prüfungshonorare um ein Vielfaches übertrafen, testierten die Prüfer die den Bilanzierungsstandards widersprechenden Abschlusszahlen bereitwillig, um die lukrativen Beratungsmandate nicht zu verlieren. Außerdem konnten sie die Ergebnisse ihrer Arbeit nicht in Frage stellen, ohne an Ansehen und Renommee zu verlieren. Ende 2001 musste Enron Insolvenz anmelden, hinterließ Schulden in Milliardenhöhe und wurde zur größten Unternehmenskrise der USA. Der Fall Enron hat damit eindrucksvoll bewiesen, dass zur Sicherung der finanziellen Unabhängigkeit und der Urteilsfreiheit des Abschlussprüfers Prüfung und Beratung beim selben Mandanten reglementiert werden müssen.[2]

Beratung meint dabei nicht nur die Beratung im engeren Sinne auf dem Gebiet von Rechnungswesen, Steuern, Wirtschaftsrecht und Unternehmensstrategie, sondern jede Nicht-Prüfungsleistung. Untersucht werden muss daher auch, ob die Erstellung von Bewertungsgutachten, die Mitwirkung an der Innenrevision des Mandanten oder seine Vertretung vor Gericht mit der Abschlussprüfungstätigkeit

---

1 Vgl. die Klageschrift der SEC gegen den ehemaligen Finanzvorstand von Enron: SEC vs. Andrew S. Fastow, im Internet abrufbar unter www.sec.gov/litigation/complaints/complrl17588.htm.

2 Vgl. Axelson, JofA, April 1963, S. 56; Lange, Die Kompatibilität von Abschlussprüfung und Beratung – Eine ökonomische Analyse, S. 42; Marx, Unabhängige Abschlussprüfung und Beratung, S. 84.

vereinbar sind. Bei der Beratung der Aktiengesellschaft durch den Abschlussprüfer ist seine Unabhängigkeit und Objektivität gefährdet durch die Faktoren Eigeninteresse, Selbstprüfung, Vertrauen, finanzielle Abhängigkeit und Interessenvertretung.[3] Der Abschlussprüfer ist nämlich interessiert daran, dass die von ihm versprochenen Beratungserfolge eintreten. Wie im 3. Kapitel aufgezeigt, verliert er seine Distanz, wenn er eigene Beratungsergebnisse im Rahmen der Jahresabschlussprüfung prüfen soll. Der Prüfer identifiziert sich durch intensive Beratungstätigkeit auch verstärkt mit der Aktiengesellschaft. Zudem steigt seine finanzielle Abhängigkeit, je höher die (Beratungs-)Honorare sind, die er von seinem Mandanten bezieht. Schließlich entsteht insbesondere durch die Vertretung des Prüfungsmandanten vor Gericht in der Öffentlichkeit der Eindruck, dass der Abschlussprüfer auch bei der Jahresabschlussprüfung in erster Linie die Interessen seines Mandanten berücksichtigen und sich diesem mehr verpflichtet fühlen könnte als den unternehmensfremden Prüfungsadressaten.[4]

Die Vorschriften der EU-Kommission sowie die Regeln in den USA und in Deutschland verbieten Wirtschaftsprüfern und Wirtschaftsprüfungsgesellschaften nicht die Beratungstätigkeit für den Prüfungsmandanten. Das wäre auch angesichts der durch Art. 2 Abs. 1 GG geschützten Vertragsfreiheit zumindest in Deutschland verfassungsrechtlich bedenklich. Vielmehr sehen sie Gründe für den Ausschluss von Wirtschaftsprüfern oder Wirtschaftsprüfungsgesellschaften von der Prüfung eines Mandanten vor, für den diese bestimmte Nicht-Prüfungsleistungen erbringen oder erbracht haben.

1. USA

1.1 Der „Sarbanes-Oxley Act" vom 30.07.2002

Als Reaktion auf die Unternehmensskandale bei Enron und WorldCom wurde in den USA am 30.07.2002 der „Sarbanes-Oxley Act"[5] erlassen. Wie aus dem Einführungssatz des Gesetzes hervorgeht, ist der Zweck des Gesetzes der Schutz von Anlegern durch genauere und verlässliche wertpapierrechtliche Publizitätspflichten:

„An Act to protect investors by improving the accuracy and reliability of corporate disclosures made pursuant to the securities laws, and for other purposes."

3 Vgl. EU-Kommission, Unabhängigkeit des Abschlussprüfers in der EU, ABl.EG L 191, S. 25.

4 Vgl. Bilanzrechtsreformgesetz, Regierungsentwurf, BT-Drucks. 15/3419, S. 42.

5 Im Internet abrufbar unter www.aicpa.org/sarbanes.asp.

Hierfür sieht der Sarbanes-Oxley Act eine Vielzahl von Maßnahmen vor, die sich an unterschiedliche Adressaten richten.[6] Im Mittelpunkt stehen die Corporate Governance von US-amerikanischen Aktiengesellschaften sowie das Berufsrecht der US-amerikanischen Abschlussprüfer.[7] Der Sarbanes-Oxley Act sieht zur Verbesserung der Corporate Governance in Sec. 301 die Errichtung eines Audit Committees sowie in Sec. 302 eine neue Erklärungspflicht für den Principal Executive Officer und den Principal Financial Officer vor. Sec. 404 schreibt die Einrichtung interner Finanzkontrollsysteme vor. Die Sec. 101 bis 109 verschärfen die Berufsaufsicht der Abschlussprüfer.[8] Die Prüfer werden dem PCAOB (Public Accounting Oversight Board) unterstellt, einem Aufsichtsorgan mit weitreichenden Auskunfts- und Eingriffsrechten. Das PCAOB, das der Aufsicht der US-Börsenaufsicht SEC (Securities Exchange Commission) unterliegt, hat zum 25.04.2003 seine Arbeit aufgenommen. Damit wurde die Überwachung der Abschlussprüfer im Wege der Selbstregulierung in den USA abgeschafft.[9] Die Sec. 201 bis 209 befassen sich mit der Unabhängigkeit des Abschlussprüfers. Diese Unabhängigkeitsvorschriften hat die SEC in ihrer Verordnung vom 28.01.2003 konkretisiert.[10]

1.2 Anwendungsbereich der US-amerikanischen Vorschriften zur Unabhängigkeit von Abschlussprüfern

Die Vorschriften des Sarbanes-Oxley Act beziehen sich nach Sec. 2 (a) (7) auf alle Unternehmen, die an einer US-amerikanischen Börse notiert sind („issuer").[11] Als Konsequenz werden nach Sec. 106 (a) (1) ausländische Wirtschaftsprüfer von den Regelungen des Sarbanes-Oxley Act und der SEC erfasst, wenn sie Jahresabschlüsse von an US-amerikanischen Börsen notierten Unternehmen prüfen.[12] Ferner ermächtigt Sec. 106 (a) (2) das PCAOB, den Anwendungsbereich des Sarbanes-Oxley Act auf Prüfungsunternehmen auszudehnen, die eine wesentliche Rolle bei der Erbringung von Bestätigungsleistungen für „is-

---

6 Vgl. Gruson/Kubicek, AG 2003, S. 338.
7 Vgl. Emmerich/Schaum, WPg 2003, S. 677.
8 Vgl. Hucke/Ammann, SteuStud 2005, S. 232.
9 Vgl. Gruson/Kubicek, AG 2003, S. 338; Marten/Köhler/Meyer, WPg 2003, S. 15.
10 Final Rule: Strengthening the Commission's Requirements Regarding Auditor Independence, im Internet abrufbar unter www.sec.gov/rules/final/33-8183.htm.
11 Vgl. Gruson/Kubicek, AG 2003, S. 339.
12 Vgl. Emmerich/Schaum, WPg 2003, S. 677; Kersting, ZIP 2003, S. 235; Lanfermann/Maul DB 2003, S. 350; dies., DB 2002, S. 1725; Sünner, Der Konzern 2003, S. 268.

suer“ spielen. Hierzu gehört auch die Prüfung ausländischer Tochtergesellschaften.[13] Von dieser Ermächtigung hat das PCAOB Gebrauch gemacht.[14] Aus diesem Grund können auch mittelständische deutsche Wirtschaftsprüfungsgesellschaften neben dem nationalen Berufsrecht den Bestimmungen des Sarbanes-Oxley Act und den Ausführungsbestimmungen der SEC unterliegen, wenn sie deutsche Tochtergesellschaften von US-amerikanischen Aktiengesellschaften prüfen. Jedenfalls die größeren deutschen Wirtschaftsprüfungsgesellschaften werden mit Sicherheit vom US-Recht erfasst.[15]

1.3 Prüfungs-Beratungs-Verbote des Sarbanes-Oxley Act und der SEC

Sec. 201 des Sarbanes-Oxley Act verbietet den Abschlussprüfern, ihren Mandanten neben bestimmten Beratungsleistungen die Jahresabschlussprüfungstätigkeit anzubieten. Die Verordnung der SEC vom 23.01.2003 konkretisiert diesen Katalog. Die SEC lässt sich im Prüfungs-Beratungs-Konflikt von zwei fundamentalen Grundgedanken[16] leiten: Der Abschlussprüfer darf nicht die Richtigkeit eigener Beratungsergebnisse beurteilen (Selbstprüfungsverbot). Ferner darf der Prüfer für seinen Prüfungsmandanten nicht als Interessenvertreter auftreten.

Diese beiden Prinzipien handhabt die SEC konsequent: Sie untersagt die Prüfungstätigkeit neben jeglicher Unterstützung bei der Buchführung und beim Rechnungswesen. Auch mit der Entwicklung oder Einrichtung von Finanzinformationssystemen ist die Jahresabschlussprüfung in den USA unvereinbar. Allerdings darf der Prüfer diese Systeme im Rahmen der Abschlussprüfung beurteilen und dem Mandanten Verbesserungsvorschläge machen.[17] Daneben sind IT-Dienstleistungen zulässig, die nicht mit der Erstellung des Jahresabschlusses im Zusammenhang stehen.[18] Neben Bewertungsleistungen ist die Abschlussprüfungstätigkeit nur zulässig, wenn die Bewertungsergebnisse nicht Gegenstand der Jahresabschlussprüfung sind, sie also keinen Eingang in den zu prüfenden Jahresabschluss finden. Das ist bei Bewertungsleistungen zu steuerlichen Zwecken wie zum Beispiel der Berechnung von Verrechnungspreisen der Fall.[19] Die Abschlussprüfung ist auch neben versicherungsmathematischen Dienstleistungen je-

13 Vgl. Lanfermann/Maul, DB 2002, S. 1725.
14 Vgl. Release 2003-1 v. 07.03.2003, Proposed Rules on a Registration System for Public Accounting Firms, im Internet abrufbar unter www.pcaobus.org.
15 Vgl. Emmerich/Schaum, WPg 2003, S. 678; Lanfermann/Maul, DB 2002, S. 1725.
16 Vgl. Emmerich/Schaum, WPg 2003, S. 686; Schmidt, BB 2003, S. 780.
17 Vgl. Emmerich/Schaum, WPg 2003, S. 686: Schmidt, BB 2003, S. 781.
18 Vgl. Emmerich/Schaum, WPg 2003, S. 686-687; Schmidt, BB 2003, S. 781.
19 Vgl. KPMG (Hrsg.), Sarbanes-Oxley – A Closer Look, S. 7.

der Art untersagt. In ihrer Verordnung vom 15.11.2000 hielt die SEC die Abschlussprüfung neben der Berechnung von Pensionsverpflichtungen noch solange für zulässig, wie der Mandant alle für die Berechnung bedeutsamen Annahmen und Daten selbst bestimmt hat.[20] Diese Ausnahme findet sich in der Verordnung vom 23.01.2003 nicht mehr. Allerdings darf der Abschlussprüfer im Rahmen seiner Prüfung Versicherungsmathematiker zur Überprüfung der bilanzierten Pensionsrückstellungen einsetzen.[21] Die Abschlussprüfungstätigkeit ist in den USA ferner mit der Mitwirkung an der internen Revision des Mandanten unvereinbar. Wirtschaftsprüfer dürfen aber im Rahmen der Abschlussprüfung Verbesserungsvorschläge machen. Auch neben jeder Art von gerichtlicher oder außergerichtlicher Rechtsberatung für das zu prüfende Unternehmen ist die Durchführung der Abschlussprüfung nicht erlaubt. Dasselbe gilt für Gutachtertätigkeiten des Wirtschaftsprüfers, die darauf abzielen, die Interessen des Mandanten oder seiner gesetzlichen Vertreter in einem Gerichts-, Regulierungs- oder Verwaltungsverfahren zu vertreten. Steuerberatung hingegen ist mit der Abschlussprüfungstätigkeit generell vereinbar. Der Wirtschaftsprüfer darf die Abschlussprüfung durchführen, wenn er das zu prüfende Unternehmen vor der Steuerbehörde IRS („Internal Revenue Service") vertreten hat.[22] Allerdings ist die Prüfungsdurchführung unzulässig, wenn der Wirtschaftsprüfer den Mandanten in steuerlichen und wirtschaftsrechtlichen Angelegenheiten gerichtlich vertreten hat.[23]

1.4 Steuerberatung durch den Abschlussprüfer

1.4.1 Sarbanes-Oxley Act und SEC-Verordnung

Der Sarbanes-Oxley Act nimmt die Steuerberatung ausdrücklich aus dem Katalog der Beratungstätigkeiten heraus, neben denen die Prüfungstätigkeit für den Beratungsmandanten verboten ist. Über den Wortlaut des Gesetzes hinausgehend hatte die SEC allerdings im Entwurf[24] ihrer Verordnung zur Prüferunabhängigkeit noch vorgesehen, dass gestaltende Steuerberatung für Prüfungsmandanten nicht mehr erbracht werden dürfe. Hierzu rechnete die SEC insbesondere die Beratung

20 Vgl. Marx, Unabhängige Abschlussprüfung und Beratung, S. 454.
21 Vgl. Emmerich/Schaum, WPg 2003, S. 687; Schmidt, BB 2003, S. 682.
22 Vgl. KPMG (Hrsg.), Sarbanes-Oxley – A Closer Look, S. 8.
23 Vgl. Emmerich/Schaum, WPg 2003, S. 684; Schmidt, BB 2003, S. 784.
24 Vgl. Proposed Rule: Strengthening the Commission's Requirements Regarding Auditor Independence, im Internet abrufbar unter www.sec.gov/ rules/proposed/33-8183.htm.

zu Steuervermeidungsmöglichkeiten.[25] Hiergegen hatte der Berufsstand der US-amerikanischen Wirtschaftsprüfer heftigen Protest erhoben.[26] Denn Steuerberatung durch den Abschlussprüfer ist in den USA aufgrund langjähriger Übung allgemein anerkannt.[27] Nach US-amerikanischem Recht sind Handels- und Steuerbilanz auch nicht wie in Deutschland (Grundsätze der Maßgeblichkeit der Handelsbilanz für die Steuerbilanz und der umgekehrten Maßgeblichkeit der Steuerbilanz für die Handelsbilanz, § 5 Abs. 1, S. 1 und 2 EStG) miteinander verknüpft.[28] Da sie nicht zwangsläufig miteinander übereinstimmen, entsteht in den USA bei der Beratung des Prüfungsmandanten in steuerlichen Angelegenheiten keine signifikante Selbstprüfungsgefahr.[29] Außerdem wird die Einhaltung der Steuergesetze durch die US-Steuerbehörde IRS überwacht. Der Prüfer hat also bei der Berechnung von Steuerrückstellungen und der Ermittlung des zu versteuernden Einkommens anders als bei der Tätigkeit als Unternehmensberater oder Gutachter kein Ermessen. Er ist an die Steuergesetze gebunden und kann sich deshalb nur in engen Grenzen nach den Wünschen des Mandanten richten.[30] Aus diesem Grund rückte schließlich auch die SEC von dem Verbot der Abschlussprüfung neben der steuerlichen Beratung ab. Obwohl die SEC von einem Verbotstatbestand abgesehen hat, rät sie den Unternehmen aber trotzdem davon ab, den Abschlussprüfer ihres Unternehmens mit der Suche nach Steuervermeidungsmöglichkeiten zu beauftragen.[31] In diesem Fall könnten Interessenkonflikte beim Abschlussprüfer nämlich nicht ausgeschlossen werden.[32] Der Prüfer ist dann zu sehr daran interessiert, dass der von ihm versprochene Erfolg der Steuersenkung eintritt oder sich zumindest in der Bilanz seines Mandanten abbildet, um die Abschlussprüfung objektiv durchzuführen.

1.4.2 PCAOB

Nach Sec. 103 des Sarbanes-Oxley Act ist es unter anderem Aufgabe des PCAOB, Standards über die Abschlussprüfung, die Qualitätskontrolle, die ethischen

---

25 Vgl. Lanfermann/Maul, DB 2003, S. 354.
26 Vgl. Emmerich/Schaum, WPg 2003, S. 689; Lanfermann/Maul, DB 2003, S. 354.
27 Vgl. AICPA, Public Oversight Report: Scope of Services by CPA Firms, S. 484.
28 Vgl. Ebke, Wirtschaftsprüfer und Dritthaftung, S. 306; Küting/Eidel, RIW 1996, S. 842; Wagner, DB 1998, S. 2076; Weber-Grellet, BB 1999, S. 2663.
29 Vgl. Marx, Unabhängige Abschlussprüfung und Beratung, S. 448.
30 Vgl. Moss, Accounting Review 1962, S. 733; Wallman, Accounting Horizons 1996, December, S. 86.
31 Vgl. Final Rule: Strengthening the Commission's Requirements Regarding Auditor Independence, Punkt B II 11.
32 Vgl. Final Rule: Strengthening the Commission's Requirements Regarding Auditor Independence, Punkt B II 11.

Berufsgrundsätze und die Unabhängigkeit des Abschlussprüfers zu entwickeln.[33] Für die Steuerberatung kommt deshalb Sec. 201 (a) (9) des Sarbanes-Oxley Act besondere Bedeutung zu. Nach dieser Vorschrift ist die Abschlussprüfung neben allen Dienstleistungen, die nicht von Sec. 201 (a) (1) bis (8) erfasst werden, verboten, wenn das PCAOB diese Dienstleistung durch Rechtsverordnung mit der Prüfung für unvereinbar erklärt. Am 14.12.2004 hat das PCAOB den Entwurf für eine Regelung zur Vereinbarkeit von Abschlussprüfung und Steuerberatung vorgelegt,[34] die zwischenzeitlich unverändert in Kraft getreten ist.

In der Erstellung der betrieblichen Steuererklärungen durch den Abschlussprüfer sieht das PCAOB kein Unabhängigkeitsproblem. Denn hier hat der Abschlussprüfer die Steuergesetze zu beachten. Deshalb tritt er nicht als Interessenvertreter des Prüfungsmandanten auf.[35] Auch Steuerplanung und Gestaltungsberatung hält das PCAOB grundsätzlich für unproblematisch, solange der Abschlussprüfer keine steuerlichen Entscheidungen anstelle der gesetzlichen Vertreter des prüfungspflichtigen Unternehmens trifft und ihnen somit keine Verantwortung abnimmt.[36] Das gilt nach Ansicht des PCAOB jedoch nicht für die Entwicklung aggressiver Steuervermeidungsmodelle.[37] Durch solche Dienstleistungen sieht das PCAOB sowohl die „independence in appearance" als auch die „independence in fact" des Abschlussprüfers beeinträchtigt. Zum einen gefährdet Steuervermeidungsberatung nach Ansicht des PCAOB das Vertrauen des Kapitalmarkts in das Urteil und die Objektivität des Abschlussprüfers.[38] Zum anderen besteht die Gefahr, dass die vom Abschlussprüfer entwickelten Steuervermeidungsmodelle von der Steuerbehörde nicht anerkannt werden. Das führt zu einem Gleichlauf der Interessen von Prüfungsmandant und Prüfer, da sich dieser in einem solchen Fall gezwungen sieht, seine Beratungsleistungen und damit auch seinen Prüfungsmandanten gegenüber der IRS zu verteidigen.[39]

---

33 Vgl. Emmerich/Schaum, WPg 2003, S. 679.

34 PCAOB Release No. 2004-01: Proposed Ethics and Independence Rules Concerning Independence, Tax Services and Contingent Fees, im Internet abrufbar unter www.pcaob.org.

35 Vgl. PCAOB Release No. 2004-01: Proposed Ethics and Independence Rules Concerning Independence, Tax Services and Contingent Fees, S. 15.

36 Vgl. PCAOB Release No. 2004-01: Proposed Ethics and Independence Rules Concerning Independence, Tax Services and Contingent Fees, S. 15.

37 Vgl. PCAOB Release No. 2004-01: Proposed Ethics and Independence Rules Concerning Independence, Tax Services and Contingent Fees, S. 16.

38 Vgl. PCAOB Release No. 2004-01: Proposed Ethics and Independence Rules Concerning Independence, Tax Services and Contingent Fees, S. 26.

39 Vgl. PCAOB Release No. 2004-01: Proposed Ethics and Independence Rules Concerning Independence, Tax Services and Contingent Fees, S. 27.

Aus diesem Grund verbietet das PCAOB die Abschlussprüfung neben der Beratung bezüglich sog. „listed transactions".[40] „Listed transactions" sind Maßnahmen zur Steuervermeidung, die von der IRS durch Rechtsverordnung als solche benannt worden sind. Sie sind in den Steuererklärungen offenzulegen. Daher ist die Gefahr, dass „listed transactions" von der IRS nicht anerkannt, sondern wegen Missbrauchs von Gestaltungsmöglichkeiten zurückgewiesen werden, besonders groß, was zum Gleichlauf der Interessen von Prüfungsmandant und Prüfer führt.[41] Prüfungsmandant und Prüfer sehen sich gegenüber der IRS zur Verteidigung der Gestaltung gezwungen. Zusätzlich macht sich der Prüfer gegenüber seinem Mandanten möglicherweise schadenersatzpflichtig, wenn die Steuervermeidungsmaßnahme wegen Missbrauchs nicht anerkannt wird.[42] Weiter verbietet das PCAOB die Abschlussprüfung neben dem Angebot sog. „confidential transactions".[43] Darunter sind Steuergestaltungsmodelle zu verstehen, die der Prüfer einer Vielzahl von Mandanten anbietet. Um seinen Wissensvorsprung zu gewährleisten, verpflichtet der Prüfer seine Mandanten dabei vertraglich zur Verschwiegenheit über die von ihm entwickelten steuerlichen Gestaltungsmodelle.[44] Das PCAOB befürchtet, dass der Kapitalmarkt das Vertrauen in die Objektivität und Integrität von Prüfungsunternehmen, die einer Vielzahl von Prüfungsmandanten „confidential transactions" verkaufen, verliert.[45] Außerdem sieht es ähnlich wie bei den „listed transactions" die Gefahr eines Gleichlaufs der Interessen von Prüfungsmandant und Prüfer, da der Prüfer übermäßiges Interesse an der Verteidigung der von ihm entwickelten und eine erhebliche Einkommensquelle darstellenden Gestaltungsmodelle hat.[46] Schließlich hält das PCAOB die Abschlussprüfung für unvereinbar mit steuerlichen Gestaltungsleistungen, die zwar keine „listed" oder „confidential transactions" darstellen, jedoch aus anderen Gründen als „aggressive tax transactions" anzusehen sind. Es läßt sich dabei von den gleichen Überlegungen leiten. „Aggressive tax positions" nimmt das PCAOB an,

---

40 Vgl. PCAOB Release No. 2004-01: Proposed Ethics and Independence Rules Concerning Independence, Tax Services and Contingent Fees, S. 27-29.

41 Vgl. PCAOB Release No. 2004-01: Proposed Ethics and Independence Rules Concerning Independence, Tax Services and Contingent Fees, S. 28.

42 Vgl. PCAOB Release No. 2004-01: Proposed Ethics and Independence Rules Concerning Independence, Tax Services and Contingent Fees, S. 29.

43 Vgl. PCAOB Release No. 2004-01: Proposed Ethics and Independence Rules Concerning Independence, Tax Services and Contingent Fees, S. 30-31.

44 Vgl. PCAOB Release No. 2004-01: Proposed Ethics and Independence Rules Concerning Independence, Tax Services and Contingent Fees, S. 30.

45 Vgl. PCAOB Release No. 2004-01: Proposed Ethics and Independence Rules Concerning Independence, Tax Services and Contingent Fees, S. 30.

46 Vgl. PCAOB Release No. 2004-01: Proposed Ethics and Independence Rules Concerning Independence, Tax Services and Contingen Fees, S. 30.

wenn das Gestaltungsmodell von der Prüfungsgesellschaft oder einem Steuerberater entwickelt worden ist, der Hauptgrund die Steuerersparnis ist und die Anerkennung durch die IRS nicht wenigstens wahrscheinlicher als seine Zurückweisung ist.[47]

Das PCAOB hat die Regeln zur Unvereinbarkeit von Abschlussprüfung und Steuervermeidungsberatung mittlerweile verabschiedet. Es berücksichtigt bei seinem Verbot von gleichzeitiger Prüfung und „listed“, „confidential“ und sonstiger „aggressive tax transactions“ die SEC-Grundprinzipien des Verbots der Prüfung eigener Beratungsleistungen sowie der Interessenvertretung des Prüfungsmandanten durch den Abschlussprüfer. Das deutsche IDW (Institut der Wirtschaftsprüfer) hat in seiner Stellungnahme[48] vom 09.02.2005 die Regeln zur Unvereinbarkeit von Abschlussprüfung und Steuervermeidungsberatung grundsätzlich gebilligt. Zwar hat es darauf hingewiesen, dass die deutschen Steuergesetze „listed“ und „confidential“ Steuergestaltungen nicht kennen und deshalb um Klarstellung gebeten.[49] Auch hat das IDW angemerkt, dass Steuergestaltung generell der Steuerersparnis dient und dieses Merkmal daher nicht darüber entscheiden sollte, wann eine „aggressive tax transaction“ vorliegt und wann nicht. Gegen beide Einwände ist anzuführen, dass auch das deutsche Steuerrecht in § 42 AO den Missbrauch von Gestaltungsmöglichkeiten sanktioniert. Die Beratungsleistungen zur Steuervermeidung, die das PCAOB für unvereinbar mit der Abschlussprüfung hält, dürften auch nach deutschem Recht wegen § 42 AO nicht anerkennungsfähig sein. Der deutsche Abschlussprüfer, der deutsche Tochtergesellschaften von US-amerikanischen Aktiengesellschaften gleichzeitig prüft und steuerlich berät, kann sich also bei der Frage, welche steuerlichen Beratungsleistungen seine Prüferbefähigung ausschließen und welche nicht, an der reichhaltigen Kasuistik zu § 42 AO orientieren.

2. EU-Kommission

Wie der US-amerikanische Gesetzgeber hat auch die EU-Kommission die Flut von Unternehmensskandalen in den USA und Europa zum Anlass genommen, Maßnahmen zur Stärkung der Unabhängigkeit europäischer Abschlussprüfer zu ergreifen. Ihr Vorschlag für eine „Richtlinie des Europäischen Parlamentes und des Rates über die Prüfung des Jahresabschlusses und des konsolidierten Ab-

47 Vgl. PCAOB Release No. 2004-01: Proposed Ethics and Independence Rules Concerning Independence, Tax Services and Contingent Fees, S. 31.

48 Schreiben des IDW an das PCAOB vom 09.02.2005, im Internet abrufbar unter www.idw.de.

49 Vgl. Schreiben des IDW an das PCAOB vom 09.02.2005, S. 2.

schlusses und zur Änderung der Richtlinien 78/660/EWG und 83/349/EWG des Rates“ vom 17.02.2004[50] umfasst gegenüber der bisherigen Achten Richtlinie von 1984[51], die lediglich die Zulassung zum Prüferberuf regelte sowie einige wesentliche Berufsgrundsätze nannte, nunmehr nahezu alle Bereiche der Abschlussprüfung.[52] So sieht der Richtlinienentwurf Regelungen zur Stärkung von Ethik und Unabhängigkeit des Berufsstandes, die Pflicht zur externen Qualitätskontrolle sowie Regeln zur Sicherstellung wirksamer Berufsaufsichten vor. Auch prüfungsrelevante Aspekte der Corporate Governance wie die Verpflichtung von Unternehmen von öffentlichem Interesse, ein „Audit Committee“ einzurichten, werden berücksichtigt.

Der Richtlinienentwurf der EU-Kommission verankert in Art. 23 Grundprinzipien zur Unabhängigkeit von Abschlussprüfern. Konkrete Beratungstätigkeiten erklärt Art. 23 des Richtlinienentwurfs mit der Prüfungstätigkeit im Gegensatz zu den US-amerikanischen Vorschriften nicht für unvereinbar. Art. 23 fordert vielmehr abstrakt, dass der Abschlussprüfer von seinem Mandanten unabhängig ist und nicht in die Entscheidungen seines Managements einbezogen wird. Nach Art. 23 Abs. 1 S. 2 sollen Wirtschaftsprüfer das Prüfungsmandat ablehnen, wenn ihre Unabhängigkeit wegen anderer erbrachter oder vertraglich zu erbringender Leistungen für die prüfungspflichtige Aktiengesellschaft gefährdet ist. Das Tatbestandsmerkmal „Gefährdung der Unabhängigkeit“ ist ein unbestimmter Rechtsbegriff. Zur Auslegung muss die Empfehlung der EU-Kommission vom 16.05.2002 zur „Unabhängigkeit des Abschlussprüfers in der EU“[53] herangezogen werden. Auch diese verbietet Prüfung und Beratung desselben Mandanten nicht grundsätzlich. Um die genannten Risiken für seine Unabhängigkeit abzuschwächen, empfiehlt sie den Abschlussprüfern in Abschnitt 4.3.2 vielmehr, ein internes System zur Qualitätssicherung einzurichten. Der Berufsstand der Wirtschaftsprüfer schließt daraus, dass ohne ein solches System die Abschlussprüfung bei Beratungsmandanten nicht zulässig ist.[54] Der Abschlussprüfer muss das Sicherheitssystem nach Art. 29 des Richtlinienentwurfs einer regelmäßigen Kontrolle unterziehen lassen. Diese Kontrolle kann durch den Berufsverband oder die zuständige Aufsichtsbehörde („Monitoring“) oder wie in Deutschland (§§ 57b ff. WPO) durch Kollegen aus dem Berufsstand („Peer Review“) durchgeführt wer-

---

50 Im Internet abrufbar unter www.europa.eu.int.

51 ABl.EG L 126, S. 20.

52 Vgl. Lanfermann, DB 2004, S. 609.

53 ABl.EG L 191, S. 22-57.

54 Vgl. IFAC (International Federation of Accountants), Code of Ethics for Professional Accountants, im Internet abrufbar unter www.ifac.org, Punkt 8; dazu: Hagemeister, DB 2002, S. 334; Marx, Unabhängige Abschlussprüfung und Beratung, S. 266; Schmidt, BB 2003, S. 780.

den. Die EU-Kommission sieht das „Monitoring" und den „Peer Review" als gleichwertige Kontrollverfahren an.[55]

Das interne Qualitätssicherungssystem des Abschlussprüfers soll aus einer schriftlich formulierten Unternehmenspolitik zur Unabhängigkeit bestehen, die allen Partnern, Führungskräften und Mitarbeitern der Prüfungsgesellschaft bekannt sein muss. Die Unabhängigkeitspolitik ist regelmäßig an Änderungen der Sach- und Rechtslage anzupassen.[56] Für jeden Prüfungsmandanten sind mögliche Unabhängigkeitsrisiken einzeln aufzuführen.[57] Das Qualitätssicherungssystem muss gewährleisten, dass Prüfungs- und Beratungsleistungen von unterschiedlichen Mitarbeitern erbracht werden.[58] Damit dieses innerhalb der Prüfungsgesellschaft überprüft werden kann, sollen die Mitarbeiter, die sich mit der Unabhängigkeitspolitik beschäftigen, über alle Prüfungs- und Beratungsleistungen sowie die hierfür Verantwortlichen informiert sein. Außerdem verlangt die EU-Kommission, dass nicht mit der Prüfung oder der Beratung befasste Partner der Prüfungsgesellschaft jeden Prüfungsbericht vor Weiterleitung an den Aufsichtsrat der geprüften Aktiengesellschaft überprüfen (interne Nachschau).[59] Durch das Vier-Augen-Prinzip sollen Unstimmigkeiten und Fehler in dem Bericht vermieden werden.

In ihrer Empfehlung vom 16.05.2002 untersucht die EU-Kommission einzelne Beratungsleistungen, die die Prüferunabhängigkeit gefährden könnten und neben denen eine Prüfungstätigkeit des Wirtschaftsprüfers deshalb möglicherweise unzulässig ist: Der Abschlussprüfer soll für seinen Prüfungsmandanten wegen der Selbstprüfungsgefahr keine Buchungsunterlagen und Jahresabschlüsse erstellen, es sei denn, er gewährt nur technische oder mechanische Unterstützung oder informiert lediglich über Buchführungsgrundsätze. Bei der Pflichtprüfung von Unternehmen, die aufgrund ihrer Tätigkeit, Größe, Arbeitnehmerzahl oder Unternehmensverfassung (hierzu gehören kapitalmarktorientierte Kapitalgesellschaften) in besonderem öffentlichen Interesse[60] stehen, bedeutet jede rechnungswe-

55 Vgl. Mindestanforderungen an Qualitätssicherungssysteme für die Abschlussprüfung in der EU, Empfehlung der EU-Kommission vom 15.11.2000, ABl.EG L 91, S. 92.

56 Vgl. EU-Kommission, Unabhängigkeit des Abschlussprüfers in der EU, ABl.EG L 191, S. 26.

57 Vgl. EU-Kommission, Unabhängigkeit des Abschlussprüfers in der EU, ABl.EG L 191, S. 26.

58 Vgl. EU-Kommission, Unabhängigkeit des Abschlussprüfers in der EU, ABl.EG L 191, S. 30.

59 Vgl. EU-Kommission, Unabhängigkeit des Abschlussprüfers in der EU, ABl.EG L 191, S. 30.

60 Vgl. EU-Kommission, Unabhängigkeit des Abschlussprüfers in der EU, ABl.EG L 191, Glossar, S. 56.

senbezogene Beratung durch den Abschlussprüfer zumindest für seine „independence in appearance" eine so große Gefahr, dass die Prüfungsdurchführung daneben untersagt sein sollte. Auch die Entwicklung und Umsetzung von Finanzinformationssystemen hält die EU-Kommission für problematisch. Dem Prüfer soll die Jahresabschlussprüfung neben der Entwicklung und Einrichtung von Systemen zur Gewinnung von jahresabschlussrelevanten Informationen nur dann erlaubt sein, wenn der Mandant ausdrücklich die Verantwortung für das interne Kontrollsystem übernimmt. Hierdurch soll der Eindruck der Interessenvertretung in der Öffentlichkeit beseitigt werden. Der Prüfer darf Abschlussposten, die in Bezug auf Bilanzsumme und Jahresumsatz wesentlich sind und die er zuvor gutachterlich errechnet und bewertet hat, nicht prüfen, sofern er bei der Bewertung Ermessen hatte. Ein Selbstprüfungsrisiko sieht die EU-Kommission auch bei der Beteiligung des Prüfers an der Innenrevision des Prüfungsmandanten. Der Prüfer darf für ein prüfungspflichtiges Unternehmen gleichzeitig Prüfungs- und Revisionsleistungen nur dann erbringen, wenn die für das interne Kontrollsystem verantwortliche Geschäftsleitung des Unternehmens Revisionsschwerpunkte und Revisionsintensität vorgibt und die aus der Revisionstätigkeit des Prüfers resultierenden Feststellungen und Empfehlungen selbständig umsetzt. Außerdem muss der Prüfer die bei der Innenrevision gemachten Feststellungen im Rahmen der Jahresabschlussprüfung erneut überprüfen. Dabei hat der Abschlussprüfer dafür zu sorgen, dass für Innenrevision und Abschlussprüfung unterschiedliche Mitarbeiter der Prüfungsgesellschaft eingesetzt werden. In Rechtsstreitigkeiten soll der Abschlussprüfer seinen Mandanten außergerichtlich oder gerichtlich nur vertreten, wenn die relevanten Sachverhalte sich nicht wesentlich auf den zu prüfenden Jahresabschluss auswirken können. Offenbar schätzt die EU-Kommission also den Eindruck der Interessenvertretung in der Öffentlichkeit als nicht so gravierend ein, solange die Selbstprüfungsgefahr ausgeschlossen bleibt. Aber auch hier sieht die EU-Kommission die Vertretung des Prüfungsmandanten vor den Finanzgerichten und Finanzbehörden als nicht unabhängigkeitsgefährend an.

Auf die Steuerberatung durch den gesetzlichen Abschlussprüfer geht die EU-Kommission in ihrer Empfehlung nicht ein. Deswegen muss sich der Abschlussprüfer an den allgemeinen Richtlinien der Kommission zur Unabhängigkeit orientieren.[61] Hiernach ist das Selbstprüfungsrisiko dann zu hoch, wenn sich der steuerliche Sachverhalt wesentlich auf den zu prüfenden Jahresabschluss auswirkt und der Prüfer bei der Beratung ein hohes Maß an Ermessen hat.[62] Auch nichtrechnungswesenbezogene Unternehmensberatung richtet sich nach den allgemeinen Grundsätzen. Da die EU-Kommission schon bei der Vertretung des Mandan-

61 Vgl. Niehues, WPK-Mitt. 2002, S. 191.
62 Vgl. Niehues, WPK-Mitt. 2002, S. 191.

ten vor Gericht die Gefahr des Eindrucks, der Prüfer wäre auch bei der Abschlussprüfung vorwiegend der Vertreter von dessen Interessen, als nicht gravierend einschätzt, wird das bei der (außergerichtlichen) Strategieberatung erst Recht der Fall sein. Allerdings ist zu beachten, dass auch nicht-rechnungswesenbezogene Unternehmens- und Strategieberatung leicht Auswirkungen auf das Rechnungswesen des Mandanten haben kann. So kann der Rat des Prüfers, in einen bestimmten Wirtschaftszweig zu investieren, Anlass zur Bildung von Rückstellungen bilden, wenn sich diese Investition nicht amortisiert.[63] Nicht zu vergessen ist neben möglichen Rückstellungen die Aktivierung von Gewährleistungsansprüchen gegen den zuvor beratenden und nun prüfenden Wirtschaftsprüfer.[64] Auf diese Schadenersatzansprüche muss der Prüfer den Mandanten hinweisen.[65] Aus diesem Grund ist nach den allgemeinen Regeln der Empfehlung der EU-Kommission die Selbstprüfungsgefahr zumindest bei Beratungsfehlern des Prüfers als zu hoch anzusehen, um ihm neben der nicht-rechnungswesenbezogenen Beratung des prüfungspflichtigen Unternehmens die Jahresabschlussprüfung zu gestatten.[66]

Anders als die SEC schließt die EU-Kommission weder in ihrem Richtlinienentwurf vom 14.03.2004 noch in ihrer Empfehlung vom 16.05.2002 die Prüfungstätigkeit neben bestimmten Nicht-Prüfungsleistungen rechtsverbindlich aus.[67] Vielmehr verfolgt sie einen aus generellen Grundprinzipien und auf konkrete Situationen bezogene Regeln gemischten Ansatz. Die unterschiedlichen Ansätze von EU-Kommission und US-Gesetzgeber erklären sich wie folgt: In den USA besteht anders als in Deutschland und den übrigen Ländern in der EU keine allgemeine Prüfungspflicht.[68] Nur die Jahresabschlüsse von Gesellschaften, deren Anteile an US-Börsen gehandelt werden, müssen von unabhängigen Wirtschaftsprüfern geprüft und bei der SEC als Börsenaufsichtsbehörde hinterlegt werden.[69] Die Regeln der SEC zur Prüferunabhängigkeit dienen demnach noch mehr als in der EU dem Schutz der Anleger.[70] Aus diesem Grund fühlt sich die SEC im Interesse eines fairen und transparenten Börsenhandels hohen Maßstäben

63 Vgl. Hellwig, ZIP 1999, S. 2120.
64 Vgl. Hellwig, ZIP 1999, S. 2120.
65 Vgl. Gounalakis, NJW, 1998, S. 3597; Hellwig, ZIP 1999, S. 2118.
66 Vgl. genauso zur Rechtslage in Deutschland: BGH, BB 2003, S. 465; Veltins, DB 2004, S. 452.
67 Vgl. Schmidt, BB 2003, S. 780.
68 Vgl. Bungert, Gesellschaftsrecht in den USA, S. 112-113; KPMG (Hrsg.), Transnational Accounting, S. 2978.
69 Vgl. KPMG (Hrsg.), Transnational Accounting, S. 2978-2980.
70 Vgl. SEC, Revision of the Commission's Auditor Independence Requirements vom 15.11.2000, im Internet abrufbar unter www.sec.gov/rules/final/33-7919.htm, Abschnitt I.

an die Unabhängigkeit des Abschlussprüfers verpflichtet.[71] Demgegenüber versteht sich der Ansatz der EU-Kommission als Richtschnur für nationale Verhaltensanforderungen an die Prüfer.[72]

Die EU-Kommission hat erkannt, dass sich Wirtschaft und Finanzmärkte kontinuierlich fortentwickeln. Auch Informationstechnologien verändern sich mit zunehmender Geschwindigkeit. Die Kommission weist daher ausdrücklich darauf hin, dass ihre Analyse der Umstände, die Gefahren für die Prüferunabhängigkeit bedeuten können, sowie der möglichen Schutzmaßnahmen des Abschlussprüfers nicht abschließend ist.[73] Sie macht die Wirtschaftsprüfer darauf aufmerksam, dass sie sich im Berufsalltag auch mit anderen Situationen zu beschäftigen haben. Der Prüfer muss stets abwägen, welche Schutzmaßnahmen ein sachverständiger Dritter als geeignetes Mittel zur Eindämmung des Risikos für seine Unabhängigkeit ansehen würde.[74] Zudem handelt es sich bei Art. 23 Abs. 1 des Richtlinienentwurfs der EU-Kommission nur um eine Mindestregelung. Die nationalen Gesetzgeber können hierüber hinaus gehen und die Abschlussprüfung auch mit anderen Beratungsleistungen oder mit jeder Art von Beratung für unvereinbar erklären.[75] Die EU-Kommission selbst will, wie in ihrer Mitteilung zur „Stärkung der Abschlussprüfung in der EU“[76] vom 21.05.2003 angekündigt, eine Studie in Auftrag geben, die klären soll, ob ein generelles Verbot prüfungsfremder Leistungen für Prüfungsmandanten sinnvoll ist.

3. Deutschland

Auch der deutsche Gesetzgeber hat auf die nationalen und internationalen Unternehmenskrisen reagiert. Hierzu haben die Bundesministerien der Justiz und der Finanzen zunächst einen Maßnahmenkatalog zur Stärkung der Unternehmensin-

---

71 Vgl. Schwandtner, DStR 2002, S. 329.

72 Vgl. EU-Kommission, Consultative Paper on Statuory Auditor's Independence in the EU: A Set of Fundamental Principles vom 15.12.2000, im Internet abrufbar unter www.europa.eu.int/internal_market/en/company/audit/news/independence_en.pdf, Einleitung.

73 Vgl. EU-Kommission, Unabhängigkeit des Abschlussprüfers in der EU, ABl.EG L 191, S. 47.

74 Vgl. EU-Kommission, Unabhängigkeit des Abschlussprüfers in der EU, ABl.EG L 191, S. 47.

75 Vgl. Lanfermann, DB 2004, S. 610.

76 Im Internet abrufbar unter www.europa.eu.int/comm/internal_market/de/company/audit.

tegrität und des Anlegerschutzes[77] aufgestellt, den sie am 25.02.2003 der Öffentlichkeit präsentierten. Ziel der vorgeschlagenen Maßnahmen ist die größere Transparenz auf dem Kapitalmarkt und in der Unternehmensberichterstattung, um das Vertrauen der Anleger in die Aktienmärkte zurückzugewinnen. Im Mittelpunkt steht dabei der Schutz der Anleger vor Manipulationen der Märkte und falschen Informationen über die Kapitalmarktprodukte.[78] Besondere Bedeutung hat daher Punkt 5 des Maßnahmenkatalogs, in dem es um die Stärkung der Unabhängigkeit des Abschlussprüfers geht. Dieser 5. Punkt des Maßnahmenkatalogs der Bundesregierung wurde durch das „Gesetz zur Einführung internationaler Rechnungslegungsstandards und zur Sicherung der Qualität der Abschlussprüfung“[79] (Bilanzrechtsreformgesetz) umgesetzt, das am 10.12.2004 in Kraft getreten ist.

3.1 Vorschriften des Bilanzrechtsreformgesetzes zur Unabhängigkeit des Abschlussprüfers

Wie aus der Gesetzesbegründung hervorgeht, lässt sich das Bilanzrechtsreformgesetz von vier Faktoren leiten, die nach Ansicht des Gesetzgebers ein besonderes Risiko für die Unabhängigkeit des Abschlussprüfers darstellen. Hierzu gehören Eigeninteresse des Prüfers an dem prüfungspflichtigen Unternehmen durch eine unmittelbare oder mittelbare finanzielle Beteiligung, die Möglichkeit der Ausübung wirtschaftlichen Drucks des Prüfungsmandanten bei zu großer Abhängigkeit des Prüfers von den Prüfungs- oder Beratungshonoraren, die Gefahr der In-Sich-Kontrolle bei der Prüfung eigener früherer Beratungstätigkeit und die Entwicklung eines zu engen Vertrauensverhältnisses zwischen dem Prüfer und dem Mandanten, welches die gebotene kritische Objektivität des Prüfers beeinträchtigt.[80]

Das Bilanzrechtsreformgesetz sieht in den §§ 319, 319a HGB einen Katalog von Ausschlussgründen vor, bei deren Vorliegen ein bestimmter Prüfer das prüfungspflichtige Unternehmen nicht prüfen darf. Für den hier interessierenden Prüfungs-Beratungs-Konflikt sind folgende Vorschriften bedeutsam: Nach § 319 Abs. 2 HGB ist jeder Prüfer, bei dem die Besorgnis der Befangenheit besteht, von der Jahresabschlussprüfung des prüfungspflichtigen Unternehmens ausge-

---

77 Im Internet abrufbar unter www.bmj.bund.de/ger/themen/wirtschaft_und_recht/10000668/inhalt.html.

78 Vgl. Maßnahmenkatalog der Bundesregierung zur Stärkung der Unternehmensintegrität und des Anlegerschutzes vom 25.02.2003, S. 1.

79 BGBl. 2004, Teil I, S. 3166-3182.

80 Vgl. Bilanzrechtsreformgesetz, Regierungsentwurf, BT-Drucks. 15/3419, S. 15.

schlossen. Abs. 3 und Abs. 4 stellen Regelbeispiele auf, die gem. Abs. 5 auch für den Prüfer des Konzernabschlusses gelten und bei denen die Besorgnis der Befangenheit im Sinne des Abs. 2 unwiderleglich vermutet wird. Abs. 3 Nr. 3 a, b und d und Nr. 5 behandeln den Prüfungs-Beratungs-Konflikt. Abs. 3 Nr. 3 a, b und d wendet sich dabei der Urteilsfreiheit des Prüfers zu. Abschlussprüfer darf nicht sein, wer über die Prüfungstätigkeit hinaus im zu prüfenden Geschäftsjahr bei der Buchführung oder Abschlusserstellung mitgewirkt hat, sich in verantwortlicher Position an der internen Revision beteiligt hat oder versicherungsmathematische bzw. andere gutachterliche Bewertungsleistungen erbracht hat, die sich auf den zu prüfenden Jahresabschluss nicht nur unwesentlich auswirken. Die genannten Beratungsleistungen darf auch keine andere Person, mit der zusammen der Abschlussprüfer seinen Beruf ausübt, erbracht haben. Nach Nr. 5 dürfen schließlich die vom prüfungspflichtigen Unternehmen bezogenen Prüfungs- und Beratungshonorare während der letzten fünf Jahre nicht 30 Prozent vom Gesamtumsatz des Prüfers übersteigen. Zusätzliche Ausschlussgründe enthält § 319a HGB für die Abschlussprüfer börsennotierter Aktiengesellschaften. § 319a Abs. 1 S. 1 Nr. 1 HGB senkt die Umsatzabhängigkeitsgrenze des § 319 Abs. 3 Nr. 5 HGB von 30 Prozent auf 15 Prozent ab. Nach Nr. 2 darf nicht Abschlussprüfer sein, wer die Aktiengesellschaft zuvor über die Prüfungstätigkeit hinaus in Steuer- oder Rechtsangelegenheiten beraten hat und über das Aufzeigen von Gestaltungsalternativen hinausgegangen ist. Unschädlich ist die Beratung allerdings, wenn sie sich nicht oder lediglich unwesentlich auf den zu prüfenden Jahresabschluss ausgewirkt hat. Nach Nr. 3 ist die Abschlussprüfung schließlich unvereinbar mit der Entwicklung, Einrichtung und/oder Einführung von Rechnungslegungsinformationssystemen. Auch die Ausschlussgründe des § 319a Abs. 1 HGB sind nach Abs. 2 entsprechend auf den Konzernabschlussprüfer anzuwenden. Die §§ 319, 319a HGB finden gem. Art. 58 Abs. 4 EGHGB auf alle gesetzlichen Abschlussprüfungen für nach dem 31.12.2004 beginnende Geschäftsjahre Anwendung.

3.2 Bewertung

3.2.1 Finanzielle Unabhängigkeit, §§ 319 Abs. 3 Nr. 5, 319a Abs. 1 Nr. 1 HGB

Die §§ 319 Abs. 3 Nr. 5, 319a Abs. 1 Nr. HGB wirken der finanziellen Abhängigkeit des Abschlussprüfers von seinem Mandanten entgegen. Mit der fünfzehnprozentigen Umsatzabhängigkeitsgrenze des § 319a Abs. 1 S. 1 Nr. 1 HGB für die Abschlussprüfer börsennotierter Aktiengesellschaften bewegt sich der deutsche Gesetzgeber an der oberen Grenze der internationalen Diskussion.[81] Dadurch soll die Prüfung börsennotierter Aktiengesellschaften offenbar auch mittelständischen Wirtschaftsprüfungsunternehmen mit wenigen Pflichtprüfungsmandaten ermöglicht werden.[82] Bundesjustiz- und Bundesfinanzministerium hatten bereits in ihrem Maßnahmenkatalog vom 25.02.2003 versprochen, auf die besonderen Belange mittelständischer Wirtschaftsprüfungsunternehmen Rücksicht zu nehmen.[83] Den Markt für Abschlussprüferleistungen für börsennotierte Aktiengesellschaften beherrscht in Deutschland ein Oligopol von fünf großen, international geprägten Prüfungs- und Beratungsgesellschaften. Daher ist jede Maßnahme, die zu mehr Wettbewerb auf dem Pflichtprüfungsmarkt führt, zu begrüßen. Allerdings ist zweifelhaft, ob große Aktiengesellschaften mittelständische Wirtschaftsprüfungsunternehmen mit ihrer Abschlussprüfung beauftragen, nur weil dies rechtlich weiterhin möglich bleibt. In der Vergangenheit haben sie dieses auch nicht getan. Denn kleineren Prüfungsunternehmen fehlen oftmals die personellen Kapazitäten, um den Jahresabschluss einer großen börsennotierten Aktiengesellschaft zu prüfen.

Mittelständischen Prüfungs- und Beratungsunternehmen könnte daher auch anders geholfen sein: Bei einer niedrigen Umsatzabhängigkeitsgrenze von etwa 5 Prozent wäre es für die großen Prüfungsgesellschaften rechtlich unmöglich, für ihre Prüfungsmandanten umfangreiche Beratungsleistungen zu erbringen. Börsennotierte Aktiengesellschaften müssten sich als Konsequenz nach neuen Wirtschaftsberatern umsehen. Für die Beratung eines Großunternehmens braucht es keine so große Mitarbeiterzahl wie für die Abschlussprüfung. Daher könnten sich hierauf die mittelständischen Prüfer spezialisieren. Dieses Modell führt bei börsennotierten Mandanten praktisch zur Trennung von Prüfung und Beratung. Das macht aber auch Sinn: Denn die Prüfung börsennotierter Aktiengesellschaften ist neben Beratungsleistungen, die relevant für ihr Rechnungswesen und ihren Jahresabschluss sind, durch die §§ 319 Abs. 3, Nr. 3 a, b und d und 319a Abs. 1 S. 1 Nr. 2 HGB rechtlich verboten. Eine niedrigere Unabhängigkeitsgrenze ginge damit konform. Sie trüge auch zur Stärkung der „independence in fact" und der „independence in appearance" des Abschlussprüfers bei. Denn eine Grenze von 15 Prozent ist unter beiden Aspekten gefährlich: Kein Prüfungsunternehmen kann es sich leisten, wegen Differenzen bei der Prüfungsdurchführung einen Mandanten zu verlieren, der 15 Prozent zu seinem Umsatz beiträgt. Das erkennt auch die Öffentlichkeit. Zurecht schätzt deshalb die FEE („Fedération de Experts Comp-

81 Vgl. Peemöller/Oehler, BB 2004, S. 543; Veltins, DB 2004, S. 451.
82 Vgl. Bilanzrechtsreformgesetz, Regierungsentwurf, BT-Drucks. 15/3419, S. 41.
83 Vgl. Maßnahmenkatalog der Bundesregierung zur Stärkung des Anlegerschutzes und der Unternehmensintegrität, S. 6.

tables Européens“), der Dachverband der europäischen Wirtschaftsprüferorganisationen, bereits einen Gebührenanteil von 5 bis 15 Prozent am Gesamtumsatz als für die finanzielle Unabhängigkeit des Abschlussprüfers schädlich ein.[84]

Die dreißigprozentige Umsatzabhängigkeitsgrenze für den Prüfer nicht-kapitalmarktorientierter Unternehmen ist erst recht zu hoch. Das KonTraG hatte die Höhe der Umsatzgrenze, die das Bilanzrechtsreformgesetz für die Prüfer nicht-börsennotierter Unternehmen beibehalten hat, zum 01.05.1998 mit Blick auf kleine und mittelgroße Prüfungsgesellschaften mit wenig Pflichtprüfungsmandaten festgelegt.[85] Diese Grenze wurde zurecht stets als zu hoch kritisiert.[86] Bei der Pflichtprüfung nicht-kapitalmarktorientierter Personen- (GmbH & Co. KG) und Kapitalgesellschaften spricht der Bestätigungsvermerk des gesetzlichen Abschlussprüfers nämlich die Anteilseigner, Warenlieferanten und Darlehensgeber an und erzeugt bei ihnen Vertrauen. Auch hier ist also neben der „independence in fact“ die „independence in appearance“ des Abschlussprüfers wichtig.

3.2.2 Innere Urteilsfreiheit

3.2.2.1 Notwendigkeit der Neuregelung der Unabhängigkeit des Abschlussprüfers

Die in den §§ 319 Abs. 3 Nr. 3 a, b und d und 319a Abs. 1 S. 1 Nr. 3 HGB enthaltenen Ausschlussgründe entsprechen Prüfungsverboten des Sarbanes-Oxley Act. Zuvor waren sie nicht ausdrücklich geregelt.

3.2.2.1.1 § 319 Abs. 2 S. 1 Nr. 5 HGB a.F.

Bis zum 31.12.2004 war der Prüfer gem. § 319 Abs. 2 S. 1 Nr. 5 HGB a.F. nur dann von der gesetzlichen Abschlussprüfung ausgeschlossen, wenn er über die Prüfungstätigkeit hinaus bei der Buchführung der prüfungspflichtigen Kapitalgesellschaft oder der Erstellung des zu prüfenden Jahresabschlusses mitgewirkt hatte. Problematisch war, ob durch diese Vorschrift auch die Beratungsbefugnis des Abschlussprüfers reglementiert wurde. § 319 Abs. 2 S. 1 Nr. 5 HGB a.F. erwähn-

---

84 Vgl. FEE, Statuory Independence and Objectivity – Common Core of Principles for the Guidance of the European Profession, im Internet abrufbar unter www.fee.be.

85 Vgl. Baums, AG 1997, Sonderheft, S. 31; MünchKommHGB, Ebke, § 319, Rnd.Nr. 41; Wiedmann, Bilanzrecht, § 319 HGB, Rnd.Nr. 16.

86 Vgl. Böcking/Orth, WPg 1998, S. 358; Dörner, DB 1998, S. 6; Dörner/ Schwegler, DB 1997, S. 288; Forster, WPg 1998, S. 48; Gelhausen, AG 1997, S. 76; Hellwig, ZIP 1999, S. 2122; Lenz/Ostrowski, BB 1997, S. 1525; Marx, ZGR 2002, S. 303; Neumann, BuW 1998, S. 887.

te die Beratung nämlich im Gegensatz zu § 319 Abs. 2 S. 1 Nr. 8 a.F. HGB nicht. Deshalb sollte die Vorschrift wohl in erster Linie Übergriffe des Abschlussprüfers in die Rechnungslegungsverantwortung des Mandanten verhindern.[87] Damit distanzierte § 319 Abs. 2 S. 1 Nr. 5 HGB a.F. den Prüfer entgegen *Hommelhoff*, für den der Distanzgedanke im Vordergrund stand,[88] nur mittelbar vom Vorstand der zu prüfenden Aktiengesellschaft.[89]

Der Abschlussprüfer kann allerdings auch durch Beratungsleistungen in die Rechnungslegungskompetenz seines Mandanten eingreifen. Das ist besonders bei gestaltender Steuerberatung möglich.[90] Der Grundsatz der umgekehrten Maßgeblichkeit der Steuerbilanz für die Handelsbilanz besagt nämlich, dass steuerrechtliche Wahlrechte nur in Übereinstimmung mit der Handelsbilanz ausgeübt werden dürfen. Ebenso können die Ergebnisse einer gutachterlichen Tätigkeit des Abschlussprüfers Eingang in den später zu prüfenden Jahresabschluss finden.[91] Jedoch sind Einfluss und Auswirkung einer Beratungstätigkeit nach Ansicht des BGH nur im Ausnahmefall mit verbotener Mitwirkung gleichzusetzen.[92] Denn Beratung ist die Abgabe oder Erörterung von Empfehlungen durch sachverständige Personen.[93] Sie betrifft künftige Entscheidungen des Ratsuchenden. Aus diesem Grund ist Beratung auch dadurch gekennzeichnet, dass Handlungsmöglichkeiten und ihre Konsequenzen aufgezeigt werden, während die Entscheidung selbst dem Beratenen vorbehalten bleibt.[94] Der BGH ging in seiner „Allweiler"-Entscheidung[95] davon aus, dass dem beratenen Unternehmen die Wahl verbleibt, ob es dem Rat des Prüfers folgt und wenn ja, welche Handlungsvariante es aufgreift.[96] Der Rat des Prüfers stellt in diesem Fall nur eine Entscheidungshilfe dar.[97] Der Abschlussprüfer prüft dem BGH zufolge im Rahmen der Jahresabschlussprüfung die fremde Entscheidung des Mandanten und nicht seine eigene Leistung.[98] Allerdings durfte der Abschlussprüfer nach altem Recht nicht anstelle

---

87 Vgl. Marx, Unabhängige Abschlussprüfung und Beratung, S. 208.
88 Vgl. Hommelhoff, ZGR 1997, S. 559-562; ders., Zur Mitwirkung des Abschlussprüfers nach § 319 Abs. 2 Nr. 5 HGB, S. 554.
89 Vgl. Marx, Unabhängige Abschlussprüfung und Beratung, S. 200.
90 Vgl. Fleischer, DStR 1996, S. 764; Röhricht, WPg 1998, S. 154.
91 Vgl. den Sachverhalt bei BGH, BB 2003, S. 462.
92 Vgl. BGH, ZIP 1997, S. 1164.
93 Vgl. Demme, Die Unabhängigkeit des Abschlussprüfers nach deutschem, US-amerikanischem und internationalem Recht, S. 93.
94 Vgl. Demme, Die Unabhängigkeit des Abschlussprüfers nach deutschem, US-amerikanischem und internationalem Recht, S. 93.
95 Vgl. ZIP 1997, S. 1162-1165.
96 Vgl. ZIP 1997, S. 1163.
97 Vgl. BGH, ZIP 1997, S. 1163.
98 Vgl. ZIP 1997, S. 1163; ebenso: WP-Handbuch, Abschnitt A, Rnd.Nr. 242.

seines Mandanten eine unternehmerische Entscheidung treffen.[99] Deswegen musste sich seine Beratung auf Empfehlungen beschränken und stets Handlungsalternativen aufzeigen.[100]

Der BGH hatte sich in seiner „Allweiler"-Entscheidung mit der Vereinbarkeit von Abschlussprüfung und Steuerberatung beschäftigt. Die von ihm entwickelten Grundsätze sollten jedoch auch bei anderen Nicht-Prüfungsleistungen Anwendung finden.[101] Das Hauptproblem im Prüfungs-Beratungs-Konflikt hatte der BGH in seinem Urteil allerdings nur am Rande behandelt: Mandanten suchen bei ihrem Abschlussprüfer Antworten auf konkrete Fragestellungen[102] und wollen keinen abstrakten Vortrag über Bilanzierungsmöglichkeiten und ihre Konsequenzen.[103] Daher erwarten sie, dass der Abschlussprüfer im Rahmen der Steuerberatung Rücklagen oder Rückstellungen, als Versicherungsmathematiker Pensionsrückstellungen oder als Gutachter den Unternehmenswert berechnet. Nach Ansicht des BGH verstoßen alternativlose Beratungsempfehlungen nur dann gegen § 319 Abs. 2 S. 1 Nr. 5 HGB, wenn dem Mandanten nicht die Entscheidungsmöglichkeit verbleibt, ob er dem Rat folgen will oder nicht.[104] Dadurch droht das Mitwirkungsverbot dieser Vorschrift jedoch leerzulaufen.[105] Denn die Entscheidungszuständigkeit des Mandanten wird zur reinen Formalität.[106] Dem beratenen Vorstand der Aktiengesellschaft fehlt es nämlich in der Regel an der nötigen Kompetenz, um bei Steuergestaltungsmöglichkeiten oder bei der Berechnung des Werts des eigenen Unternehmens eine eigene Entscheidung treffen zu können.[107] Er wird sich aus diesem Grund eng an den vom Prüfer angebotenen Ergebnissen orientieren. Er hat diesen ja schließlich mit der Beratung beauftragt, um einen kompetenten und verwertbaren Rat zu erhalten. Das zeigte sich am Zusammenschluss der Bayrischen Hypothekenbank mit der Bayrischen Vereinsbank zur

---

99 Vgl. BGH, ZIP 1997, S. 1163.

100 Vgl. BGH, ZIP 1997, S. 1163; ebenso: ADS, § 319 HGB, Rnd.Nr. 122; WP-Handbuch, Abschnitt A, Rnd.Nr. 243.

101 Vgl. BGH, BB 2003, S. 464; BGH, DB 2004, S. 1606; Demme, Die Unabhängigkeit des Abschlussprüfers nach deutschen, US-amerikanischen und internationalem Recht, S. 104.

102 Vgl. Havermann, Die Wirtschaftsprüfungsgessellschaft – Struktur und Strategie eines modernen Dienstleistungsunternehmens, S. 56.

103 Vgl. Demme, Die Unabhängigkeit des Abschlussprüfers nach deutschen, US-amerikanischen und internationalem Recht, S. 98.

104 Vgl. BGH, ZIP 1997, S. 1163; BB 2003, S. 464.

105 Vgl. Ebke, WPK-Mitt. 1998, S. 78; Hellwig, ZIP 1999, S. 2120; Hommelhoff, ZGR 1997, S. 554; Marx, DB 2003, S. 432; Neumann, ZIP 1998, S. 1344; Röhricht, WPg 1998, S. 155; Schmidtmeier, DB 1998, S. 1629.

106 Vgl. ADS, § 319 HGB, Rnd.Nr. 123.

107 Vgl. Heni, DStR 1997, S. 1213; Schmidtmeier, DB 1998, S. 1629; Schüppen, WiB 1997, S. 863.

heutigen Hypo-Vereinsbank. Die vom späteren Abschlussprüfer der Hypo-Vereinsbank in seinem Verschmelzungsgutachten ermittelten, grob fehlerhaften Zahlen wurden in unveränderter Form in den Verschmelzungsvertrag übernommen[108] und fanden so mittelbar Eingang in den zu prüfenden Jahresabschluss der Hypo-Vereinsbank.[109]

3.2.2.1.2 § 318 Abs. 3 HGB a.F.

Neben § 319 Abs. 2 S. 1 Nr. 5 HGB a.F. sollte nach altem Recht auch § 318 Abs. 3 HGB a.F. dem Prüfungs-Beratungs-Konflikt Rechnung tragen. Danach konnte der Abschlussprüfer auf Antrag gerichtlich ersetzt werden, wenn bei ihm die Besorgnis der Befangenheit vorlag, ohne dass ein Ausschlussgrund des § 319 Abs. 2 und Abs. 3 HGB a.F. gegeben war. Anders als bei den Prüfungsverboten des § 319 Abs. 2 und Abs. 3 HGB a.F. war hier eine umfassende Interessenabwägung möglich und nötig.[110] Es durfte nicht wie bei diesen Prüfungsverboten von der Erbringung einer bestimmten Nicht-Prüfungsleistung auf Besorgnis der Befangenheit im Sinne des § 318 Abs. 3 HGB a.F. geschlossen werden. Vielmehr war anhand der Gesamtheit der Umstände zu ermitteln, ob aus Sicht eines verständigen Dritten bei Würdigung aller Umstände die Urteilsbildung des Prüfers sachfremd beeinflusst sein könnte. Im Gegensatz zu den Prüfungsverboten des § 319 Abs. 2 und Abs. 3 HGB a.F. haben sich bei § 318 Abs. 3 HGB a.F. schematische Lösungen also verboten. Entscheidend waren die Umstände des Einzelfalls.

Der Anwendungsbereich des § 318 Abs. 3 HGB a.F. auf Nicht-Prüfungsleistungen des Abschlussprüfers war richterlich weitgehend ungeklärt.[111] Beratung und gutachterliche Tätigkeit jedenfalls sollten noch nicht zur Besorgnis seiner Befangenheit führen. Problematisch war diese Haltung in Fällen, in denen dem Prüfer bei der vorherigen Beratung Fehler mit bilanzieller Auswirkung unterlaufen waren.[112] Hier bestand die Gefahr, dass der Prüfer im Rahmen der Jahresabschlussprüfung einen Bewertungsansatz befürwortet, der seine eigene Fehl-

108 Vgl. BGH, BB 2003, S. 464.
109 Vgl. Marx, DB 2003, S. 432.
110 Vgl. ADS, § 318 HGB, Rnd.Nr. 199; Baumbach/Hopt (Hrsg.), § 318, Rnd.Nr. 66; MünchKommHGB, Ebke, § 318, Rnd.Nr. 40.
111 Vgl. Marx, ZGR 2002, S. 305.
112 Vgl. Demme, Die Unabhängigkeit des Abschlussprüfers nach deutschem, US-amerikanischem und internationalem Recht, S. 103.

beratung nicht zutage treten lässt.[113] Nach Meinung von Rechtsprechung und Literatur war jedoch nicht automatisch davon auszugehen, dass ein Prüfer stets über eine vorherige Fehlberatung hinweg zu täuschen sucht.[114] Sonst hätte jeder sachliche Fehler zur Besorgnis der Befangenheit geführt. Für eine Einzelfallprüfung wäre dann kein Raum mehr geblieben. Die Besorgnis seiner Befangenheit sollten daher nur gravierende Beratungsfehler des Abschlussprüfers begründen, die ihm gegenüber zu erheblichen Schadenersatzforderungen berechtigen.[115] Das hatte der BGH für die Erstellung eines Verschmelzungswertgutachtens angenommen, bei dem der Prüfer absehbare Risiken in Milliardenhöhe für ein an der Verschmelzung beteiligtes Unternehmen unberücksichtigt gelassen hatte.[116]

Bei der Bewertung des Einzelfalls sollten nach Ansicht des BGH Schutzvorrichtungen innerhalb der Prüfungsgesellschaft die Risiken für die Prüferunabhängigkeit verringern können.[117] Dem BGH ist allerdings nur darin beizupflichten, dass sich die Gefahr der tatsächlichen Befangenheit durch sog. „safe-guards" verringern lässt.[118] Ein Prüfer, der persönlich keine Beratungsmandate für den Mandanten übernimmt und innerhalb seiner Prüfungsgesellschaft auch keine Möglichkeit zum Austausch von Insider-Informationen hat, ist nicht befangen. Allerdings bleibt der Schein der Befangenheit für die externen Prüfungsadressaten („independence in appearance") bestehen. Denn diese wissen nur, dass der Prüfer die prüfungspflichtige Aktiengesellschaft auch beraten hat. Die Richtlinien für die Zusammenarbeit innerhalb der Prüfungsgesellschaft sind ihnen nicht bekannt. Diese können Aktionäre auch nicht auf der Hauptversammlung und damit vor der Prüferwahl erfragen. Ihr Auskunftsrecht nach § 131 Abs. 1 AktG richtet sich nämlich nur gegen den Vorstand ihrer Aktiengesellschaft. Der Aufsichtsrat ist ihnen gegenüber nicht auskunftspflichtig. Wirtschaftsprüfer geben ihre Unabhängigkeitserklärung nach Standard 7.2.1 des Deutschen Corporate Governance-Kodex aber gegenüber dem Aufsichtsrat ab. Somit können sich externe Prü-

113 Vgl. Demme, Die Unabhängigkeit des Abschlussprüfers nach deutschem, US-amerikanischem und internationalem Recht, S. 103; Fliess, Prüfung und Beratung im Spannungsfeld öffentlicher Erwartungen und unternehmerischer Zielsetzungen, S. 53; Hellwig, ZIP 1999, S. 2120; Heukamp, Abschlussprüfer und Haftung, S. 192; Lange, Die Kompatibilität von Abschlussprüfung und Beratung – Eine ökonomische Analyse, S. 42; Marx, Unabhängige Abschlussprüfung und Beratung, S. 83; Weiland, BB 1996, S. 1212.

114 Vgl. LG Köln, DB 1997, S. 921; ebenso: Demme, Die Unabhängigkeit des Abschlussprüfers nach deutschem, US-amerikanischem und internationalem Recht, S. 103.

115 Vgl. Marx, DB 2003, S. 433.

116 Vgl. BB 2003, S. 465.

117 Vgl. DB 2004, S. 1607.

118 Vgl. ebenso für die Rechtsanwaltssozietät BVerfG, WPK-Magazin 2/2004, S. 46.

fungsadressaten nicht von der tatsächlichen Unbefangenheit des Abschlussprüfers überzeugen, wenn diese durch „safe-guards" innerhalb der Prüfungsgesellschaft sichergestellt wird. Die Besorgnis der Befangenheit, unter der die Glaubwürdigkeit der gesetzlichen Abschlussprüfung leidet, bleibt so bestehen.

3.2.2.1.3 Fazit zur Notwendigkeit von Neuregelungen

Die restriktive[119] Auslegung der §§ 319 Abs. 2 S. 1 Nr. 5 und 318 Abs. 3 HGB a.F. war nicht vereinbar mit der besonderen öffentlichen Stellung des gesetzlichen Abschlussprüfers.[120] Sie hielt auch dem internationalen Vergleich nicht stand.[121] Deshalb verlangten *Marx*[122] und *Bormann*[123] eine problembewusste Auslegung und Konkretisierung der Generalklausel des § 318 Abs. 3 HGB a.F., bei der die Wahrung der Unabhängigkeit des Abschlussprüfers stärker im Mittelpunkt steht und die sich an den Vorschriften der SEC und den Empfehlungen der EU-Kommission orientiert. Allerdings hätte auch diese Vorgehensweise die Vorgaben aus den USA nicht erfüllt. Sowohl der Sarbanes-Oxley Act als auch die Ausführungsbestimmungen der SEC vom 23.01.2003 zur Unabhängigkeit des Abschlussprüfers benennen nämlich konkret einen Katalog von Beratungs- und Gutachterleistungen, neben denen die Prüfungsdurchführung nicht zulässig ist, unabhängig davon, ob der Prüfer bei der Beratung Fehler gemacht hat oder nicht. Angesichts der Tatsache, dass sich diese Vorschriften auch auf deutsche Prüfer und Prüfungsgesellschaften erstrecken können,[124] bedurfte es einer Harmonisierung der nationalen Vorschriften mit dem Unabhängigkeitsrecht für US-Prüfer. Der deutsche Gesetzgeber hat daher Recht daran getan, die gesetzlichen Regelungen zur Unabhängigkeit des Jahresabschlussprüfers neu zu fassen und die Ausschlussgründe für US-Prüfer zu übernehmen. Einige Regelungen bedürfen gleichwohl näherer Untersuchung.

3.2.2.2 Prüfung von nicht-börsennotierten Kredit- und Finanzdienstleistungsinstituten, Versicherungsunternehmen und Pensionsfonds

Die erweiterten Unabhängigkeitsvorschriften für die Prüfer börsennotierter Aktiengesellschaften sollten ursprünglich auch für die Prüfer von Kredit- und Finanz-

---

119 Vgl. Gadow/Heinichen, Decher, GroßKommAktG, § 131, Rnd.Nr. 91.
120 Vgl. BeckBilKomm, Hense/Veltins, § 318 HGB, Rnd.Nr. 42; KölnKommAktG, Claussen, § 318, Rnd.Nr. 39; Ebke/Jurisch, AG 2000, S. 209.
121 Vgl. Bormann, BB 2002, S. 194.
122 Vgl. Marx, DB 2003, S. 433.
123 Vgl. DB 2003, S. 433.
124 Vgl. Emmerich/Schaum, WPg 2003, S. 678; Lanfermann/Maul, DB 2002, S. 1725.

dienstleistungsinstituten, Versicherungsunternehmen und Pensionsfonds mit einer Bilanzsumme von mehr als 150 Millionen Euro, die nicht börsennotierte Aktiengesellschaft sind, gelten. Der Rechtsausschuss des Bundestages hat jedoch die strengeren Anforderungen des § 319a HGB auf die Prüfer von Kapitalmarktunternehmen beschränkt.[125] Eine Begründung hierfür bietet er nicht. Diese Einschränkung des Gesetzentwurfs der Bundesregierung erscheint bedenklich. Auch Kredit- und Finanzinstitute, Versicherungsunternehmen und Pensionsfonds stehen in besonderem Maße im Blickpunkt der Öffentlichkeit, da sie in großem Umfang mit Geldern ihrer Kunden (Sparer, Kapitalanleger, Versicherungsnehmer) arbeiten.[126] Aus diesem Grund sieht auch die EU-Kommission in Art. 40 ihres Richtlinienentwurfs strengere Vorschriften für die Prüfer von Unternehmen von „besonderem öffentlichem Interesse" vor. Das „besondere öffentliche Interesse" ergibt sich nicht nur aus der Börsennotierung von Unternehmen. Maßgeblich sind nach Art. 2 Nr. 11 auch ihre Tätigkeit, Größe sowie ihre Arbeitnehmerzahl. Die EU-Kommission nennt als Beispiel für Unternehmen von „besonderem öffentlichen Interesse" in Art. 2 Nr. 11 des Richtlinienentwurfs und im Glossar ihrer Empfehlung vom 16.05.2002 neben börsennotierten Aktiengesellschaften ausdrücklich Kreditinstitute, Versicherungsunternehmen und Pensionsfonds. Daher ist die Einschränkung, die der Rechtsausschuss des Deutschen Bundestages ohne Begründung vorgenommen hat, nicht verständlich. Sollte der Richtlinienentwurf der EU-Kommission zum 01.01.2006 unverändert in Kraft treten, so sind die Vorschriften des Bilanzrechtsreformgesetzes zur Unabhängigkeit des Abschlussprüfers europarechtswidrig, sofern nicht schon § 319 Abs. 2 bis Abs. 5 HGB den besonderen Vorschriften der Richtlinie für die Abschlussprüfer von Banken und Versicherungen entspricht. Hier fällt jedoch auf, dass das Bilanzrechtsreformgesetz Vorschriften zum Personenwechsel innerhalb der Prüfungsteams nach § 319a Abs. 1 Nr. 4 HGB nur für die Prüfer börsennotierter Aktiengesellschaften vorsieht.

3.2.2.3 Vertretung des Prüfungsmandanten vor Gericht

Der Regierungsentwurf des Bilanzrechtsreformgesetzes hatte die Prüfung börsennotierter Aktiengesellschaften in § 319a Abs. 1 S. 1 Nr. 4 HGB noch verboten, sofern der Prüfer die Aktiengesellschaft in dem zu prüfenden Geschäftsjahr oder bis zur Erteilung des Bestätigungsvermerks in Rechts- oder Steuerangelegenheiten vor Gericht vertreten hat. Denn aus der Sicht eines verständigen Drit-

---

125 Vgl. Bilanzrechtsreformgesetz, Beschlussempfehlung und Bericht des Rechtsausschusses zum Regierungsentwurf, BT 15/4054, S. 78.

126 Vgl. Veltins, DB 2004, S. 451.

ten steht der Abschlussprüfer bei der Vertretung des Mandanten vor Gericht noch mehr als ohnehin schon in seinem Lager.[127] Das gilt auch dann, wenn ein Kollege aus der Prüfungsgesellschaft die Aktiengesellschaft gerichtlich vertreten hat. Der Eindruck der Interessenvertretung ist unvermeidlich. Er wird durch das Berufsrecht der Rechtsanwälte hervorgerufen: § 3 Abs. 1 BRAO unterstreicht, dass der Rechtsanwalt Vertreter allein seines Mandanten ist. Diese Rolle verträgt sich nicht mit der öffentlichen Funktion der gesetzlichen Jahresabschlussprüfung.

Der Rechtsausschuss des Bundestages hat das Verbot aus dem § 319a HGB gestrichen. Zur Begründung führt er an, er sehe keine Selbstprüfungsgefahr.[128] Mit dem Aspekt der Interessenvertretung setzt er sich nicht auseinander. Damit verkennt er die Gefahr, die der Eindruck der Interessenvertretung für die „independence in appearance" des Abschlussprüfers bedeuten kann. Nicht umsonst ist das Verbot, als Interessenvertreter für den Prüfungsmandanten aufzutreten, (neben dem Selbstprüfungsverbot) eines der beiden Grundprinzipien, auf dem die SEC-Verordnung vom 23.01.2003 zur Prüferunabhängigkeit aufbaut. Die SEC verbietet die Abschlussprüfung neben steuerlicher und wirtschaftsrechtlicher Vertretung des Mandanten vor Gericht. Auch die EU-Kommission empfiehlt, Abschlussprüfung und gerichtliche Vertretung voneinander zu trennen. Der Rechtsausschuss des Bundestages nimmt somit Diskrepanzen des Bilanzrechtsreformgesetzes zum internationalen Recht in Kauf, die sachlich nicht zu begründen sind.

3.2.2.4 Gestaltende Steuer- und Rechtsberatung

Nach § 319a Abs. 1 Nr. 2 HGB ist die Abschlussprüfung neben Steuer- und Rechtsberatung unzulässig, die sich auf die Darstellung der Vermögens-, Finanz- und Ertragslage gestaltend und nicht nur unwesentlich auswirkt und die über das Aufzeigen von Alternativen hinausgeht. Wesentlicher Bestandteil der Vorschrift ist das Tatbestandsmerkmal „gestaltend". Nicht jede Rechts- oder Steuerberatung, die sich in irgendeiner Weise auf die Abbildung im Jahresabschluss auswirkt, wird von der Vorschrift erfasst. Vielmehr verstößt die Beratungsleistung nur dann gegen § 319a Abs. 1 Nr. 2 HGB, wenn durch die empfohlene Maßnahme die Darstellung im Abschluss gezielt verändert wird.[129] Auch ist zu berücksichtigen, dass die Gestaltung von wirtschaftlichen Sachverhalten mit Auswirkungen auf den Jahresabschluss nicht unter § 319a Abs. 1 Nr. 2 HGB fällt, da sie

---

127 Vgl. Bilanzrechtsreformgesetz, Regierungsentwurf, BT-Drucks. 15/3419, S. 42.

128 Vgl. Bilanzrechtsreformgesetz, Beschlussempfehlung und Bericht des Rechtsausschusses zum Regierungsentwurf, BT-Drucks. 15/4054, S. 77.

129 Vgl. Pfitzer/Orth/Hettich, DStR 2004, S. 334.

nicht darauf abzielt, die Darstellung im Abschluss verändern.[130] § 319a Abs. 1 Nr. 2 HGB kommt nur dann zur Anwendung, wenn der Prüfer selbst gestaltend tätig wird und seinem Prüfungsmandanten ein Beratungsprodukt liefert, das die Darstellung der Vermögens-, Finanz- und Ertragslage deutlich verändert, zum Beispiel die Auslagerung bestimmter Risiken auf Zweckgesellschaften.[131] § 319a Abs. 1 Nr. 2 HGB geht also mit dem vorgeschlagenen Verbot des PCAOB von „listed“, „confidential“ und anderen „aggressive tax transactions“ konform.

§ 319a Abs. 1 Nr. 2 HGB dient wohl weniger dem Selbstprüfungsverbot als dem Verbot der Interessenvertretung. Zwar besteht durchaus die Gefahr, dass der Prüfer nicht in der Lage ist, objektiv zu beurteilen, ob die gewählte steuerliche Darstellung im Jahresabschluss richtig ist oder nicht, wenn er das darstellende Beratungsprodukt entwickelt hat.[132] Doch gilt der Grundsatz der umgekehrten Maßgeblichkeit der Steuerbilanz für die Handelsbilanz aufgrund der „Verordnung des Europäischen Parlaments und des Rates betreffend die Anwendung internationaler Rechnungslegungsstandards“[133], nach der deutsche börsennotierte Aktiengesellschaften ihren Konzernabschluss nach Maßgabe der IFRS („International Financial Reporting Standards“) und nicht nach HGB aufzustellen haben, nur noch im Einzelabschluss. Deshalb ist die Gefahr, dass in der Öffentlichkeit der Eindruck des Gleichlaufs der Interessen von Prüfer und Prüfungsmandant entsteht, gravierender als die drohende In-Sich-Kontrolle bestimmter Einzelabschlusspositionen. Denn während sich der Konzernabschluss an die Abschlussadressaten wendet, dient der Einzelabschluss vorwiegend als Besteuerungsgrundlage.

3.2.2.5 Unwesentliche Auswirkung bzw. untergeordnete Bedeutung

Die in § 319 Abs. 3 HGB genannten Tätigkeiten sind nur dann mit der Abschlussprüfung unvereinbar, sofern sie nicht von untergeordneter Bedeutung sind. § 319a Abs. 1 Nr. 2 HGB kommt gleichfalls nur dann zur Anwendung, wenn die Auswirkung auf die Darstellung des Jahresabschlusses nicht unwesentlich ist. Ob diese Einschränkungen zu begrüßen sind, ist zweifelhaft. Die internationalen Vorschriften sehen keine derartige Einschränkung vor. Für die Grenzen der Besorgnis der Befangenheit ist zudem das subjektive Empfinden der Abschlussadressaten maßgeblich und nicht die Sicht eines vernünftigen und objektiv denkenden Dritten.[134] Auch stellt sich der Umfang der Dienstleistungen im Nachhinein

130 Vgl. Pfitzer/Orth/Hettich, DStR 2004, S. 334.
131 Vgl. Hülsmann, DStR 2005, S. 171.
132 Vgl. Peemöller/Oehler, BB 2004, S. 543.
133 Vgl. ABl.EG L 243, S. 1-4.
134 Vgl. BGH, BB 2003, S. 383.

oft anders dar als noch bei der Auftragsvergabe.[135] Vor allem aber sind die Grenzen der unbestimmten Rechtsbegriffe „unwesentliche Auswirkung“ und „untergeordnete Bedeutung“ durch den Rechtsanwender nicht eindeutig zu ziehen.[136] Die vom Prüfer zur Festlegung der maximal tolerierbaren Fehlerschwelle ermittelten Wesentlichkeitsgrenzen jedenfalls eignen sich nicht hierfür. Eine Untersuchung aus dem Jahr 2004 hat nämlich gezeigt, dass diese Wesentlichkeitsgrenzen von den Prüfungsunternehmen nicht einheitlich, sondern nach subjektivem Empfinden und Ermessen gezogen werden.[137] Da ein Verstoß gegen die §§ 319, 319a HGB gem. § 334 Abs. 2 HGB als Ordnungswidrigkeit geahndet wird, muss ihr Tatbestand genau umrissen sein, sodass der Prüfer in der Lage ist zu erkennen, wann er ordnungswidrig handelt und wann nicht. Unbestimmte Rechtsbegriffe in Ordnungswidrigkeitstatbeständen sind vor dem aus dem Rechtsstaatsprinzip gem. Art. 20 Abs. 3 GG folgenden Bestimmtheitsgebot problematisch. Daher ist *Veltins*' Forderung Recht zu geben, dass die Prüfungsverbote sämtliche tatbestandsmäßigen Tätigkeiten des Abschlussprüfers erfassen sollten, ungeachtet dessen, ob diese von untergeordneter Bedeutung oder bei der Aufstellung des Jahresabschlusses wesentlich sind oder nicht.[138]

3.2.2.6 Besorgnis der Befangenheit, § 319 Abs. 2 HGB

3.2.2.6.1 Ordnungswidrigkeit

Das Bilanzrechtsreformgesetz hat den bisher relativen Ausschlussgrund der Besorgnis der Befangenheit des § 318 Abs. 3 HGB a.F., der nach altem Recht auf Antrag die Ersetzung des Abschlussprüfers durch Gericht ermöglichte, aber keine Sanktionen gegen den Prüfer nach sich zog, in § 319 Abs. 2 HGB verlagert. Aufgrund dieser Änderung der Gesetzessystematik stellt die Erteilung des Bestätigungsvermerks nun schon bei bloßer Besorgnis der Befangenheit ohne Verwirklichung eines der besonderen Ausschlussgründe der §§ 319 Abs. 3 bis Abs. 5, 319a HGB eine Ordnungswidrigkeit nach § 334 Abs. 2 HGB dar. Der Verstoß gegen eine Vorschrift sollte aber nur dann als Ordnungswidrigkeit geahndet werden, wenn diese scharf umrissen ist.[139] Die Generalklausel § 319 Abs. 2 HGB er-

135 Vgl. Veltins, DB 2004, S. 449.
136 Vgl. Hoffmann/Lüdenbach, GmbHR 2004, S. 149; Pfitzer/Oser/Orth, DB 2004, S. 2600; Veltins, DB 2004, S. 449.
137 Vgl. Wolz, zfbf 2004, S. 127.
138 Vgl. Veltins, DB 2004, S. 449.
139 Vgl. OLG Karlsruhe, WPK-Magazin 2/2004, S. 55.

füllt diese Voraussetzung nicht.[140] Ihre Tatbestandsvoraussetzungen sind gegeben, wenn Umstände die Annahme rechtfertigen, dass das Prüfungsergebnis möglicherweise durch sachfremde Erwägungen beeinflusst wird.[141] Das ist anhand der Gesamtumstände des Einzelfalls zu ermitteln.[142] Das macht eine individuelle Wertung erforderlich, deren Ergebnis für den Prüfer keinesfalls abzusehen ist.[143] Für ihn ist es nicht immer möglich zu erkennen, wann ihn ein objektiver Dritter für befangen halten könnte und wann nicht. Gerade bei allgemeiner Unternehmens- und Strategieberatung des Prüfungsmandanten, die auch das Bilanzrechtsreformgesetz nicht verboten hat, sind die Übergänge von der „independence in appearance" zur „dependence in appearance" fließend.[144] Dem trägt das Ordnungswidrigkeitenrecht keine Rechnung. Der Prüfer begeht die Ordnungswidrigkeit auch bei fehlerhafter Rechtsauslegung.[145] Ein Subsumtionsirrtum ist als Verbotsirrtum gem. § 11 Abs. 2 OWiG unbeachtlich. Aus diesem Grund sollte der Verstoß gegen Unabhängigkeitsvorschriften nur bei klar formulierten Prüfungsverboten als Ordnungswidrigkeit geahndet werden. Das gebietet das aus dem Rechtsstaatsprinzip des Art. 20 Abs. 3 GG folgende Bestimmtheitsgebot. Es erscheint auch aus einem anderen Grund ungerechtfertigt, einen bloßen Verstoß gegen das allgemeine Gebot der „independence in appearance" als Ordnungswidrigkeit zu verfolgen: Der Aufsichtsrat bzw. der aus seiner Mitte gebildete Prüfungsausschuss soll laut Standard 7.2.1 des Deutschen Corporate Governance-Kodex bei der Vorauswahl als Abschlussprüfer seiner Aktiengesellschaft geeigneter Kandidaten von jedem eine Unabhängigkeitserklärung einholen. Hierbei soll der Prüfer insbesondere auf Beratungsleistungen, die er für die prüfungspflichtige Kapitalgesellschaft erbringt und erbracht hat, eingehen. Es liegt am Aufsichtsrat bzw. Prüfungsausschuss, darauf hinzuwirken, dass die Erklärung vollständig und aussagekräftig ist.[146] Dieser hat dafür zu sorgen, dass der Prüfer alle beruflichen, finanziellen und sonstigen Beziehungen zur Aktiengesellschaft und ihren Organen erklärt.[147] Wenn der Prüfer seine Verbindungen zur prüfungspflichtigen Aktiengesellschaft erklärt hat, muss der Aufsichtsrat bzw. Prüfungsausschuss entscheiden, ob er den Prüfer der Hauptversammlung zur Wahl vor-

---

140 Vgl. Hoffmann/Lüdenbach, GmbHR 2004, S. 149; Hucke/Ammann, SteuStud 2005, S. 233.

141 Vgl. ADS, § 318 HGB, Rnd.Nr. 349.

142 Vgl. ADS, § 318 HGB, Rnd.Nr. 349; MünchKommHGB, Ebke, § 318, Rnd.Nr. 40.

143 Vgl. OLG Karlsruhe, WPK-Magazin 2/2004, S. 55.

144 Vgl. OLG Karlsruhe, WPK-Magazin 2/2004, S. 55.

145 Vgl. ADS, § 319 HGB, Rnd.Nr. 264.

146 Vgl. Gelhausen/Hönsch, AG 2002, S. 530; Ringleb/Kremer/Lutter/v. Werder, Kommentar zum Deutschen Corporate Governance-Kodex, Rnd.Nr. 942.

147 Vgl. Gelhausen/Hönsch, AG 2002, S. 530; Pfitzer/Orth/Wader, DB 2002, S. 755.

schlägt oder nicht. Auch bei dieser Entscheidung ist ein Subsumtionsirrtum möglich. Dieser Rechtsirrtum überwiegt einen möglichen Irrtum des Abschlussprüfers, weil es in erster Linie Aufgabe des Aufsichtsrats bzw. des Prüfungsausschusses ist, die offengelegten Verbindungen zur prüfungspflichtigen Aktiengesellschaft zu beurteilen.

3.2.2.6.2 Honorarverlust

Der BGH hat im Jahre 1992 entschieden, dass ein Prüfer keinen Anspruch auf Vergütung hat, wenn er eine Jahresabschlussprüfung durchführt und einen Bestätigungsvermerk erteilt, obwohl ihn ein absoluter Befangenheitsgrund von der Prüfung ausschließt.[148] Der BGH sah den Prüfungsvertrag wegen § 134 BGB als nichtig an. Diese Auffassung teilen mehrere Instanzgerichte.[149] Die Entscheidung des BGH betraf die verbotene Mitwirkung bei der Erstellung des Jahresabschlusses. Die gleiche Nichtigkeitsfolge ergibt sich auch für alle anderen absoluten Ausschlussgründe des § 319 Abs. 2 und Abs. 3 HGB a.F..[150] Bei einem Verstoß gegen das allgemeine Gebot der „independence in appearance" nach § 318 Abs. 3 HGB a.F. nahm die Rechtsprechung allerdings zurecht keine Nichtigkeit des Prüfungsvertrages an.[151] Der Prüfer sollte sein Honorar für bis zur gerichtlichen Ersetzung erbrachte Leistungen behalten. Findet das gerichtliche Ersetzungsverfahren nicht statt, sollte er auch seinen Honoraranspruch nicht verlieren.[152] Denn insbesondere bei Beratungsleistungen ohne Relevanz für das Rechnungswesen des Mandanten sind die Übergänge von der „independence in appearance" zur „dependence in appearance" so fließend, dass sie für den Prüfer kaum beherrschbar sind.[153] Die Begründung zu § 319 Abs. 2 bis Abs. 5 HGB weist zwar auf das Urteil des BGH vom 30.04.1992 hin.[154] Allerdings sind Gesetzbegründungen nicht verbindlich.[155] Deshalb braucht § 134 BGB bei einem bloßen Verstoß gegen die Generalklausel des § 319 Abs. 2 HGB nicht zur Anwendung zu kommen. Das lässt sich auch direkt aus besagtem BGH-Urteil folgern. Der dieser Entscheidung zugrunde liegende Sachverhalt betraf die unzulässige Mit-

148 Vgl. DB 1992, S. 1466.
149 Vgl. LG Berlin, Stbg 1996, S. 413; OLG Düsseldorf, BB 1991, S. 108; OLG Köln, DStR 1992, S. 1372.
150 Vgl. ADS, § 319 HGB, Rnd.Nr. 256; BeckBilKomm, Hense/Veltins, § 319 HGB, Rnd.Nr. 61; MünchKommHGB, Ebke, § 319, Rnd.Nr. 7.
151 Vgl. BGH, DB 2004, S. 1607; OLG Karlsruhe, WPK-Magazin 2/2004, S. 55.
152 Vgl. BGH, DB 2004, S. 1607; OLG Karlsruhe, WPK-Magazin 2/2004, S. 55.
153 Vgl. OLG Karlsruhe, WPK-Magazin 2/2004, S. 55.
154 Vgl. Bilanzrechtsreformgesetz, Regierungsentwurf, BT-Drucks. 15/3419, S. 37.
155 Vgl. BVerfG, NJW 1960, S. 1559; NJW, 1964, S. 1411.

wirkung bei der Jahresabschlusserstellung. Später hat der BGH aber mehrfach festgestellt, dass Beratungstätigkeit des Abschlussprüfers keine verbotene Mitwirkung darstellt,[156] sondern allenfalls zur Besorgnis der Befangenheit führen kann.[157] Diese Wertung, die nach dem Bilanzrechtsreformgesetz noch für die reine Unternehmensberatung ohne Rechnungswesenbezug gilt, muss von der Tatbestandsebene auch auf die Rechtsfolgenseite übertragen werden.

3.2.2.6.3 Lösungsvorschlag

Durch das Bilanzrechtsreformgesetz sind alle Nicht-Prüfungsleistungen, die die Prüferunabhängigkeit beeinträchtigen können, in § 319 Abs. 3 bis Abs. 5 und § 319a HGB ausdrücklich geregelt. Diese strikten und präzisen Befangenheitsgründe bieten ein hohes Maß an Rechtssicherheit.[158] Sie schränken zudem die Einflussmöglichkeit des Vorstands der prüfungspflichtigen Aktiengesellschaft auf den Prüfer ein. Der Prüfer kann auf die §§ 319 Abs. 3 bis Abs. 5, 319a HGB verweisen, wenn er sich dem Versuch einer Einflussnahme ausgesetzt sieht, und sich so jeglichem Druck vom Mandanten widersetzen.[159] Die §§ 319 Abs. 3 bis Abs. 5, 319a HGB schützen die Prüfungsbeteiligten schließlich auch vor Sanktionen, da bei klar formulierten Befangenheitsgründen eine Bewertung des Einzelfalls nicht erforderlich ist und daher nicht die Gefahr besteht, die Regeln falsch einzuschätzen.[160] Zwar müssen auch Umgehungsmöglichkeiten ausgeschlossen sein. Hier könnte sich zusätzlich eine Generalklausel als vorteilhaft erweisen, die auch künftige Entwicklungen angemessen erfassen kann.[161] Das Bilanzrechtsreformgesetz greift diesen gemischten Ansatz aus Generalklausel und Regelbeispielen, den schon das alte Recht favorisierte, auf.

Auch bei reiner Besorgnis der Befangenheit des Prüfers ohne Verwirklichung eines der Regelbeispiele der §§ 319 Abs. 3 bis Abs. 5, 319a HGB muss der Abschlussprüfer gerichtlich ersetzt werden können. Allerdings braucht ein Verstoß gegen die Generalklausel nicht als Ordnungswidrigkeit geahndet zu werden. Er sollte auch nicht zu dem Verlust des Honoraranspruchs für die bisher erbrachten

---

156 Vgl. BGH, ZIP 1997, S. 1162-1165; BB 2003, S. 463-466.
157 Vgl. BGH, BB 2003, S. 463-466.
158 Vgl. Schwandtner, DStR 2002, S. 309.
159 Vgl. Schwandtner, DStR 2002, S. 330.
160 Vgl. Bilanzrechtsreformgesetz, Gesetzentwurf der Bundesregierung, BT-Drucks. 15/3419, S. 27; Schwandtner, DStR 2002, S. 330.
161 Vgl. Schindler/Rosin, Die Unabhängigkeit des Wirtschaftsprüfers nach deutschem und amerikanischem Recht – Insbesondere Beratungsverbot und Rotation, S. 194-195; Schwandtner, DStR 2002, S. 331-332.

Prüfungsleistungen führen sollte. Das war bereits nach alter Rechtslage so.[162] Die Gründe, die hierfür von der Rechtsprechung angeführt wurden, sind seit dem 01.01.2005 noch stichhaltiger: Denn die Nicht-Prüfungsleistungen, die nach altem Recht zur Besorgnis der Befangenheit des Prüfers führen konnten, sind nach neuem Recht ohne Ausnahme ausdrücklich in den § 319 Abs. 3 Nr. 3 a, b und d sowie § 319a Abs. 1 S. 1 Nr. 2 und Nr. 3 HGB geregelt. Als weitere Gründe für eine mögliche Besorgnis der Befangenheit werden Äußerungen des Prüfers vor oder nach seiner Wahl, die Zweifel an seiner Bereitschaft zur gewissenhaften und unparteiischen Urteilsbildung entstehen lassen, ein schwerwiegender Vertrauensbruch seitens des Prüfers, beispielsweise durch Abwerbung leitender Angestellter der prüfungspflichtigen Aktiengesellschaft oder Missachtung seiner Verschwiegenheitspflicht, mangelnde berufliche Kenntnis oder zeitliche Überlastung genannt.[163] Gerichtliche Entscheidungen hierzu sind jedoch nicht bekannt. Das zeigt, dass diese Fälle in der Praxis wohl nicht vorkommen. Und auf allgemeine Unternehmens- und Strategieberatung findet § 319 Abs. 2 HGB nach wie vor nur Anwendung, wenn der Prüfer bei der Beratung Fehler gemacht hat, die Anlass zur Bildung von Rückstellungen und Aktivierung von Schadenersatzansprüchen gegen ihn geben.[164] Hier sind die Übergänge von der „independence in appearance" zur „dependence in appearance" jedoch, wie bereits erwähnt, fließend. Sanktionen neben der gerichtlichen Abberufung, die den Prüfer nicht bestrafen, sondern die Aussagekraft der Abschlussprüfung stärken soll, wären unangemessen. Trotz der Regierungsbegründung des Bilanzrechtsreformgesetzes[165] braucht § 134 BGB, wie oben gezeigt wurde, nicht auf die Generalklausel des § 319 Abs. 2 HGB Anwendung finden. Sonst würde wohl auch der Rechtsprechung des BGH widersprochen. § 334 Abs. 2 HGB dagegen verweist ausdrücklich auf § 319 Abs. 2 HGB. Der insofern eindeutige Wortlaut des Gesetzes kann nicht einfach missachtet werden. Allerdings kommt eine Reduktion des Anwendungsbereichs der Vorschrift in Betracht. § 334 Abs. 2 HGB sollte nicht zur Anwendung kommen, wenn der Verstoß des Abschlussprüfers gegen § 319 Abs. 2 HGB auf einer Fehleinschätzung der Umstände beruht hat, der Prüfer sich mithin in einem Verbotsirrtum befand. Nur wenn sich der Abschlussprüfer über eigene Bedenken hinwegsetzt, kann er mit einer Geldbuße belegt werden.

162 Vgl. BGH, DB 2004, S. 1607; OLG Karlsruhe, WPK-Magazin 2/2004, S. 55.
163 Vgl. MünchKommHGB, Ebke, § 318, Rnd.Nr. 42.
164 Vgl. BGH, BB 2003, S. 465; Veltins, DB 2004, S. 452.
165 Vgl. BT-Drucks. 15/3419, S. 37.

3.3 Fazit zur Rechtslage in Deutschland

Das Bilanzrechtsreformgesetz verbietet dem Abschlussprüfer auch weiterhin keine Unternehmensberatung ohne Rechnungswesenbezug. Es berücksichtigt damit das gewandelte Bild der gesetzlichen Jahresabschlussprüfung. Mit dem KonTraG sollte die Beziehung zwischen Abschlussprüfer und Aufsichtsrat der prüfungspflichtigen Aktiengesellschaft intensiviert werden.[166] Der Prüfer soll den Aufsichtsrat kompetent beraten.[167] Hierzu benötigt er aber umfangreiche Kenntnisse über die Aktiengesellschaft und den Markt, in dem sie sich behaupten muss.[168] Idealerweise beschäftigt sich der Abschlussprüfer auch mit der Geschäftsstrategie und Planung seines Mandanten.[169] Diese für die Prüfungsdurchführung notwendigen Informationen kann der Prüfer bei der Strategieberatung des Mandanten im Vorfeld der Abschlussprüfung gewinnen. Auf diese Weise lassen sich Informationsasymmetrien zwischen dem Unternehmensvorstand und dem Abschlussprüfer abbauen.[170] Die Beratung des Prüfungsmandanten kann daher die Effzienz und Genauigkeit der Abschlussprüfung erhöhen, solange sie nicht dazu führt, dass der Prüfer im Rahmen der Abschlussprüfung seine eigenen Beratungsergebnisse prüft.[171]

Die Selbstprüfungsgefahr ist derzeit bei der Umstellung der Rechnungslegung kapitalmarktorientierter Unternehmen in Deutschland auf die IFRS besonders ausgeprägt. Denn in den meisten Unternehmen fehlt es am erforderlichen Know-How für die Umstellung der Rechnungslegung. Aufgrund ihrer hohen fachlichen Standards und der bei der Prüfung in den Vorjahren erworbenen, spezifischen Unternehmenskenntnisse bietet es sich an, dass die Wirtschaftsprüfer die von ihnen geprüften Unternehmen bei der Einführung der IFRS unterstützen.[172] Allerdings entstehen auch hier die behandelten Interessenkonflikte des Abschlussprüfers. Wendet man die neuen Regeln des Bilanzrechtsreformgesetzes an, so ergibt sich, dass sich Wirtschaftsprüfer hinsichtlich der Beratung der Umstellung auf IFRS bei ihren eigenen Prüfungsmandanten zurückhalten müssen.[173] Die Beratung zu Bilanzierungs- und Bewertungsunterschieden ist dem Abschlussprüfer

166 Vgl. Hucke, WPg 2001, S. 562.
167 Vgl. Hucke, Aufsichtsrat und Abschlussprüfer – Eine symbiotische Beziehung, S. 129; dies., WPg 2001, S. 562.
168 Vgl. Böcking/Orth, BFuP 2000, S. 251.
169 Vgl. Dyckerhoff, Entwicklungstendenzen bei der Abschlussprüfung, S. 119.
170 Vgl. Böcking, zfbf 2003, S. 688.
171 Vgl. Böcking, zfbf 2003, S. 688; Böcking/Löcke, DBW 1997, S. 461; Ewert, Der Konzern 2003, S. 537.
172 Vgl. Leibfried/Bauer, BuW 2003, S. 222.
173 Vgl. so vor Veröffentlichung des Regierungsentwurfs des Bilanzrechtsreformgesetzes auch schon Leibfried/Bauer, BuW 2003, S. 226.

nach § 319 Abs. 3 Nr. 3 d HGB verwehrt, sofern er die neuen Bilanzansätze errechnet. Nur allgemeine Aussagen zu generellen Bilanzierungs- und Bewertungsunterschieden zwischen IFRS und HGB sind neben der Abschlussprüfung zulässig.[174] Auch IFRS-spezifische Rechnungslegungsinformationssysteme darf der Abschlussprüfer nach § 319a S. 1 Nr. 3 HGB für seinen Prüfungsmandanten nicht entwickeln, einrichten oder einführen. Denn im Hinblick auf Wichtigkeit und Umfang der Rechnungslegungsumstellung von HGB auf IFRS wird diese Tätigkeit nie von untergeordneter Bedeutung sein. Wirtschaftsprüfer dürfen ihren Prüfungsmandanten also nur allgemeine Hinweise und Tips zur IFRS-Einführung geben. IFRS-Schulungen beim Prüfungsmandanten sind nur erlaubt, soweit sie sich auf eine Darstellung der Bilanzierungsregeln nach IFRS beschränken und keine Hinweise auf konkreten Umstellungsbedarf oder mandantenspezifische Besonderheiten bei der IFRS-Anwendung geben.[175] Wie sich am Beispiel der Umstellung der Rechnungslegung von HGB auf IFRS gezeigt hat, tragen die Neuregelungen des Bilanzrechtsreformgesetzes der Selbstprüfungsgefahr formal ausreichend Rechnung. Sie halten auch dem internationalen Vergleich stand. Allerdings sollten aus europarechtlicher Sicht die Abschlussprüfer von nicht-börsennotierten Kredit- und Finanzdienstleistungsinstituten, Versicherungsunternehmen und Pensionsfonds neben § 319 Abs. 2 bis 5 HGB die zusätzlichen Unabhängigkeitserfordernisse des § 319a HGB für die Prüfer börsennotierter Aktiengesellschaften erfüllen müssen. Weiterhin sollte die Abschlussprüfung nicht neben der gerichtlichen Vertretung börsennotierter Aktiengesellschaften vor Zivil- und Finanzgerichten erlaubt sein. Die Einschränkung, die der Rechtsausschuss des Bundestages gemacht hat, verkennt den drohenden Eindruck übermäßiger Interessenvertretung und ist zudem mit den Bestimmungen des Sarbanes-Oxley Act und der SEC-Verordnung zur Prüferunabhängigkeit nicht vereinbar. Auch die finanzielle Mandantenunabhängigkeit des Abschlussprüfers wird durch das Bilanzrechtsreformgesetz nicht ausreichend gewährleistet.

Neben der Selbstprüfung und der Interessenvertretung ist für die Objektivität des Abschlussprüfers Betriebsblindheit schädlich. Diese kann dadurch entstehen, dass der Prüfer während der Prüfungsdurchführung zu vertrauensvoll mit dem Vorstand der prüfungspflichtigen Aktiengesellschaft kommuniziert. Deshalb ist es notwendig, dass der Prüfer von dem Vorstand distanziert wird und mit einem unabhängigen Prüfungsausschuss bzw. Aufsichtsrat zusammenarbeitet. Das muss über Regeln zur Unternehmensverfassung der Aktiengesellschaft gewährleistet werden. Solche Regeln gehören zur Corporate Governance („gute Unternehmens-

174 Vgl. Leibfried/Bauer, BuW 2003, S. 226; Löcke, GmbHR 1997, S. 1056.
175 Vgl. Leibfried/Bauer, BuW 2003, S. 226.

führung"). Wie die Zusammenarbeit des Prüfers mit der prüfungspflichtigen Gesellschaft gestaltet sein sollte, wird im folgenden Kapitel diskutiert.

5. Kapitel: Zusammenarbeit von Prüfer und Mandant

1. Prüfer-Mandant-Beziehung in den USA

Die Unternehmensverfassung in US-amerikanischen Aktiengesellschaften sieht anders als in Deutschland keine formale Trennung von Geschäftsleitung und Überwachung vor. Hier überwachen sich die Mitglieder des „Boards" scheinbar selbst. An diesem Eindruck ändert der Umstand, dass diejenigen Mitglieder des Verwaltungsorgans, denen die Überwachung ihrer Kollegen obliegt, keine Geschäfte führen dürfen, nur wenig.[1] Aus diesem Grund wird der externe Abschlussprüfer börsennotierter Aktiengesellschaften gem. Sec. 301 (2) des Sarbanes-Oxley Act in den USA nicht durch das Verwaltungsorgan, sondern durch einen unabhängigen Prüfungsausschuss („audit committee") gewählt und beauftragt.[2] Der Prüfungsausschuss ist verantwortlich für die Auswahl, die Beauftragung, die Vergütung und die Aufsicht des Abschlussprüfers. Nach Sec. 201 (h) des Sarbanes-Oxley Act muss er außerdem sämtliche Nicht-Prüfungsleistungen vorab genehmigen.

Der Prüfungsausschuss setzt sich nach Sec. 301 (3) des Sarbanes-Oxley Act aus Mitgliedern des „Boards" zusammen. Die Ausschussmitglieder müssen von der Aktiengesellschaft unabhängig sein. Sie dürfen neben der Vergütung für ihre Tätigkeit im „Board" keine Beratungshonorare erhalten und weder der Aktiengesellschaft selbst noch einer Tochtergesellschaft nahe stehen („affiliated person"). Vergütungen dürfen auch nicht indirekt gezahlt werden, etwa an enge Familienangehörige oder Unternehmen, an denen das Ausschussmitglied maßgeblich beteiligt ist oder in denen es Entscheidungsfunktionen innehat und das für die Aktiengesellschaft Dienstleistungen im Bereich der Rechnungslegung, Unternehmens- oder Rechtsberatung erbringt.[3] Nicht betroffen sind allerdings Zahlungen aus der betrieblichen Altersvorsorge, die während einer früheren Tätigkeit in der Aktiengesellschaft aufgebaut wurde.[4] Nahestehend ist neben den gesetzlichen

1 Vgl. Donald, WM 2003, S. 713; von Hein, RIW 2002, S. 509.

2 Vgl. Baums, ZIP 1995, S. 11; Kersting, ZIP 2003, S. 2015; Krause, WM 2003, S. 767.

3 Vgl. Gruson/Kubicek, AG 2003, S. 341; Kersting, ZIP 2003, S. 2010; KPMG LLP (Hrsg.), Sarbanes Oxley – A Closer Look, S. 20; Lanfermann/Maul, DB 2003, S. 351.

4 Vgl. Gruson/Kubicek, AG 2003, S. 341; Kersting, ZIP 2003, S. 2010.

Vertretern und den Arbeitnehmern der Aktiengesellschaft jede Person, die das Unternehmen direkt oder indirekt beherrscht, von dem Unternehmen direkt oder indirekt beherrscht wird oder von einer dritten Person direkt oder indirekt beherrscht wird, die auch das Unternehmen direkt oder indirekt beherrscht.[5]

Der beherrschende Einfluss nach US-amerikanischem Kapitalmarktrecht ist weitergehend als nach deutschem Recht. Er beschreibt die Macht, die Geschäftsführung und Unternehmenspolitik der Aktiengesellschaft zu leiten und zu beeinflussen, unabhängig davon, ob diese Macht durch das Halten von stimmberechtigten Wertpapieren, durch Verträge oder auf andere Weise begründet ist.[6] Um Unsicherheiten zu vermeiden, gilt eine Person, die nicht geschäftsführendes Mitglied, Vorstand oder Aktionär mit einem zehnprozentigen Stimmrechtsanteil („safe harbor") ist, nicht als „affiliated".[7] Richtet eine an einer US-Börse notierte Aktiengesellschaft kein „audit committee" ein oder verstößt seine Besetzung gegen die Unabhängigkeitsvorschriften gem. Sec. 301 (3) des Sarbanes-Oxley-Act, so hat das nach Sec. 301 (1) den Entzug der Börsenzulassung zur Folge.

2. Prüfer-Mandant-Beziehung in der EU

2.1 Bestellung, Überwachung und Abberufung des Prüfers

Art. 35 des Entwurfs der Abschlussprüfer-Richtlinie der EU-Kommission sieht vor, dass der Jahresabschlussprüfer durch die Aktionärshauptversammlung der prüfungspflichtigen Aktiengesellschaft zu bestellen ist. Art. 35 lässt offen, ob mit der „Bestellung" nur die Wahl oder auch die Beauftragung des Prüfers gemeint ist. Aus der Erläuterung zum 10. Abschnitt des Richtlinienentwurfs, in dem sich Art. 35 befindet, geht nichts Näheres zu dieser Frage hervor. Deshalb ist davon auszugehen, dass Art. 35 nur die Prüferwahl betrifft.[8] Denn es ist unwahrscheinlich, dass die EU-Kommission ohne eindeutige Regelung in die Geschäftsleitungskompetenz des Vorstands, zu der auch der Abschluss laufender Verträge gehört, eingreift. Nach deutschem Verständnis jedenfalls betrifft die Prüferbestellung durch die Hauptversammlung nach § 318 Abs. 1 S. 1 HGB nur die Prüferwahl, wie aus § 119 Abs. 1 Nr. 4 AktG hervorgeht. Mit der Vergabe des Prüfungsauftrages beschäftigt sich § 111 Abs. 2 S. 3 AktG. Diese Vorschrift erklärt ausdrücklich den Aufsichtsrat für zuständig zur Erteilung des Prüfungsmandats.

---

5 Vgl. Gruson/Kubicek, AG 2003, S. 341; Kersting, ZIP 2003, S. 2010.
6 Vgl. Lanfermann/Maul, DB 2003, S. 351.
7 Vgl. Lanfermann/Maul, DB 2003, S. 351.
8 Vgl. Lanfermann, DB 2004, S. 611.

Zur Beauftragung des gewählten Prüfers äußert sich der Richtlinienentwurf vom 16.03.2004 wiederum nicht. Mangels einer Spezialregelung ist daher davon auszugehen, dass nach der Vorstellung der EU-Kommission der Abschluss des Prüfungsvertrages in die Geschäftsführungskompetenz des Vorstands der Aktiengesellschaft fällt.

Vor der Prüferwahl unterbreitet das Verwaltungs- oder Aufsichtsorgan[9] der Aktionärshauptversammlung als Entscheidungshilfe einen Vorschlag über mögliche Kandidaten, an den die Hauptversammlung jedoch nicht gebunden ist. Bei börsennotierten Unternehmen, Banken und Versicherungen soll sich dieser Vorschlag nach Art. 43 des Richtlinienentwurfs auf eine Vorauswahl durch den Prüfungsausschuss stützen. Einen solchen Prüfungsausschuss müssen nach Art. 39 Unternehmen von besonderem, öffentlichen Interesse einrichten. Seine Mitglieder dürfen nicht an der Geschäftsleitung des Unternehmens beteiligt sein. In Mitgliedstaaten mit einer zweigliedrigen Gesellschaftsstruktur – Dänemark, Deutschland, Niederlande und Österreich[10] – setzt sich der Prüfungsausschuss aus Mitgliedern des Aufsichtsorgans zusammen.[11] Die Aufgaben des Prüfungsausschusses in EU-Unternehmen ergeben sich aus Art. 39 und Art. 43 des Richtlinienentwurfs. Der Prüfungsausschuss soll nach Art. 39 Abs. 2 (e) in Verbindung mit Art. 43 das Verwaltungs- bzw. Aufsichtsorgan bei der Vorauswahl geeigneter Kandidaten für die Abschlussprüfung unterstützen und ihm Prüferkandidaten vorschlagen. Der Ausschuss soll dem Organ also anders als nach US-amerikanischem Kapitalmarktrecht keine Aufgaben abnehmen. Er soll ihn vielmehr beraten und dadurch bei der effizienten Erfüllung seiner Aufgaben unterstützen.[12] Zusätzlich soll der Prüfungsausschuss den Rechnungslegungsprozess beaufsichtigen, die Wirksamkeit von Risikomanagement und Innenrevision überprüfen sowie die Unabhängigkeit des Abschlussprüfers überwachen. Insbesondere bei der Vorauswahl geeigneter Prüferkandidaten soll der Ausschuss die Nicht-Prüfungsleistungen, die der Prüfer für die Aktiengesellschaft erbracht hat und erbringt, auf Risiken für seine Unabhängigkeit und Unbefangenheit überprüfen. Um seine Tätigkeit wirkungsvoll ausüben zu können, soll der Prüfungsausschuss jederzeit das

---

9 Vgl. zu den verschiedenen Unternehmensverfassungen in den Mitgliedstaaten der EU Weil, Gotshal & Manges LLP, Comparative Study of the Corporate Governance Codes relevant to the European Union and its Member States, S. 43, im Internet abrufbar unter www.europa.eu.int/comm/internal_market/en/company/company/news/corp-gov-codes-rpt_en_htm.

10 Vgl. Weil, Gotshal & Manges LLP, Comparative Study of the Corporate Governance Codes relevant to the European Union and its Member States, S. 43.

11 Vgl. Lanfermann, DB 2004, S. 612.

12 Vgl. Empfehlung der Kommission zu den Aufgaben der nicht geschäftsführenden Direktoren/Aufsichtsratsmitglieder sowie zu den Ausschüssen des Verwaltungs-/Aufsichtsrats, S. 8.

Recht haben, sich auf Kosten ihres Unternehmens von Anwälten und anderen Beratern unterstützen zu lassen.[13]

Die EU-Kommission hat die Rechte und Pflichten des Prüfungsausschusses in ihrer Empfehlung vom 15.02.2005 zu den „Aufgaben der nicht geschäftsführenden Direktoren/Aufsichtsratsmitglieder sowie zu den Ausschüssen des Verwaltungs-/Aufsichtsrats" konkretisiert und ergänzt.[14] Der Prüfungsausschuss erhält gegenüber dem Vorstand der Aktiengesellschaft einen Anspruch auf alle rechnungslegungsrelevanten Informationen. Der Vorstand soll den Ausschuss über die im Jahresabschluss angewendeten Bilanzierungsmethoden unterrichten und insbesondere hervorheben, bei welchen Sachverhalten die angewendete Methode in seinem Ermessen stand und wie er dieses Ermessen ausgeübt hat.[15] Auf Verlangen des Prüfungsausschusses sind die Mitglieder des Vorstands verpflichtet, hierfür an den Ausschussitzungen teilnehmen und zur Bilanzierung und Innenrevision Rede und Antwort zu stehen.[16] Auch der Abschlussprüfer ist dem Prüfungsausschuss gegenüber zu umfangreicher Auskunft verpflichtet. Beim Vorauswahlverfahren sollen die Kandidaten alle Geschäfts- und sonstigen Beziehungen zur prüfungspflichtigen Aktiengesellschaft offenlegen.[17] Der gewählte Prüfer soll den Ausschuss zeitnah und umfassend über alle Fragen und Probleme informieren, die sich während der Prüfungsdurchführung ergeben.[18] Über seine Tätigkeit soll der Prüfungsausschuss dem Verwaltungs- bzw. Aufsichtsorgan mindestens zweimal im Jahr berichten.[19]

Für die Abberufung des Abschlussprüfers verlangt Art. 36 Art. 1 des Richtlinienentwurfs triftige Gründe. Art. 36 Art. 1 Halbs. 2 stellt klar, dass Meinungs-

---

13 Vgl. Empfehlung der Kommission zu den Aufgaben der nicht geschäftsführenden Direktoren/Aufsichtsratsmitglieder sowie zu den Ausschüssen des Verwaltungs-/Aufsichtsrats, S. 18.

14 ABl.EG L 52, S. 51-63.

15 Vgl. Empfehlung der Kommission zu den Aufgaben der nicht geschäftsführenden Direktoren/Aufsichtsratsmitglieder sowie zu den Ausschüssen des Verwaltungs-/Aufsichtsrats, ABl.EG L 52, S. 62.

16 Vgl. Empfehlung der Kommission zu den Aufgaben der nicht geschäftsführenden Direktoren/Aufsichtsratsmitglieder sowie zu den Ausschüssen des Verwaltungs-/Aufsichtsrats, ABl.EG L 52, S. 62.

17 Vgl. Empfehlung der Kommission zu den Aufgaben der nicht geschäftsführenden Direktoren/Aufsichtsratsmitglieder sowie zu den Ausschüssen des Verwaltungs-/Aufsichtsrats, ABl.EG L 52, S. 62.

18 Vgl. Empfehlung der Kommission zu den Aufgaben der nicht geschäftsführenden Direktoren/Aufsichtsratsmitglieder sowie zu den Ausschüssen des Verwaltungs-/Aufsichtsrats, ABl.EG L 52, S. 62.

19 Vgl. Empfehlung der Kommission zu den Aufgaben der nicht geschäftsführenden Direktoren/Aufsichtsratsmitglieder sowie zu den Ausschüssen des Verwaltungs-/Aufsichtsrats, ABl.EG L 52, S. 62.

verschiedenheiten über Bilanzierungs- oder Prüfungsmethoden in keinem Fall einen solchen triftigen Grund darstellen. Wie Art. 35 lässt jedoch auch Art. 36 Art. 1 offen, wer auf der Seite der prüfungspflichtigen Aktiengesellschaft zur Abberufung des Prüfers befugt ist. Daher ist davon auszugehen, dass die Abberufung des Prüfers in die Geschäftsführungskompetenz des Vorstands fällt. Zwar soll der Prüfungsausschuss untersuchen, ob ein Grund im Sinne des Art. 36 Art. 1 vorliegt, und hierzu eine Stellungnahme abgeben.[20] Die Letztentscheidungsbefugnis über die Fortsetzung oder Nicht-Fortsetzung des Prüfungsmandats verbleibt jedoch beim Vorstand.

2.2 Besetzung des Prüfungsausschusses

Da die Vorauswahl eines geeigneten Prüferkandidaten für die Meinungsbildung der Aktionäre bei der Prüferwahl große Bedeutung hat, muss der Prüfungsausschuss vom Vorstand der prüfungspflichtigen Aktiengesellschaft unabhängig sein. Art. 39 Abs. 1 des Richtlinienentwurfs verlangt lediglich eine organisatorische Trennung. Niemand darf zugleich Mitglied des Vorstands und des Aufsichtsrats sein. Erst die EU-Empfehlung vom 15.02.2005 unterstreicht, dass eine ausreichende Zahl der Mitglieder des Prüfungsausschusses unabhängig und unbefangen zu sein hat.[21] Sie müssen frei von geschäftlichen, familiären oder anderen Bindungen zu der Aktiengesellschaft, ihrem Mehrheitsaktionär sowie ihrem Vorstand sein, wenn diese dazu geeignet sind, Interessenkonflikte hervorzurufen und/oder ihre Urteilsfreiheit zu beeinflussen.[22] Diese Generalklausel wird in Anhang II der Empfehlung um einen Profilkatalog ergänzt, der an die Unabhängigkeit der nicht-geschäftsführenden Direktoren bzw. Aufsichtsratsmitglieder eine Reihe spezieller Anforderungen stellt.[23] Wichtig für das deutsche Recht sind insbesondere zwei Punkte: Dem Aufsichtsrat und damit auch dem Prüfungsausschuss soll niemand angehören, der innerhalb der letzten fünf Jahre Vorstands-

20 Vgl. Empfehlung der Kommission zu den Aufgaben der nicht geschäftsführenden Direktoren/Aufsichtsratsmitglieder sowie zu den Ausschüssen des Verwaltungs-/Aufsichtsrats, ABl.EG L 52, S. 63.

21 Vgl. Empfehlung der Kommission zu den Aufgaben der nicht geschäftsführenden Direktoren/Aufsichtsratsmitglieder sowie zu den Ausschüssen des Verwaltungs-/Aufsichtsrats, ABl.EG L 52, S. 60.

22 Vgl. Empfehlung der Kommission zu den Aufgaben der nicht geschäftsführenden Direktoren/Aufsichtsratsmitglieder sowie zu den Ausschüssen des Verwaltungs-/Aufsichtsrats, S. ABl.EG L 52, S. 56.

23 Vgl. Empfehlung der Kommission zu den Aufgaben der nicht geschäftsführenden Direktoren/Aufsichtsratsmitglieder sowie zu den Ausschüssen des Verwaltungs-/Aufsichtsrats, ABl.EG L 52, S. 63.

mitglied der Aktiengesellschaft gewesen ist. Konsequenz dieser Vorgabe ist, dass ausscheidende Vorstandsmitglieder nicht sofort in den Aufsichtsrat gewählt werden dürfen. Das entspricht nicht der üblichen Unternehmenspraxis in Deutschland. Hier wurde in der Vergangenheit gewöhnlich der aus Altersgründen ausscheidende Vorstandsvorsitzende sofort zum Vorsitzenden des Aufsichtsrats gewählt. Hierdurch wurde die Objektivität der Aufsichtsratskontrolle vielfach in Frage gestellt.[24] Die jüngste Änderung des Deutschen Corporate Governance-Kodex vom 02.06.2005 bleibt hinter der Kommissionsempfehlung insoweit zurück, als dass der neue Standard 5.4.4 lediglich empfiehlt, dass ein unmittelbarer Wechsel aus dem Vorstand in den Aufsichtsratsvorsitz oder den Vorsitz eines Aufsichtsratsausschusses nicht die Regel sein soll. Hierdurch soll nämlich nur ein Automatismus bei dem Wechsel verhindert werden.[25] Soweit der Aufsichtsrat im Einzelfall dennoch meint, auf die Unterstützung eines vormaligen Vorstandsmitglieds im Aufsichtsratsvorsitz oder im Vorsitz eines Aufsichtsratsausschusses nicht verzichten zu können, soll die Wahl unbedenklich sein, wenn der Wahlvorschlag gegenüber der Hauptversammlung auch besonders begründet werden soll. Damit können sich Vorstand und Aufsichtsrat auch weiterhin pauschal darauf berufen, dass die während der Arbeit im Vorstand gesammelten Erfahrungen der Beratungsaufgabe des Aufsichtsrats nützlich seien[26] und es überdies an Alternativen für geeignete Aufsichtsratskandidaten fehle.[27] Dem Prüfungsausschuss soll auch nicht angehören, wer bereits zwölf Jahre dem Aufsichtsrat der Aktiengesellschaft angehört hat. Hierdurch soll bei den Mitgliedern des Prüfungsausschusses eine schleichende, nach und nach eintretende Betriebsblindheit verhindert werden. Weder das deutsche Aktienrecht noch der Deutsche Corporate Governance-Kodex sehen eine entsprechende Regelung vor.

Die Mitglieder von Aufsichtsrat und Prüfungsausschuss sollen sich auch nicht von Eigeninteressen leiten lassen. So sollen sie nicht Vertreter der Mehrheitsgesellschafter der Aktiengesellschaft sein. Ferner sollen sie in keinen bedeutsamen Geschäftsbeziehungen zu ihrer Gesellschaft stehen. Auch die Gefahr der Selbstkontrolle beachtet die Empfehlung der EU-Kommission: Mitglied des Prüfungsausschusses darf nicht sein, wer Partner einer Wirtschaftsprüfungsgesellschaft ist, die innerhalb der letzten drei Jahre den Jahresabschluss der Aktiengesellschaft geprüft hat. Die EU-Kommission achtet zudem darauf, dass der Prüfungsausschuss ausnahmslos mit ausreichend qualifizierten Mitgliedern besetzt ist. Rechnungslegungskenntnisse sind für die Ausschussmitglieder unerlässlich. Alle Mit-

---

24 Vgl. Lanfermann/Maul, DB 2004, S. 2407.
25 Vgl. Lieder, NZG 2005, S. 573.
26 Vgl. Schäfer, ZGR 2004, S. 417.
27 Vgl. Bender/Vater, DStR 2003, S. 1808.

glieder müssen aufgrund ihres fachlichen Hintergrunds und ihrer beruflichen Erfahrungen über aktuelle und vor allem branchenspezifische Kenntnisse in den Bereichen Finanzen und Rechnungslegung verfügen.[28] Dem trägt der am 02.06.2005 neugefasste Standard 5.3.2 des Deutschen Corporate Governance-Kodex Rechnung, auch wenn er sich nur auf den Vorsitzenden des Prüfungsausschusses bezieht. Die Mitglieder des Prüfungsausschusses sollen sich nach dem Willen der EU-Kommission regelmäßig fortbilden und so ihr Wissen auf dem neuesten Stand halten.[29] Wie die anderen Aufsichtsratsmitglieder sollen die Mitglieder des Prüfungsausschusses zudem sicherstellen, dass sie ihrem Amt die nötige Zeit und Aufmerksamkeit widmen (können). Sie müssen ihre anderweitigen beruflichen Verpflichtungen, insbesondere die Zahl der Aufsichtsratsmandate in anderen Aktiengesellschaften, so weit einschränken, dass die ordnungsgemäße Wahrnehmung ihrer Aufgaben stets gewährleistet ist.[30]

2.3 Verbindlichkeit der EU-Vorschriften

Die Vorschriften der Abschlussprüfer-Richtlinie sind für die Mitgliedstaaten verbindlich. Die Regelungen zur Bestellung und Abberufung des Abschlussprüfers, zur Einrichtung eines Prüfungsausschusses durch Unternehmen von besonderem, öffentlichen Interesse und die organisatorische Trennung von Vorstands- und Ausschussmitgliedschaft sind durch die Mitgliedsstaaten zwingend in nationales Recht umzusetzen. Die Umsetzung soll nach Art. 53 des Entwurfs bis spätestens zum 01.01.2006 erfolgt sein. Die Empfehlungen der EU-Kommission zur Besetzung des Prüfungsausschusses sowie zur Konkretisierung seiner Aufgaben dagegen binden den nationalen Gesetzgeber nicht.[31] Sie dienen lediglich zu seiner Orientierung. Die Mitgliedstaaten sind also frei in ihrer Entscheidung, soweit es das „Wie“ der Umsetzung der Empfehlung angeht. In der Entscheidung über das „Ob“ sind sie demgegenüber nicht frei. Denn die EU-Kommission kann bei der Nicht-Umsetzung ihrer Empfehlungen jederzeit zum Instrument der verbindli-

---

28 Vgl. Empfehlung der Kommission zu den Aufgaben der nicht geschäftsführenden Direktoren/Aufsichtsratsmitglieder sowie zu den Ausschüssen des Verwaltungs-/ Aufsichtsrats, ABl.EG L 52, S. 56.

29 Vgl. Empfehlung der Kommission zu den Aufgaben der nicht geschäftsführenden Direktoren/Aufsichtsratsmitglieder sowie zu den Ausschüssen des Verwaltungs-/ Aufsichtsrats, ABl.EG L 52, S. 56.

30 Vgl. Empfehlung der Kommission zu den Aufgaben der nicht geschäftsführenden Direktoren/Aufsichtsratsmitglieder sowie zu den Ausschüssen des Verwaltungs-/ Aufsichtsrats, ABl.EG L 52, S. 56.

31 Vgl. Oppermann, Europarecht, Rnd.Nr. 574

chen „Richtlinie“ greifen. Das stellt für die Mitgliedsstaaten genügend Anreiz dar, auch die (rechtlich eigentlich unverbindlichen) Empfehlungen der EU-Kommission in ihr nationales Recht umzusetzen.

Die Empfehlung der EU-Kommission zu den „Aufgaben der nicht geschäftsführenden Direktoren/Aufsichtsratsmitglieder sowie zu den Ausschüssen des Verwaltungs-/Aufsichtsrats“ verfolgt das „Comply-Or-Explain“-Prinzip und greift damit den Ansatz der Corporate-Governance-Kodices der meisten Mitgliedstaaten der EU auf. Die EU-Kommission verpflichtet börsennotierte Aktiengesellschaften[32] jährlich dazu offenzulegen, welche ihrer Empfehlungen sie nicht befolgen und warum sie dieses nicht tun.[33] Die Kommission geht davon aus, dass die Aktiengesellschaften und ihre Vorstände die Empfehlungen schon, um diese Erklärungspflicht zu vermeiden, befolgen werden.[34] Dennoch will sie ihnen ermöglichen, in Einzelpunkten, in denen die Unternehmen gute Gründe für einen eigenen Weg haben, von den Empfehlungen abzuweichen. Dann sollen ihre Vorstände aber den Märkten gegenüber ihre besondere Situation darstellen, die den Eigenweg aus ihrer Sicht rechtfertigt.[35] Sowohl die Abschlussprüfer-Richtlinie[36] als auch die Kommissionsempfehlung zur Besetzung der unternehmensinternen Aufsichtsorgans[37] sollen nur Mindestregelungen darstellen. Die Mitgliedstaaten können also über die vorgesehenen Regelungen zur Bestellung und Abberufung des Abschlussprüfers hinausgehen. Sie sollten jedenfalls die Vertretungsbefugnis für den Abschluss des Prüfungsvertrages, wie das der deutsche Gesetzgeber in § 111 Abs. 2 S. 3 AktG getan hat, vom Vorstand auf den Aufsichtsrat verlagern. Es steht den Mitgliedstaaten auch frei, für das Aufsichtsorgan, die Anforderungen an die Unabhängigkeit und Qualifikation seiner Mitglieder sowie seine Ausschüsse verbindliche Vorschriften einführen.[38]

---

32 Vgl. Empfehlung der Kommission zu den Aufgaben der nicht geschäftsführenden Direktoren/Aufsichtsratsmitglieder sowie zu den Ausschüssen des Verwaltungs-/ Aufsichtsrats, ABl.EG L 52, S. 54.

33 Vgl. Empfehlung der Kommission zu den Aufgaben der nicht geschäftsführenden Direktoren/Aufsichtsratsmitglieder sowie zu den Ausschüssen des Verwaltungs-/ Aufsichtsrats, ABl.EG L 52, S. 54.

34 Vgl. EU-Kommission, Recommendation on the role of (independent) non-executive or supervisory directors, Strategiepapier vom 05.03.2004 zur Vorbereitung der Empfehlung vom 06.10.2004, im Internet abrufbar unter www.europa.eu.int, S. 5.

35 Vgl. EU-Kommission, Recommendation on the role of (independent) non-executive or supervisory directors, S. 5.

36 Vgl. Lanfermann, DB 2004, S. 610.

37 Vgl. EU-Kommission, Recommendation on the role of (independent) non-executive or supervisory directors, S. 5.

38 Vgl. EU-Kommission, Recommendation on the role of (independent) non-executive or supervisory directors, S. 5.

2.4 Bewertung der EU-Vorschriften

Die umfassenden Empfehlungen der EU-Kommission zur Unabhängigkeit der Mitglieder des Prüfungsausschusses sind zu begrüßen. Sie ermöglichen eine ausschließlich vom Interesse der prüfungspflichtigen Aktiengesellschaft geleitete Vorauswahl von Prüferkandidaten. An anderer Stelle wird der Richtlinienentwurf jedoch dem öffentlichen Charakter der Jahresabschlussprüfung nicht gerecht. Der Vorstand der Aktiengesellschaft ist nach dem Richtlinienentwurf nur von der Auswahl und Wahl des Abschlussprüfers ausgeschlossen. Er darf dem gewählten Prüfer aber den Prüfungsauftrag erteilen. Der Vertragsschluss ist keineswegs ein rein formaler Akt. Denn der Prüfungsvertrag beinhaltet die Vereinbarung der Tätigkeitsvergütung und die Festlegung von Prüfungsschwerpunkten.[39] Der Vorstand kann daher über die Höhe der Prüfungsvergütung und die Schwerpunktsetzung die Prüfungsintensität beeinflussen. Da Gegenstand der Abschlussprüfung jedoch die Rechnungslegung des Vorstands ist, sollte nicht er den Prüfungsauftrag erteilen.[40] Der Vorstand sollte den gewählten Abschlussprüfer auch nicht einfach abberufen dürfen. Sonst besteht die Gefahr, dass eben doch – entgegen Art. 36 Abs. 1 Halbs. 2 – schon jede gravierende Meinungsverschiedenheit über Bilanzierungsmethoden zum Austausch des Prüfers führt. Zwar müssen nach Art. 36 Abs. 2 sowohl das prüfungspflichtige Unternehmen als auch der Abschlussprüfer die zuständige Aufsichtsbehörde in Kenntnis setzen. Der Richtlinienentwurf lässt aber offen, ob die Aufsichtsbehörde eine Fortsetzung der Prüfung durch den abberufenen Prüfer anordnen kann. Das erscheint angesichts der freien Prüferwahl, die Ausprägung der Vertragsfreiheit ist, ohnehin zweifelhaft. Potentielle Meinungsverschiedenheiten zwischen dem Vorstand der prüfungspflichtigen Aktiengesellschaft und dem Abschlussprüfer lassen sich nur dadurch vermeiden, dass der Prüfer während der Prüfungsdurchführung lediglich mit dem unternehmensinternen Aufsichtsorgan und dem Prüfungsausschuss und nicht mit dem Vorstand kommuniziert und Prüfungsergebnisse an diesen erst dann weiterleitet, wenn diese bereits mit dem Aufsichtsorgan bzw. dem Prüfungsausschuss erörtert wurden. Aber auch hierzu macht der Richtlinienentwurf keine Vorgaben. Art. 37 fordert lediglich eine angemessene Kommunikation zwischen dem Prüfer und dem prüfungspflichtigen Unternehmen. Diese Wortwahl legt nahe, dass hiermit

---

39 Vgl. ADS, § 318 HGB, Rnd.Nr. 172-174; Hucke, Wirtschaftsprüfer: Auf dem Weg zu Alleskönnern oder vom Gesetzgeber überfordert?, S. 18; Schindler/Rabenhorst, BB 1998, S. 1887; Theisen, DB 1999, S. 341.

40 Vgl. Lange, Die Kompatibilität von Abschlussprüfung und Beratung – Eine ökonomische Analyse, S. 40-41; Marx, Unabhängige Abschlussprüfung und Beratung, S. 80.

die Kommunikation mit den gesetzlichen Vertretern der Aktiengesellschaft (Vorstand) gemeint ist. Gerade das kann jedoch nicht gewollt sein.

Beim Abschluss des Prüfungsvertrages, der Kommunikation des Prüfers mit dem prüfungspflichtigen Unternehmen und der Abberufung des Prüfers müssen die Mitgliedstaaten also über die Mindestvorgaben des Richtlinienentwurfs der EU-Kommission hinausgehen. Der deutsche Gesetzgeber hat dieses bereits umgesetzt: Nach § 111 Abs. 2 S. 3 AktG erteilt der Aufsichtsrat und nicht der Vorstand der prüfungspflichtigen Aktiengesellschaft dem gewählten Abschlussprüfer den Prüfungsauftrag. Standard 7.2.3 Abs. 1 des Deutschen Corporate Governance-Kodex verpflichtet den Prüfer, dem Aufsichtsrat unverzüglich über alle wesentlichen Feststellungen und Vorkommnisse bei der Prüfungsdurchführung zu berichten, bevor er die Prüfungsergebnisse gem. § 321 Abs. 5 S. 2 AktG an den Vorstand zur Stellungnahme weiterleitet. Und nach § 318 Abs. 3 HGB kann ein gewählter Abschlussprüfer nur durch ein unabhängiges Gericht abberufen werden.

3. Abschlussprüfer, Aufsichtsrat und Prüfungsausschuss in Deutschland

Eine deutsche Aktiengesellschaft hat zwei Verwaltungsorgane. Der Vorstand führt die Geschäfte. Der Aufsichtsrat überwacht die Geschäftsleitung durch den Vorstand. Er führt auch die Vorauswahl geeigneter Prüferkandidaten durch, schlägt diese gem. § 124 Abs. 3 S. 1 Halbs. 2 AktG der Hauptversammlung zur Wahl vor und erteilt dem gewählten Prüfer gem. § 111 Abs. 2 S. 3 AktG den Prüfungsauftrag. Maßnahmen der Geschäftsleitung dürfen gem. § 111 Abs. 4 S. 1 AktG nicht auf den Aufsichtsrat übertragen werden. Die Mitglieder des Aufsichtsrats dürfen gem. § 105 Abs. 1 AktG auch nicht dem Vorstand angehören, den Vorstand dauerhaft vertreten oder vertretungsberechtigter Prokurist oder Handlungsbevollmächtigter der Aktiengesellschaft sein. Weitere Ausschlussgründe zur Stärkung der Unabhängigkeit des Aufsichtsrats enthält § 100 Abs. 2 AktG. Indem § 124 Abs. 3 S. 1 Halbs. 2 und § 111 Abs. 2 S. 3 AktG den Vorstand von der Vorauswahl des Prüfers und Erteilung des Prüfungsmandats ausschließen und diese Aufgaben dem (zumindest dem Gesetz nach) unabhängigen Aufsichtsrat zuweisen, distanziert bereits das geltende Recht den Abschlussprüfer vom Vorstand. Die Beziehung zwischen Prüfer und Aufsichtsrat wird zusätzlich durch Standard 7.2.3 des Deutschen Corporate Governance-Kodex intensiviert. Er empfiehlt, dass der Abschlussprüfer dem Aufsichtsrat über alle wesentlichen

Prüfungsfeststellungen unverzüglich berichtet.[41] Trotzdem werden auch in Deutschland Prüfungsausschüsse befürwortet.[42] Denn nicht bei allen Aufsichtsratsmitgliedern können – wie von der EU-Kommission in ihrer Empfehlung vom 15.02.2005 gefordert – fundierte Kenntnisse auf dem Gebiet von Rechnungslegung und Prüfung erwartet werden.[43] Ein qualifiziert besetzter Prüfungsausschuss dagegen kann kompetente Vorarbeit leisten und als Bindeglied zwischen Aufsichtsrat und Abschlussprüfer fungieren.[44] Ausschüsse können zudem effektiver arbeiten als der bei börsennotierten Aktiengesellschaften oft sehr große gesamte Aufsichtsrat.[45] Aus diesen Gründen empfiehlt Standard 5.3.2 des Deutschen Corporate Governance-Kodex börsennotierten Aktiengesellschaften, einen Prüfungsausschuss einzurichten. Dieser soll sich mit der Rechnungslegung und dem Risikomanagementsystem der Gesellschaft beschäftigen, dem von den Aktionären gewählten Abschlussprüfer den Prüfungsauftrag erteilen, die Prüfungsschwerpunkte bestimmen und das Prüfungshonorar vereinbaren. Der Prüfungsausschuss soll zudem die Unabhängigkeit des Abschlussprüfers überwachen. Richtet eine börsennotierte Aktiengesellschaft keinen Prüfungsausschuss ein, so müssen Vorstand und Aufsichtsrat dieses nach § 161 AktG offenlegen.

4. Aufsichtsrat und Prüfungsausschuss im internationalen Vergleich

Der Sarbanes-Oxley Act gilt nicht nur für US-amerikanische Unternehmen. Er findet auch auf ausländische Unternehmen, die an einer US-Börse notiert sind, Anwendung.[46] Für die 17 deutschen Unternehmen, deren Anteile an einer US-Börse gehandelt werden – unter ihnen DaimlerChrysler, BASF und Bayer[47] – ist

---

41 Vgl. Hucke/Ammann, Der Deutsche Corporate Governance-Kodex, S. 129; Ringleb/Kremer/Lutter/v. Werder, Kommentar zum Deutschen Corporate Governance-Kodex, Rnd.Nr. 951.

42 Vgl. Baums, ZIP 1995, S. 15; Coenenberg/Reinhart/Schmitz, DB 1997, S. 989; Lentfer, Die Überwachung des Risikomanagementsystems gemäß § 91 Abs. 2 AktG durch den Aufsichtsrat, S. 235; Niehus, DB 1999, S. 1765; Ranzinger/Blies, AG 2001, S. 455; Rössler, Das Audit Committee als Überwachungsinstrument des Aufsichtsrats, S. 1; Streißle, Die aktienrechtliche Abschlussprüfung in Gestalt des KonTraG, S. 41.

43 Vgl. Hucke/Ammann, Der Deutsche Corporate Governance-Kodex, S. 95.

44 Vgl. Hucke, Gesellschafter und Geschäftsführer der GmbH – Juristische und ökonomische Analyse, S. 64; Hucke/Ammann, Der Deutsche Corporate Governance-Kodex, S. 95.

45 Vgl. Hucke/Ammann, Der Deutsche Corporate Governance-Kodex, S. 93.

46 Vgl. Donald, WM 2003, S. 711; Kersting, ZIP 2003, S. 2010; ders., ZIP 2003, S. 235; Krause, WM 2003, S. 764.

47 Vgl. Gruson/Kubicek, AG 2003, S. 339.

es deshalb von entscheidender Wichtigkeit, dass sie die das „audit committee" betreffenden Anforderungen der Sec. 301 des Sarbanes-Oxley Act erfüllen. Sonst droht ihnen in den USA der Entzug der Börsenzulassung. Zwar werden ausländische Unternehmen von den Anforderungen der Sec. 301 befreit, wenn sie über ein eigenes, unternehmensinternes Prüfungsorgan verfügen. Jedoch muss dieses Prüfungsorgan für die Befreiung von Sec. 301 vom „Board" getrennt sein. „Board" meint nicht den Vorstand nach deutschem Verständnis, sondern den Aufsichtsrat.[48] Aus diesem Grund sind deutsche Aktiengesellschaften, deren Anteile an einer US-Börse gehandelt werden, von Sec. 301 des Sarbanes-Oxley Act nicht ausgenommen.

4.1 Bestellung, Vergütung und Überwachung des Abschlussprüfers

4.1.1 Bestellung und Vergütung des Prüfers

Anders als in den USA wird der Abschlussprüfer deutscher Aktiengesellschaften durch die Hauptversammlung gewählt. In Deutschland entscheidet also der Prinzipal selbst.[49] Dadurch können keine Prinzipal-Agent-Probleme auftreten. Die Wahl des Abschlussprüfers durch die Hauptversammlung bietet für seine Unabhängigkeit und Integrität also noch größere Gewähr als seine Bestellung durch das „audit committee".[50] Dennoch ist für die SEC die Prüferwahl durch die Hauptersammlung nur dann akzeptabel, wenn der Prüfungsausschuss den Aktionären einen oder mehrere geeignete Prüfer zur Wahl vorgeschlagen hat.[51] Der SEC kommt es also offenbar nicht nur auf die Distanzierung des Prüfers vom Vorstand, sondern auch auf eine möglichst kompetente und kompetent vorbereitete Prüferwahl an. Nach deutschen Recht muss der Aufsichtsrat gem. § 124 Abs. 3 S. 1 Halbs. 2 AktG der Hauptversammlung Prüferkandidaten zur Wahl vorschlagen. Vorauswahl und Vorschlag können nach überwiegender Meinung

---

48 Vgl. Kersting, ZIP 2003, S. 2015.
49 Vgl. Kersting, ZIP 2003, S. 230.
50 Vgl. Gruson/Kubicek, AG 2003, S. 347; Kersting, ZIP 2003, S. 239.
51 Vgl. SEC, Instruction 1 zur Exchange Act Rule 10 (3), im Internet abrufbar unter www.sec.gov.

auf den Prüfungsausschuss übertragen werden.[52] *Hommelhoff*[53] und *Mattheus*[54] sind hier anderer Auffassung. Sie zählen die Vorauswahl geeigneter, unabhängiger Prüferkandidaten und den diesbezüglichen Wahlvorschlag an die Hauptversammlung zum Kern der Tätigkeit des Aufsichtsrats, der seinem Plenum vorbehalten ist. Aber auch wenn man dieser Annahme folgt, ist das deutsche Aktienrecht mit dem Sarbanes-Oxley Act vereinbar. Denn die SEC gibt sich bei ausländischen Aktiengesellschaften mit einer beratenden Funktion des Prüfungsausschusses zufrieden.[55] Der Prüfungsausschuss kann in Deutschland den Vorschlag des Aufsichtsrats zur Wahl des Abschlussprüfers vorbereiten und die hierzu erforderlichen Gespräche führen. Auch die Vereinbarung des Prüfungshonorars, die in den USA dem „audit committee" obliegt, kann in deutschen Aktiengesellschaften auf den Prüfungsausschuss übertragen werden.[56]

4.1.2 Genehmigung von Nicht-Prüfungsleistungen

Vereinbarungen über prüfungsfremde Leistungen wie Unternehmens- und Strategieberatung oder Steuerberatung sind in den USA, sofern die Beratungstätigkeit neben der Abschlussprüfung generell erlaubt ist, nach Sec. 201 (h) des Sarbanes-Oxley Act nur bei vorheriger Zustimmung durch das „audit committee" wirksam. Ein Zustimmungsvorbehalt des Aufsichtsrates oder des Prüfungsausschusses wäre auch nach deutschem Recht möglich. Zwar ist in deutschen Aktiengesellschaften für die Vergabe von Nicht-Prüfungsmandaten der Vorstand zuständig. Denn die Hinzuziehung von Beratern oder Revisoren ist Gegenstand des Tagesgeschäfts des Unternehmens. Hierfür ist der Vorstand als Geschäftsleitungsorgan verantwortlich. Er hat den besseren Überblick darüber, wo externer Sachverstand notwendig ist. Als Maßnahme der Geschäftsleitung darf die Vergabe von Nicht-Prüfungsmandaten nach § 111 Abs. 4 S. 1 AktG nicht dem Aufsichtsrat oder einem seiner Ausschüsse übertragen werden. Allerdings kann die Überprüfung von prüfungsfremden Aufträgen auf ihre rechtliche Zulässigkeit sowie die Auftrags-

---

52 Vgl. Baetge/Lutter (Hrsg.), Abschlussprüfer und Corporate Governance, S. 3-4; GroßKommAktG, Werner, § 124, Rnd.Nr. 71, 73; Hüffer, AktG, § 124, Rnd.Nr. 13; Kersting, ZIP 2003, S. 2013; ders., ZIP 2003, S. 239; KölnKommAktG, Zöllner, § 124, Rnd.Nr. 34; Münchener Handbuch des Gesellschaftsrechts, Selmer, § 35, Rnd.Nr. 53, 56; Reichert/Schlitt, Arbeitshandbuch für die Hauptversammlung, § 124 AktG, Rnd.Nr. 1; Streißle, Die aktienrechtliche Abschlussprüfung in Gestalt des KonTraG, S. 54.

53 Vgl. BB 1998, S. 2570.

54 Vgl. ZGR 1999, S. 708.

55 Vgl. SEC, Instruction 2 zur Exchange Act Rule 10 (3).

56 Vgl. Kersting, ZIP 2003, S. 2031; ders., ZIP 2003, S 239.

freigabe auf den Aufsichtsrat und seine Ausschüsse übertragen werden.[57] Denn die Überprüfung, ob der Vorstand bei der Führung der Geschäfte der Aktiengesellschaft das geltende Recht einhält, ist Aufgabe des Aufsichtsrats als Kontrollorgan. Jedoch dürfen der Aufsichtsrat oder sein Prüfungsausschuss die Freigabe rechtlich zulässiger Beratungsaufträge nicht verweigern. Ihnen steht bloß die Rechtsaufsicht zu.

Wegen § 111 Abs. 4 S. 1 AktG dürfen der Aufsichtsrat oder sein Prüfungsausschuss das Ermessen des Vorstands, wo im Unternehmen externer Sachverstand benötigt wird, in der Regel nicht an sich ziehen. Nur im Ausnahmefall darf der Aufsichtsrat gem. § 111 Abs. 4 S. 2 AktG bei Vorstandsgeschäften seine Zustimmung verweigern. § 111 Abs. 4 S. 2 AktG gibt keinen Katalog zustimmungsbedürftiger Rechtsgeschäfte vor. Für die Auslegung der Vorschrift ist Standard 3.3 des Deutschen Corporate Governance-Kodex heranzuziehen. Hiernach soll die Satzung der Aktiengesellschaft für alle Geschäfte von grundlegender Bedeutung einen Zustimmungsvorbehalt des Aufsichtsrats festlegen. Dazu gehören nach Standard 3.3 S. 2 alle Entscheidungen oder Maßnahmen, die die Vermögens-, Finanz- oder Ertragslage der börsennotierten Aktiengesellschaft grundlegend verändern. Auf den satzungsmäßigen Zustimmungsvorbehalt des § 111 Abs. 4 S. 2 AktG verweist die Begründung des Bilanzrechtsreformgesetzes, die ausdrücklich von einem gesetzlichen Zustimmungsvorbehalt für die Vergabe von Nicht-Prüfungsaufträgen an den Abschlussprüfer absieht.[58] Allerdings stellt die Einholung externen Sachverstands wohl regelmäßig kein Geschäft von grundlegender Bedeutung im Sinne von Standard 3.3 dar. Auch ist § 111 Abs. 4 S. 2 AktG im Hinblick auf Beratungsmandate des Abschlussprüfers nicht praktikabel. Denn nach verweigerter Zustimmung des Aufsichtsrats hat die Hauptversammlung nach § 111 Abs. 4 S. 3 AktG Letztentscheidungsbefugnis. Der Sarbanes-Oxley Act verlangt aber, dass das sachverständige „Audit Committee" – und nicht die Anteilseigner – darüber befindet, ob und in welchem Umfang der Abschlussprüfer das Unternehmen auch beraten soll. Ob und wie stark gleichzeitige Prüfung und Beratung die Objektivität des Abschlussprüfers beeinträchtigt, sollen Fachleute entscheiden. Angesichts der eindeutigen Vorgabe der Sec. 201 (h) Sarbanes-Oxley Act sollte die Vergabe von prüfungsfremden Aufträgen an den Abschlussprüfer von der vorherigen Zustimmung des Aufsichtsrat oder des Prüfungsausschusses abhängig gemacht werden. Anstelle von Einzelfallzustimmungen können durch den Aufsichtsrat oder den Prüfungsausschuss Vergaberichtlinien entwickelt werden.[59] Die SEC erlaubt nämlich ebenfalls die Verwendung

57 Vgl. Hütten/Stromann, BB 2003, S. 2224.
58 Vgl. Bilanzrechtsreformgesetz, Regierungsentwurf, BT-Drucks. 15/3419, S. 27-28.
59 Vgl. Hütten/Stromann, BB 2003, S. 2224.

von „pre-approval policies and procedures established by the audit committee of the issuer".[60]

4.1.3 Überwachung des Abschlussprüfers

Im Gegensatz zum Sarbanes-Oxley Act kennt das deutsche Recht keine ausdrückliche Zuständigkeit des Aufsichtsrats oder des Prüfungsausschusses für die Überwachung des Abschlussprüfers. Zwar soll der Prüfer den Vorsitzenden des Aufsichtsrats bzw. des Prüfungsausschusses nach Standard 7.2.1 Abs. 2 des Deutschen Corporate Governance-Kodex von bei der Prüfungsdurchführung auftretenden Befangenheitsgründen unverzüglich unterrichten. Außerdem soll der Prüfer nach Standard 7.2.3 Abs. 1 über alle wesentlichen Feststellungen und Vorkommnisse bei der Prüfungsdurchführung unverzüglich berichten. Aus der Befugnis des Aufsichtsrats nach § 111 Abs. 2 S. 3 AktG, den Prüfungsauftrag zu erteilen, folgt ferner die Befugnis zur Überwachung der ordnungsgemäßen Vertragserfüllung, also der Prüfungsdurchführung.[61] Jedoch hat der Abschlussprüfer gem. § 43 Abs. 1 S. 1 WPO die Jahresabschlussprüfung in eigener Verantwortung durchzuführen. Er unterliegt deshalb keinen Weisungen seines Arbeitgebers, des Vorstands der zu prüfenden Aktiengesellschaft oder ihres Aufsichtsrats.[62] Insbesondere § 318 Abs. 3 und § 324 HGB sind Ausprägungen der Eigenverantwortlichkeit des Abschlussprüfers. Die Befugnis, einen gewählten Prüfer abzuberufen oder über Meinungsverschiedenheiten mit dem Vorstand der prüfungspflichtigen Aktiengesellschaft zu entscheiden, ist in Deutschland den Gerichten zugewiesen. Damit geht das deutsche Recht also noch über den Sarbanes-Oxley Act hinaus. Ein Gericht ist zweifellos eine noch unabhängigere Entscheidungsinstanz als der unternehmensinterne Prüfungsausschuss.[63] Die SEC beschäftigt sich überdies mit der Aufteilung der Kompetenzen zwischen Verwaltungsorgan und „audit committee". Deshalb können, wie die SEC klarstellt, Aufgaben des „audit committee" wie die Abberufung des Prüfers oder die Entscheidung über Meinungsverschiedenheiten auch öffentlichen Stellen wie Verwaltungsbehörden oder Gerichten zugewiesen werden.[64]

---

60 Vgl. SEC, Standards relating to listed company audit committees, im Internet abrufbar unter www.sec.gov/rules/final/33-8220.htm, Abschn. II D.

61 Vgl. Hüffer, AktG, § 111, Rnd.Nr. 12 d; Ulmer (Hrsg.), Zimmer, HGB-Bilanzrecht, § 318, Rnd.Nr. 35.

62 Vgl. WP-Handbuch, Abschn. A, Rnd.Nr. 290.

63 Vgl. Gruson/Kubicek, AG 2003, S. 348; Kersting, ZIP 2003, S. 240.

64 Vgl. SEC, Standards relating to listed company audit committees, Absch. II B 2.

Deutsche Aktiengesellschaften, die an einer US-Börse notiert sind, müssen einen Prüfungsausschuss bilden. Bei seiner Besetzung dürften sich keine Probleme ergeben. An der New York Stock Exchange dürfen ausländische Unternehmen bei der Besetzung des Prüfungsausschusses ihrem Heimatrecht folgen.[65] Zwar gilt diese sog. „home country practice" nicht für andere US-Börsen. Jedoch sieht die SEC für ausländische Aktiengesellschaften generell Ausnahmen vor. So sind deutsche Arbeitnehmervertreter, die keine leitenden Angestellten sind, von dem Unabhängigkeitserfordernis des Nichterhaltens von Vergütungen befreit. Sie gelten auch nicht als „affiliated person".[66] Diese Ausnahme macht deutlich, dass die SEC in der deutschen Mitbestimmung eine Kontrolle des Managements sieht, wie sie der Sarbanes-Oxley Act bewirken will.[67]

Die Spezialtatbestände der Empfehlung der EU-Kommission zu den „Aufgaben der nicht geschäftsführenden Direktoren/ Aufsichtsratsmitglieder sowie zu den Ausschüssen des Verwaltungs-/Aufsichtsrats" könnten, soweit sie über die §§ 100 Abs. 2 und 105 AktG und den Deutschen Corporate Governance-Kodex hinausgehen, in Standard 5.5 des Kodex aufgenommen werden. Zu verbindlichem Recht sollten sie nicht werden. Denn die Ausschlussgründe des Katalogs in Anhang II der Empfehlung gehen sehr weit. Gerade bei Großunternehmen bestehen in Deutschland enge wechselseitige Beziehungen. Sie sind vielfach untereinander beteiligt oder beliefern sich gegenseitig. Daher laufen deutsche Aktiengesellschaften Gefahr, bei verbindlicher Regelung der Empfehlung der EU-Kommission vom 15.02.2005 ihren Aufsichtsrat und Prüfungsausschuss nicht mit geeigneten Persönlichkeiten besetzen zu können. Es reicht deshalb aus, dass die speziellen Ausschlussgründe, wie auch von der EU-Kommission vorgesehen, offengelegt werden. Damit sie von der Entsprechenserklärung des § 161 AktG erfasst werden, müssen sie als Empfehlungen formuliert werden, Anregungen genügen nicht.[68]

Auch mit dem Recht, sich jederzeit auf Kosten der Aktiengesellschaft sachverständig beraten zu lassen, wollen der Sarbanes-Oxley Act und die EU-Kommission die Unabhängigkeit des Prüfungsausschusses und die Unabhängigkeit des Abschlussprüfers stärken. Dieses Recht steht dem deutschen Aufsichtsrat und seinen Ausschüssen nach § 109 Abs. 1 S. 2 und § 111 Abs. 2 S. 2 AktG zu.

---

65 Vgl. NYSE, Zulassungsvorschriften vom 04.04.2002, im Internet abrufbar unter www.nyse.com/pdfs/amend/1.04-09-03.pdf.
66 Vgl. SEC, Instruction 2 zur Exchange Act Rule 10 (3).
67 Vgl. Gruson/Kubicek, AG 2003, S. 351; Kersting, ZIP 2003, S. 2012.
68 Vgl. Baetge/Lutter (Hrsg.), Abschlussprüfung und Corporate Governance, S. 5.

Der Sachverständigenkreis ist nach deutschem Recht weit zu ziehen[69] und schließt auch Rechtsanwälte mit ein.[70]

5. Ergebnisse und Konsequenzen des Rechtsvergleichs

Zur Stärkung des Vertrauens in die Abschlussprüfung sollte das deutsche Recht wie der Sarbanes-Oxley Act für die Vergabe von Beratungsaufträgen an den Abschlussprüfer durch den Vorstand einen Zustimmungsvorbehalt des Aufsichtsrats vorsehen. Dieser braucht nicht ausdrücklich auf den Prüfungsausschuss erstreckt zu werden, da der Aufsichtsrat die Überprüfung von Beratungsaufträgen auf ihre Rechtmäßigkeit auf seinen Prüfungsausschuss übertragen darf.[71] Nur ein ausdrücklich geregelter Zustimmungsvorbehalt des Aufsichtsrats entspricht Sec. 201 (h) des Sarbanes-Oxley Act. Die Möglichkeit, nach § 111 Abs. 4 S. 2 AktG einen Satzungsvorbehalt festzulegen, reicht entgegen der Ansicht des deutschen Gesetzgebers nicht aus. Denn für die Änderung der Satzung braucht es immer die Mehrheit des auf der Hauptversammlung vertretenen Aktienkapitals. Daher können mit dem Vorstand sympathisierende Großaktionäre einen Satzungsvorbehalt verhindern. Das würde dem Charakter der Abschlussprüfung, die auch ein Instrument zum Schutz der Kleinaktionäre darstellt,[72] widersprechen. Anders als beim Satzungsvorbehalt nach § 111 Abs. 4 AktG sollten der Aufsichtsrat oder Prüfungsausschuss das letzte Wort behalten. Eine Letztentscheidungskompetenz der Hauptversammlung wäre nicht sinnvoll. Die Aktionäre könnten nämlich die Auswirkungen des in Rede stehenden Beratungsmandats auf die Objektivität des Abschlussprüfers nicht in gleicher Weise beurteilen wie die Bilanzfachleute des Aufsichtsrats oder Prüfungsausschusses. Außerdem wäre es auch nicht praktikabel, bei jedem streitigen Beratungsmandat eine außerordentliche Hauptversammlung einberufen zu müssen.

Bei einem gesetzlichen Zustimmungsvorbehalt könnte der Abschlussprüfer die Jahresabschlussprüfung nicht mehr zur Akquisition von Beratungsmandaten nutzen. Kein unabhängiger Aufsichtsrat wird nämlich seine Zustimmung zu Bera-

---

69 Vgl. Hüffer, AktG, § 111, Rnd.Nr. 12e; KölnKommAktG, Mertens, § 111, Rnd.Nr. 46; Münchener Handbuch des Gesellschaftsrechts, Hoffmann-Becking, § 44, Rnd.Nr. 5; Nirk/Reuter/Bächle, Handbuch der Aktiengesellschaft, Teil I, Rnd.Nr. 1017.

70 Vgl. Götz, DB 1995, S. 1952; Lutter/Krieger, DB 1995, S. 257; v. Godin/Wilhelmi, AktG, § 109, Rnd.Nr. 5.

71 Vgl. Hütten/Stromann, BB 2003, S. 2224.

72 Vgl. BayObLG, NJW-RR 1998, S. 164; Bormann, BB 2002, S. 190; Lutter/Hommelhoff, GmbHG, § 42, Anh., Rnd.Nr. 3.

tungsmandaten des Abschlussprüfers erteilen, die die Prüferunabhängigkeit gefährden. Die Prüfung unter Selbstkosten anzubieten, verliert dann für den Abschlussprüfer an Reiz. Auch ohne Gebührenordnung hätte der Gesetzgeber so sichergestellt, dass die Prüfungshonorare eine einwandfreie Prüfungsqualität ermöglichen. Dieses verlangt Art. 25 des Kommissionsentwurfs der Abschlussprüfer-Richtlinie ausdrücklich. Sollte der deutsche Gesetzgeber das Aktienrecht nicht an Sec. 201 (h) des Sarbanes-Oxley Act anpassen, müssen deutsche Aktiengesellschaften, deren Anteile an einer US-amerikanischen Börse gehandelt werden, ihrerseits Leistungen des Abschlussprüfers von der Freigabe durch den Aufsichtsrat oder Prüfungsausschuss vor Auftragserteilung abhängig machen.[73] Hierauf sollten ihre Abschlussprüfer hinwirken. Denn die Übernahme von Beratungsaufträgen, die nicht durch den Aufsichtsrat oder den Prüfungsausschuss gebilligt worden sind, stellt einen Verstoß gegen Sec. 201 (h) dar, der vom PCAOB als Berufspflichtverletzung sanktioniert werden kann.

Betriebsblindheit kann auch durch langjährige Prüfung entstehen. Das folgende Kapitel beschäftigt sich aus diesem Grund mit der Frage, ob sich ein obligatorischer Prüferwechsel nach einer bestimmten Anzahl durchgeführter Abschlussprüfungen positiv auf die innere Urteilsfreiheit des Prüfers und seine finanzielle Unabhängigkeit vom Mandanten auswirken und dadurch die Prüfungsqualität verbessern würde.

73 Vgl. Hütten/Stromann, BB 2003, S. 2224.

6. Kapitel: Externer oder interner Prüferwechsel

Der US-amerikanische Rechnungshof GAO hat in einer Untersuchung aus dem Jahr 2003 festgestellt, dass publizitätspflichtige Publikumsgesellschaften in den USA mehr als 20 Jahre lang ihren Jahresabschlussprüfer beibehalten.[1] Auch in Deutschland arbeiten börsennotierte Aktiengesellschaften über viele Jahre mit demselben Abschlussprüfer zusammen.[2] Auf die hierdurch entstehende Gefahr der Betriebsblindheit wurde bereits im 3. Kapitel der Arbeit hingewiesen. Dieser Gefahr ließe sich durch einen obligatorischen Wechsel der Prüfungsgesellschaft nach einer bestimmten Anzahl durchgeführter Abschlussprüfungen begegnen.[3]

1. Prüferwechsel im internationalen Vergleich

1.1 Prüferwechsel international

Eine solche externe Rotationspflicht ordnet der Entwurf der EU-Kommission für eine Abschlussprüfer-Richtlinie in Art. 40 (c) für die Abschlussprüfer von Unternehmen von besonderem öffentlichen Interesse nach maximal sieben Jahre an. Alternativ sieht der Richtlinienentwurf den Wechsel des verantwortlichen Partners der Prüfungsgesellschaft nach fünf Jahren vor. Auch der Sarbanes-Oxley Act verlangte in einem frühen Entwurf eine externe Pflichtrotation des Abschlussprüfers.[4] Diese Regelung wurde jedoch auf den Protest des Berufsstands hin umgewandelt in den Auftrag an den US-Rechnungshof, die Vor- und Nachteile der externen Rotationspflicht zu untersuchen (Sec. 207).[5] Das Bilanzrechtsreformgesetz sieht ebenfalls von einem obligatorischen externen Prüferwechsel ab. Es folgt damit der Empfehlung des Arbeitskreises „Abschlussprüfung und Corporate Governance“ aus dem Juli 2003. Der Arbeitskreis hatte seinerzeit auf die noch aus-

---

1 Vgl. Required Study on the Potential Effects of Mandatory Audit Firm Rotation, im Internet abrufbar unter www.gao.gov, S. 14.
2 Vgl. Seibert, WM 1997, S. 7.
3 Vgl. Ballwieser, Die Unabhängigkeit des Wirtschaftsprüfers – Eine Analyse von Beratungsverbot und externer Rotation, S. 99.
4 Vgl. Niehus, DB 2004, S. 885.
5 Vgl. Emmerich/Schaum, WPg 2003, S. 690; Niehus, DB 2004, S. 885.

stehende Untersuchung des US-Rechnungshofs verwiesen.[6] Die Gesetzesbegründung setzt sich mit den Ergebnissen der Untersuchung, die seit dem November 2003 vorliegen, allerdings mit keinem Wort auseinander. Es wird vielmehr ohne Begründung behauptet, die Nachteile der externen Rotation würden ihre Vorteile überwiegen.[7]

Die Begründung des Bilanzrechtsreformgesetzes stellt auch fest, dass eine externe Rotationspflicht des Abschlussprüfers im internationalen Vergleich unüblich sei. Doch das trifft nur bedingt zu. In Italien beispielsweise müssen börsennotierte Unternehmen ihren Abschlussprüfer nach neun Jahren wechseln.[8] Publikumsgesellschaften in Brasilien trifft diese Pflicht bereits nach fünf Jahren.[9] Auch in Singapur besteht für die Abschlussprüfer von Banken eine Rotationspflicht nach fünf aufeinander folgenden Jahresabschlussprüfungen.[10] In Österreich müssen alle prüfungspflichtigen und damit auch nicht-börsennotierte Unternehmen ihren Prüfer ebenfalls nach fünf Jahren austauschen.[11] Großbritannien schließlich kennt zwar zur Zeit keine externe Rotationspflicht. Immerhin empfiehlt die beim britischen Handels- und Industrieministerium angesiedelte „Coordinating Group on Audit and Accounting Issues" jedoch den unternehmensinternen Prüfungsausschüssen, einen Wirtschaftsprüfer nach 15 bis 20 Jahren ununterbrochener Zusammenarbeit nicht mehr zum Abschlussprüfer zu bestellen.[12]

1.2 Prüferwechsel in Deutschland

Der obligatorische Prüferwechsel soll neuen Sachverstand in die Prüfung einbringen.[13] Die externe Rotation will einen „fresh approach" schaffen. In Deutschland wird allerdings argumentiert, bereits der Austausch des für eine Prüfung

6 Vgl. Baetge/Lutter (Hrsg.), Abschlussprüfung und Corporate Governance, S. 10.
7 Vgl. Bilanzrechtsreformgesetz, Regierungsentwurf, BT-Drucks. 15/3419, S. 42.
8 Vgl. GAO, Required Study on the Potential Effects of Mandatory Audit Firm Rotation, S. 83.
9 Vgl. GAO, Required Study on the Potential Effects of Mandatory Audit Firm Rotation, S. 84.
10 Vgl. GAO, Required Study on the Potential Effects of Mandatory Audit Firm Rotation, S. 84.
11 Vgl. GAO, Required Study on the Potential Effects of Mandatory Audit Firm Rotation, S. 85.
12 Vgl. GAO, Required Study on the Potential Effects of Mandatory Audit Firm Rotation, S. 86.
13 Vgl. Gelhausen, AG 1997 Sonderheft, , S. 76; Kaminski/Marks, Die Qualität der Abschlussprüfung in der internationalen Diskussion, S. 279; Niehus, DB 2004, S. 1639.

verantwortlichen Personals innerhalb der Prüfungsgesellschaft gewährleiste bei der Prüfung börsennotierter Aktiengesellschaften neuen Sachverstand.[14] Daher wurde sowohl im Rahmen des KonTraG als auch im Rahmen des Bilanzrechtsreformgesetzes auf eine externe Rotationspflicht verzichtet.

1.2.1 Gesetzliche Regelung: § 319a Abs. 1 S. 1 Nr. 4 HGB

§ 319a Abs. 1 S. 1 Nr. 4 HGB verzichtet entgegen den Ankündigungen im Maßnahmenkatalog der Bundesregierung[15] vom 25.03.2003 auf eine Erweiterung des Kreises der von der Rotation innerhalb der Prüfungsgesellschaft erfassten Personen. Damals hatten Bundesjustiz- und Bundesfinanzministerium noch erwogen, alle verantwortlichen Prüfungspartner in die Rotation mit einzubeziehen. Das Bilanzrechtsreformgesetz hingegen belässt es bei der Regelung des KonTraG, dass nur derjenige Wirtschaftsprüfer, der den Bestätigungsvermerk unterzeichnet, vom Prüfungsmandat abgezogen werden muss. Auch zu einer Verkürzung des bisher siebenjährigen Rotationszeitraums hat man sich offenbar nicht durchringen können. Der Gesetzentwurf der Bundesregierung sah noch einen auf fünf Jahre verkürzten Rotationszeitraum vor. Die Verkürzung hat der Rechtsausschuss des Bundestages ohne Begründung[16] rückgängig gemacht. Trotz längerem Hin und Her hat sich also bei der internen Rotation gegenüber dem KonTraG nichts geändert. Das ist gleich unter mehreren Aspekten bedenklich.

1.2.2 Bewertung des § 319a Abs. 1 S. 1 Nr. 4 HGB

Der Wechsel des den Bestätigungsvermerk unterzeichnenden Wirtschaftsprüfers allein kann den notwendigen „fresh approach“ möglicherweise nicht erzielen. Es mag sein, dass ein anderer Partner bei der Beurteilung einzelner Sachverhalte zu einem abweichenden Urteil kommt. Doch ist es unwahrscheinlich, dass er das bisherige Prüfungsurteil zu vergleichbaren Sachverhalten insgesamt aufhebt.[17] Denn die Mitarbeiter, die ihm zuarbeiten, wenden die gleiche Prüfungstechnik und die gleiche Methodik wie bei den Vorjahresprüfungen an.

---

14 Vgl. BeckBilKomm, Hense/Veltins, § 319 HGB, Rnd.Nr. 34; Forster, WPg 1978, S. 649-650; Luik, BB 1976, S. 239.

15 Vgl. Bundesregierung stärkt Anlegerschutz und Unternehmensintegrität, im Internet abrufbar unter www.bmj.bund.de/ger/themen/wirtschaft_und_recht/ 10000668.htm, S. 6.

16 Vgl. Bilanzrechtsreformgesetz, Beschlussempfehlung und Bericht des Rechtsausschusses zum Regierungsentwurf, BT-Drucks. 15/4054, S. 77.

17 Vgl. Niehus, DB 2003, S. 1639.

Der einzelne Wirtschaftsprüfer soll zwar seinen Beruf nach § 43 Abs. 1 S. 1 WPO eigenverantwortlich ausüben. Das bedeutet, dass auch ein angestellter Prüfer in seinem Urteil nicht durch Vorgesetzte innerhalb der Prüfungsgesellschaft beeinflusst werden darf. Die Eigenverantwortlichkeit des angestellten Prüfers ist jedoch gerade in größeren, als Kapitalgesellschaft betriebenen Wirtschaftsprüfungsunternehmen gefährdet. *Schäuble* hat in seiner Dissertation aus dem Jahr 1971 die berufsrechtliche Stellung von Wirtschaftsprüfern in Wirtschaftsprüfungsgesellschaften untersucht. Dabei sieht er in der Organisationsform der Kapitalgesellschaft für Wirtschaftsprüfer Vorteile, aber auch Nachteile. Er erkennt, dass nur eine große Wirtschaftsprüfungsgesellschaft die für die Prüfung von großen Konzernen erforderliche Mitarbeiterzahl und die notwendigen technischen Hilfsmittel gewährleisten kann.[18] Gleichzeitig stellt *Schäuble* jedoch auch Gefahren bei der – heute zweifelsfrei anerkannten – Organisationsform Kapitalgesellschaft fest: Er sieht einen angestellten Wirtschaftsprüfer nicht als unabhängig, da er aufgrund seines Anstellungsverhältnisses nicht völlig weisungsfrei ist.[19] Strittige Sachverhalte werden nämlich nach der Vorgabe des gesamten Partnerkreises beurteilt, der alle Mitarbeiter – auch die Partner selbst – Folge zu leisten haben.[20] Das verträgt sich aber nicht mit dem Willen des Gesetzgebers, dass sich jeder Prüfer, ob Einzelprüfer, Angestellter oder Partner einer Wirtschaftsprüfungsgesellschaft, ein eigenes Urteil von den zu prüfenden Sachverhalten zu bilden und Entscheidungen selbst zu treffen hat.[21] Außerdem führt jede langjährige Prüfungstätigkeit für denselben Mandanten zu unreflektierter Routine und damit zu Betriebsblindheit. Hierfür ist nicht maßgeblich, in welcher Position sie ausgeübt wird.

Die Betriebsblindheit könnte bei Prüfern, die während der mehrjährigen Prüfungstätigkeit für einen Mandanten vom Prüfungsassistenten zum Partner aufgestiegen sind, noch ausgeprägter sein als bei dem Wirtschaftsprüfer, der den Bestätigungsvermerk unterzeichnet. Während seiner Zeit als Assistent hat der Prüfer die Ansicht seiner Vorgesetzten übernommen, ohne sie kritisch zu hinterfragen. Das war zu dieser Zeit nicht seine Aufgabe. Im Laufe der Jahre hat er sich dann innerlich mit dieser Auffassung und Methodik identifiziert. Er wird möglicherweise daran festhalten – nicht nur, weil er es immer so gemacht hat, sondern auch, weil sie von seinem ehemaligen Vorgesetzten stammt, den er als seinen vormaligen Mentor schätzt und respektiert. Der Referentenentwurf des Bilanz-

---

18 Vgl. Schäuble, Die berufsrechtliche Stellung der Wirtschaftsprüfer in Wirtschaftsprüfungsgesellschaften, S. 115.

19 Vgl. Schäuble, Die berufsrechtliche Stellung der Wirtschaftsprüfer in Wirtschaftsprüfungsgesellschaften, S. 118.

20 Vgl. Niehus, DB 2003, S. 1639.

21 Vgl. WP-Handbuch, Abschnitt A, Rnd.Nr. 289.

rechtsreformgesetzes hatte deshalb die interne Rotationspflicht noch auf alle Personen erstrecken wollen, die in dem Prüfungsteam eine verantwortliche Position einnehmen. Von diesem Vorhaben wurde offenbar wegen des Protests des Instituts der Wirtschaftsprüfer[22] und der Wirtschaftsprüferkammer[23] wieder Abstand genommen. Ob der Unabhängigkeit der Abschlussprüfer damit ein Dienst erwiesen wurde, ist zweifelhaft.

Die durch den Rechtsausschuss des Bundestages geänderte Fassung des § 319a Abs. 1 S. 1 Nr. 4 HGB bleibt hinter dem internationalen Recht zurück. In den USA müssen gem. Sec. 203 des Sarbanes-Oxley Act der „lead audit partner“, der den Bestätigungsvermerk unterzeichnet, sowie der „reviewing partner“ nach maximal fünf aufeinander folgenden Jahren das Prüfungsteam verlassen. Die Ausführungsbestimmungen der SEC zu Sec. 203 verlangen zusätzlich den siebenjährigen Wechsel aller Prüfungspartner, die für die Beurteilung wesentlicher Prüfungssachverhalte verantwortlich sind sowie regelmäßigen Kontakt zum Vorstand und zum Prüfungsausschuss der prüfungspflichtigen Aktiengesellschaft haben.[24] Genau wie nach Sec. 203 des Sarbanes-Oxley Act sollte der Rotationszeitraum nach Art. 40 (c) des Richtlinienentwurfs der EU-Kommission, der zum rotationspflichtigen Personenkreis keine konkreten Vorgaben macht, maximal fünf Jahre beantragen. Mittlerweile wurde er in einer überarbeiteten Version des Entwurfs zwar wieder auf sieben Jahre ausgedehnt, wohl auf den Einfluss des Berufsstands hin. Jedoch werden von der Rotationspflicht des Richtlinienentwurfs nach wie vor nicht nur wie in Deutschland die Prüfer börsennotierter Aktiengesellschaften erfasst, sondern ebenso die Prüfer von nicht-börsennotierten Banken, Versicherungsunternehmen und Pensionsfonds. Das deutsche Recht weist also zum US-Recht und zu den geplanten Vorgaben der EU-Kommission deutliche Defizite auf.

2. Externe Prüferrotation contra interne Prüferrotation

Art. 40 (c) des Entwurfs der EU-Kommission für eine Abschlussprüfer-Richtlinie rückt die „externe Prüferrotation“ in Deutschland wieder in die aktuelle Diskussion.

---

22 Vgl. Stellungnahme zum Referentenentwurf des Bilanzrechtsreformgesetzes, S. 19, im Internet abrufbar unter www.idw.de.

23 Vgl. Stellungnahme zum Referentenentwurf des Bilanzrechtsreformgesetzes, S. 5, im Internet abrufbar unter www.wpk.de.

24 Vgl. Final Rule: Strengthening the Commission's Requirements Regarding Auditor Independence, im Internet abrufbar unter www.sec.gov/rules/final/33-8183.html, Abschnitt C.

2.1 „fresh approach" durch die interne Rotation?

Es wurde gezeigt, dass der Austausch desjenigen Wirtschaftsprüfers, der den Bestätigungsvermerk unterzeichnet, keinen regelmäßigen „fresh approach" gewährleisten kann. Aber auch beim Austausch des gesamten Prüfungsteams ist ein „fresh approach" unwahrscheinlich. Denn das neue Team kommt von derselben Prüfungsgesellschaft. Es hält sich an die von den Partnern vorgegebene Prüfungsmethodik. Diese wird nicht nur aus Marketing-Gründen strikt eingehalten. In einem Firmen-Handbuch dokumentierte Prüfungsanweisungen sind vielmehr vor allem wichtiger Bestandteil der Qualitätssicherung einer Prüfungsgesellschaft.[25] Da die Qualitätssicherung gem. § 57a WPO einer externen Kontrolle zu unterziehen ist, legt jede Prüfungsgesellschaft auf sie besonderes Augenmerk. Daher spiegelt sich auch beim Austausch des gesamten Prüfungsteams weniger die Meinung der neuen Prüfer als die der Prüfungsgesellschaft im Prüfungsergebnis wider.[26] Hinzu kommt, dass Grundlage für die Bestimmung von Intensität und Umfang der Abschlussprüfung die Auswertung des internen Kontrollsystems des Mandanten ist.[27] Dieses hat die Prüfungsgesellschaft nach mitunter jahrelanger, kostspieliger Forschungsarbeit ausgewertet. Es ist nicht zu erwarten, dass ein neues Prüfungsteam von den Ergebnissen dieser Auswertung abweicht.[28] Aus diesen Gründen ist *Niehus*[29] darinzuzustimmen, dass der interne anders als ein externer Prüferwechsel keinen „fresh approach" bewirken kann. Denn durch den Austausch des Prüfungsteams wird nicht die Arbeitsweise und Methodik der Prüfungsgesellschaft geändert.[30]

2.2 „independence in fact" und „independence in appearance"

Zwar fällt das Argument, ein Abschlussprüfer könne etwaigem Druck des Mandanten besser widerstehen, wenn seine Mandatsdauer begrenzt ist,[31] nicht so stark ins Gewicht. Erst im letzten Jahr des Rotationszeitraums braucht der Prüfer bei einer externen Rotationspflicht nicht mehr zu fürchten, durch den möglichen Entzug des Mandats einen Umsatzverlust zu erleiden. Außerdem wird der Ab-

---

25 Vgl. Marten/Köhler/Meyer, WPg 2003, S. 11; Niehus, DB 2003, S. 1640; Winterhoff, Grundzüge des Peer Reviews, S. 18.
26 Vgl. Niehus, DB 2003, S. 1640.
27 Vgl. WP-Handbuch, Abschnitt C, Rnd.Nr. 212.
28 Vgl. Niehus, DB 2003, S. 1640.
29 Vgl. DB 2003, S. 1640.
30 Vgl. so auch BeckBilKomm, Hense/Veltins, § 319 HGB, Rnd.Nr. 42.
31 Vgl. so Niehus, DB 2004, S. 887; DB 2003, S. 1639.

schlussprüfer in Deutschland von dem Aufsichtsrat und nicht vom Vorstand der prüfungspflichtigen Aktiengesellschaft bestellt. Auch in den USA ist für seine Wahl und Beauftragung ein vom Vorstand unabhängiger Prüfungsausschuss verantwortlich. Deshalb kann der Vorstand dem Prüfer nicht mit dem Entzug des Prüfungsmandats drohen. Es lässt sich hingegen beobachten, dass Abschlussprüfer in Ländern mit einer externen Rotationspflicht häufiger Fehler aufdecken als andere Prüfer.[32] Damit korrespondiert die Feststellung, dass eine lange Mandatsdauer zu einer geringeren Zahl von Testatseinschränkungen führt.[33] Diese Beobachtungen sprechen dafür, dass sich eine externe Rotationspflicht positiv auf die Unbefangenheit („independece in fact") des Abschlussprüfers auswirkt. Sie stärkt zudem seine „independence in appearance" und damit das Vertrauen der Öffentlichkeit in die gesetzliche Abschlussprüfung.[34] Schon das allein wäre nach WorldCom, Enron, Ahold und Parmalat Grund genug, die externe Rotation zu befürworten.

2.3 Verlust der Signalwirkung des Prüferwechsels

In den USA muss ein Prüferwechsel sowohl von der prüfungspflichtigen Aktiengesellschaft als auch vom Abschlussprüfer, dem das Mandat entzogen wurde, der Börsenaufsicht SEC angezeigt werden.[35] Der Prüfer muss in solchen Situationen mit einer Untersuchung durch die SEC rechnen. Die Mehrheit der befragten Publikumsgesellschaften in den USA befürchten, diese Signalwirkung des Prüferwechsels würde beseitigt, wenn der Wechsel zur Routine würde.[36] Auch die befragten Prüfungsgesellschaften rechnen bei einer externen Rotationspflicht mit einem Gewöhnungseffekt.[37] Die Signalwirkung des Prüferwechsels könnte allerdings erhalten werden, wenn man Unternehmen und Prüfer zusätzlich aufgibt mitzuteilen, ob der Prüferwechsel wegen der gesetzlichen Rotationspflicht oder aus anderen Gründen erfolgt. Eine entsprechende Anzeigepflicht des Prüferwechsels in Deutschland gibt es nicht. Sie wäre bei einer externen Rotationspflicht

32 Vgl. Dopuch/King/Schwartz, JoAR 2001, S. 93-117.
33 Vgl. Vanstraelen, EAR 2000, S. 419-442.
34 Vgl. Niehus, DB 2004, S. 887; DB 2003, S. 1639
35 Vgl. Report 8-K der SEC, abgedruckt in: Deloitte & Touche (Hrsg.), SEC Handbook, Rules and Forms for Financial Statements and Related Disclosures as of December 2000.
36 Vgl. GAO, Required Study on the Potential Effects of Mandatory Audit Firm Rotation, S. 15.
37 Vgl. GAO, Required Study on the Potential Effects of Mandatory Audit Firm Rotation, S. 15.

auch nicht unbedingt notwendig: Denn einer Signalwirkung bedarf es nicht, wenn die Öffentlichkeit der Abschlussprüfung Vertrauen schenkt. Hierzu könnte die externe Rotation beitragen.

2.4 Ineffektivität und Kosten des Prüferwechsels

Weiter wird davor gewarnt, dass ein Prüferwechsel viel Zeit in Anspruch nimmt[38] und dadurch unnötige Kosten verursacht.[39] Nach jedem Prüferwechsel müsse sich der neue Abschlussprüfer nämlich erst in das neue Mandat wieder einarbeiten.

2.4.1 Risiko der Nichtaufdeckung von Bilanzierungsfehlern und Ineffektivität der Erstprüfung

Ballwieser weist darauf hin, dass der Prüfer in den ersten Perioden seiner Tätigkeit eher unter- als überdurchschnittlich gut prüft.[40] Hierdurch steigt seiner Ansicht nach das Risiko, dass Bilanzierungsfehler bei der Abschlussprüfung nicht aufgedeckt werden.[41] Diese Behauptung ist nicht belegt.[42] Sie wird durch die zitierte Studie des US-Rechnungshofs relativiert. Die befragten Publikumsgesellschaften waren der Ansicht, das Risiko des Nichtaufdeckens einer ordnungswidrigen Bilanzierung sei mit und ohne externe Rotationspflicht gleich niedrig oder hoch.[43] Auch die befragten Prüfungsgesellschaften schätzen diese Gefahr eher gering ein.[44] Recht gibt ihnen, dass Sonderprüfungen regelmäßig erfolgreich und effizient sind, obwohl der bestellte Sonderprüfer nur wenig Zeit hat, um sich in den zu untersuchenden Sachverhalt und die wirtschaftliche Lage des Unterneh-

---

38 Vgl. Moxter, WPK-Mitt. 1995, S. 134-135.

39 Vgl. Forster, WPg 1978, S. 649; Luik, BB 1976, S. 239

40 Vgl. Ballwieser, Die Unabhängigkeit des Wirtschaftsprüfers – Eine Analyse von Beratungsverbot und externer Rotation, S. 110.

41 Vgl. so auch: AICPA, Regarding Mandatory Rotation of Audit Firms of Publicly Held Companies, S. 3; IDW, Positionspapier zu den in der Diskussion befindlichen Vorschlägen zur Stärkung der Abschlussprüfung nach dem Zusammenbruch von Enron vom 06.05.2002, Abschnitt 18, im Internet abrufbar unter www.idw.de; Marten, Prüferrotation in Deutschland – Überlegungen wider den obligatorischen Prüferwechsel, S. 1.

42 Vgl. Ruhnke, Normierung der Abschlussprüfung, S. 91-92.

43 Vgl. GAO, Required Study on the Potential Effects of Mandatory Audit Rotation, S. 19.

44 Vgl. GAO, Required Study on the Potential Effects of Mandatory Audit Rotation, S. 19.

mens einzuarbeiten.[45] Das Argument der mangelnden Qualität von Erstprüfungen dürfte also nicht ausschlaggebend sein. Denn sonst dürfte ein neuer Abschlussprüfer die ersten Jahresabschlüsse wegen mangelnder Kenntnis des zu prüfenden Unternehmens überhaupt nicht bestätigen.[46]

Die Einarbeitungszeit des neuen Abschlussprüfers ist bei kollegialem Verhalten des vormaligen Prüfers nur gering. Ausländische Berufsstände kennen hierfür Vorschriften: Der Prüfungsstandard SAS No. 84[47] der US-amerikanischen Prüfer-Organisation AICPA („American Institute of Certified Public Accountants") vom 01.06.1998 sieht vor, dass jeder neue Prüfer den Mandanten auffordert, den Vorjahresprüfer von seiner Verschwiegenheitspflicht zu entbinden. Hierdurch soll der neue Prüfer umfassenden Einblick in die Arbeitspapiere seines Vorgängers erhalten. Nach Sec. 315 des AICPA-Standards brauchen nur die Arbeitspapiere von Prüfungen, die streitbehaftet sind, nicht vorgelegt werden. Der „Code of Ethics for Professional Accountants"[48] der Interessenvereinigung IFAC („International Federation of Accountants") verlangt, dass der neue Prüfer mit Genehmigung des Mandanten mit dem Vorjahresprüfer in direkten Kontakt tritt. Der Vorjahresprüfer soll dem neuen Prüfer gem. Sec. 13 alle Unterlagen zur Verfügung stellen und Informationen gewähren, die dieser benötigt. Einen entsprechenden Prüfungsstandard des IDW gibt es für deutsche Prüfer nicht. Jedoch gilt auch hier gem. § 28 der Berufssatzung der Wirtschaftsprüferkammer die Pflicht zur kollegialen Zusammenarbeit unter Berufskollegen. Diese Generalnorm verpflichtet Alt- und Neuprüfer zum Informationsaustausch, sofern der Mandant dieses gestattet.[49] Zur Entbindung des Altprüfers von seiner Verschwiegenheitspflicht ist der Mandant dem Neuprüfer grundsätzlich gem. § 241 Abs. 2 BGB aus dem Prüfungsvertrag verpflichtet. Anders verhält es sich nur bei Punkten, die zwischen dem Mandanten und dem Altprüfer im Streit sind.

Reibungsverluste wegen der externen Rotation könnte ein „joint audit" verhindern. Hierbei würden zwei Wirtschaftsprüfungsgesellschaften zum gesetzlichen Abschlussprüfer bestellt. Sie bilden eine Arbeitsgemeinschaft und treten der prüfungspflichtigen Aktiengesellschaft gegenüber gemeinsam auf. Jeder Prüfer erhält unbegrenzten Zugang zu allen Arbeitspapieren. Beide Prüfungsgesellschaften werden unterschiedlich lang bestellt. Nach einer bestimmten Anzahl von Jahren wird jeweils die Prüfungsgesellschaft mit der längeren Mandatsdauer ausgetauscht. Der neu hinzukommende Abschlussprüfer tritt in die Arbeitsgemeinschaft ein. Er muss dem Mandanten keine zeitaufwendigen Fragen stellen, da er

---

45 Vgl. Niehus, DB 2003, S. 1640.
46 Vgl. Niehus, DB 2003, S. 1640.
47 Im Internet abrufbar unter www.aicpa.org.
48 Im Internet abrufbar unter www.ifac.org.
49 Vgl. Niehus, DB 2003, S. 1640.

auf das Wissen der anderen Prüfungsgesellschaft zurückgreifen kann.[50] Die gegenseitige Kontrolle der beiden Prüfer beim „joint audit" erhöht die Qualität der Abschlussprüfung.[51] Gegenüber dem Mandanten könnten beide Prüfer ihre gemeinsame fachliche Meinung eher durchsetzen als ein Einzelprüfer. Sie könnten sich so etwaigem Druck seitens des Mandanten besser erwehren. Hierdurch würde ihre Unabhängigkeit gestärkt.[52]

2.4.2 Kosten der externen Rotation

Die Auswirkungen der externen Rotation auf die Prüfungskosten hat der US-Rechnungshof in seiner „Required Study on the Potential Effects of Mandatory Audit Firm Rotation" aus dem Jahre 2003 untersucht. Er kommt zu dem Ergebnis, dass für die Prüfungsgesellschaften durch die ständige Mandanten-Akquisition höhere Marketing-Kosten entstehen würden. Außerdem würden die Kosten für die Durchführung der Erstprüfung steigen. Ihre höheren Kosten müssten über das Prüfungshonorar dem Mandanten weiterbelastet werden. Der Mandant müsste außerdem zusätzliche Kosten für die regelmäßige Prüfer-Vorauswahl und die Unterstützung eines neuen Abschlussprüfers bei der Erst-Prüfung tragen. Ohne externe Rotationspflicht betragen die Prüfungskosten bei Publikumsgesellschaften zwischen 0,007 und 0,119 Prozent der gesamten operativen Kosten. Im Durchschnitt liegen sie bei 0,04 Prozent.[53] Die Prüfungskosten steigen bei einer Erst-Prüfung nach dem Prüferwechsel nach Aussage der großen Prüfungsgesellschaften um 20 bis 30 Prozent.[54] Berücksichtigt man die zusätzlichen Kosten der prüfungspflichtigen Aktiengesellschaft, so wird für die Erstprüfung nach dem Prüferwechsel mit um 40 bis 130 Prozent höheren Kosten gerechnet. Diese Kosten verteilen sich jedoch auf mehrere Jahre. Denn auch die Befürworter der externen Rotation halten einen jährlichen Prüferwechsel für übertrieben. So schlägt beispielsweise *Niehus* eine Pflicht zu einem Wechsel der Prüfungsgesellschaft nach der Prüfung von sieben aufeinander folgenden Jahresabschlüssen vor.[55] Diese Zeitspanne entspricht Art. 40 (c) des Richtlinienentwurfs der EU-Kommission. Die durch die externe Pflichtrotation bedingten Mehrkosten könnten in der Bilanz im Wege der Rechnungsabgrenzung über den Rotationszeitraum ver-

---

50 Vgl. Niehus, DB 2003, S. 1642.
51 Vgl. Niehus, DB 2003, S. 1643; Schildbach, Probleme der Jahresabschlussprüfung und Reformansätze, S. 645.
52 Vgl. Niehus, DB 2003, S. 1643.
53 Vgl. GAO, Required Study on the Potential Effects of Mandatory Audit Firm Rotation, S. 32.
54 Vgl. Niehus, DB 2004, S. 888.
55 Vgl. DB 2003, S. 1641.

teilt werden.[56] Folglich würden pro Jahr Mehrkosten von zwischen 0,002 und 0,007 Prozent der operativen Kosten entstehen. Im Gegenzug gewinnen die gesetzliche Jahresabschlussprüfung und damit auch der einzelne geprüfte Jahresabschluss an Glaubwürdigkeit. Dadurch könnten Kreditkosten sinken. Die externe Prüferrotation erscheint daher auch unter dem Kostenaspekt nicht ungerechtfertigt.

Die zeitliche Begrenzung des Prüfungsmandats würde eine genaue Kostenkalkulation des Abschlussprüfers erforderlich machen. Die Kosten für die Prüfungsplanung und das Prüfungsprogramm müssen sich über den Rotationszeitraum rechnen. Für den Prüfer lohnt es sich im Falle der externen Pflichtrotation nicht mehr, die Erst-Prüfung unter Selbstkosten anzubieten und im Gegenzug auf eine unbefristete Bestellungsdauer zu hoffen. Das hätte einen weiteren Vorteil: Wie von Art. 25 des Richtlinienentwurfs der EU-Kommission verlangt, würden die Prüfungshonorare eine einwandfreie Prüfungsqualität ermöglichen. Die Notwendigkeit einer Gebührenordnung könnte damit entfallen.

2.5 Praktikabilität der externen Pflichtrotation

Die externe Rotation ist praktikabler als der reine Prüferwechsel innerhalb der Prüfungsgesellschaft. Im Zeitpunkt der Wahl des Prüfers steht ein möglicher Verstoß gegen die interne Rotation nicht fest.[57] Für die im Ersetzungsverfahren nach § 318 Abs. 3 HGB antragsberechtigten Aktionäre ist es im Nachhinein nicht erkennbar, ob die Prüfungsgesellschaft bei der Abschlussprüfung ihres Unternehmens einen Prüfer beschäftigt, der eigentlich von der internen Rotationspflicht betroffen ist. Nach Veröffentlichung des Bestätigungsvermerks mit den Prüferunterschriften ist die gerichtliche Ersetzung der Prüfers nach § 318 Abs. 3 S. 6 HGB nicht mehr möglich. Aus diesem Grund droht die interne Rotation leerzulaufen. Dieses Problem entsteht bei der externen Rotationspflicht nicht.

2.6 Auswirkungen auf den Mittelstand

Weiter wird vor der Mittelstandsfeindlichkeit des obligatorischen Prüferwechsels gewarnt.[58] Es sei wenig wahrscheinlich, dass ein Unternehmen von einer großen

56 Vgl. Niehus, DB 2004, S. 888.
57 Vgl. ADS, § 319 HGB, Rnd.Nr. 235.
58 Vgl. Vgl. GAO, Required Study on the Potential Effects of Mandatory Audit Firm Rotation, S. 34.

zu einer mittelständischen Wirtschaftsprüfungsgesellschaft wechselt. Dagegen würden mittelständische Prüfungsunternehmen ihre Pflichtprüfungsmandate bei einer externen Rotationspflicht an größere Konkurrenten verlieren. Einige der kleineren Prüfungsgesellschaften, die der US-Rechnungshof befragt hat, gaben deshalb an, ihre Tätigkeit als Abschlussprüfer bei Einführung einer externen Pflichtrotation einzustellen.[59] Das Argument der Mittelstandsfeindlichkeit der Pflichtrotation ist empirisch nicht belegt.[60] Es ist auch möglich, dass publizitätspflichtige Unternehmen die Vorzüge mittelständischer Prüfungsunternehmen zu schätzen lernen. Hier ist die Betreuung durch den verantwortlichen Prüfungspartner möglicherweise intensiver, da dieser nicht für so viele Mandanten wie der Partner einer großen Prüfungsgesellschaft zuständig ist. Es ist aus diesem Grund nicht unwahrscheinlich, dass sich eine externe Rotationspflicht positiv auf den Wettbewerb am Prüfungsmarkt auswirkt. Zwar werden in Deutschland und den USA 75 Prozent der börsennotierten Aktiengesellschaften von den sog. Big Four[61] der Prüfungsgesellschaften geprüft. Denn für viele international tätige Publikumsgesellschaften kommen als Abschlussprüfer nur große Prüfungsunternehmen mit Dependancen im Ausland in Frage.[62] Hierbei verkennen sie aber, dass viele mittelständische Prüfungsgesellschaften mittlerweile über Netzwerke mit ausländischen Partnerunternehmen verbunden sind und daher ebenso wie ihre großen Konkurrenten über das für die Abschlussprüfung von Konzernen notwendige internationale Know-How verfügen. Die Pflicht zur externen Prüferrotation könnte dazu beitragen, die Voreingenommenheit der Publikumsgesellschaften, die in vielen Studien zur externen Prüferrotation zum Ausdruck kommt,[63] abzubauen. Gerade der von *Niehus*[64] vorgeschlagene „joint audit" würde Vorurteilen der Publikumsgesellschaften entgegenwirken und so zum Wettbewerb auf dem

---

59 Vgl. GAO, Required Study on the Potential Effects of Mandatory Audit Firm Rotation, S. 34.

60 Vgl. Niehus, DB 2003, S. 1641.

61 Ernst & Young, KPMG, PriceWaterhouseCoopers, Deloitte & Touche

62 Vgl. FEE, Mandatory Rotation of Audit Firms, im Internet abrufbar unter www.fee.be, S. 18; GAO, Required Study on the Potential Effects of Mandatory Audit Firm Rotation, S. 36.

63 Vgl. Co-ordinating Group on Audit and Accountant Issues, Audit Firm Rotation and Competitive Tendering – Final Report to the Secretary of State for Trade and industry and the Chancellor of the Exchequer in the UK, im Internet abrufbar unter www.dti.gov.uk/cld/cgaai-final.pdf; GAO, Required Study on the Potential Effects of Mandatory Audit Form Rotation; SDA Università Bocconi, Corporate Finance and Real Estate Department and Administration and Control Department, The Impact of mandatory audit rotation on audit quality and on audit pricing: the case of Italy, im Internet abrufbar unter www.uni-bocconi.it.

64 Vgl. DB 2003, S. 1642-1643.

Prüfungsmarkt beitragen. Beim „joint audit" könnten mittelständische und große Prüfungsgesellschaften nebeneinander prüfen.[65] Die externe Pflichtrotation könnte also kleineren und mittelständischen Prüfungsgesellschaften neue Pflichtprüfungsmandate verschaffen und damit das Vorhaben der Bundesregierung umsetzen, auf die besonderen Belange des Mittelstands in besonderem Maße zu achten[66].

2.7 „end Game"-Problematik

Ferner wird einer externen Rotationspflicht entgegengehalten, dass sie sich negativ auf das Prüfungsverhalten des Abschlussprüfers am Ende des Rotationszeitraums auswirken könnte. Der Prüfer könnte das Interesse an dem Mandanten verlieren und seinen Arbeitsaufwand auf das Minimum beschränken, was die Prüfungsqualität beeinträchtigt.[67] Tatsächlich zeigt sich dies in der vom US-Rechnungshof durchgeführten Studie: Über die Hälfte der größten US-Prüfungsgesellschaften gab an, im Falle einer externen Rotationspflicht würden sie gegen Ende des Rotationszeitraums ihre erfahrensten und tüchtigsten Mitarbeiter von dem abzugebenden Mandat abziehen.[68] Mit dieser Ankündigung wollten die Prüfer offenbar die Einführung einer externen Rotationspflicht verhindern. Ob sie ihre Ankündigung tatsächlich in die Wirklichkeit umsetzen würden, ist allerdings zweifelhaft. Denn durch nachlässiges Verhalten schaden sich die Prüfer selbst. Es erscheint fraglich, ob ihre Mandanten nach der mit der externen Rotation verbundenen Zwangspause bzw. „cooling-off period" zu einer Prüfungsgesellschaft zurückkehren werden, die zuvor ihren Arbeitsaufwand verringert und ihre fähigsten Mitarbeiter von dem Mandat abgezogen hat. Auch ist zu bedenken, dass der Prüfer nach der Abgabe des Prüfungsmandats nicht mehr von der rechnungswesenbezogenen Beratungs- und Gutachtertätigkeit für seinen vormaligen Prüfungsmandanten ausgeschlossen ist. Der Mandant wird den vormaligen Prüfer bei der Vergabe eines Beratungsmandats wegen seiner unternehmensspezifischen Kenntnisse generell bevorzugt behandeln. Allerdings wird er von der Vergabe des Beratungsmandats an den Prüfer absehen, wenn dieser zuvor bei der Prüfung nachlässig gearbeitet hat. Aus diesem Grund spricht die „end game"-Argumentation

---

65 Vgl. Niehus, DB 2003, S. 1643.

66 Vgl. Bundesregierung stärkt Anlegerschutz und Unternehmensintegrität, im Internet abrufbar unter www.bmj.bund.de/ger/themen/wirtschaft_und_recht/ 10000668.htm, S. 6.

67 Vgl. FEE, Mandatory Rotations of Audit Firms, S. 22.

68 Vgl. GAO, Required Study on the Potential Effects of Mandatory Audit Firm Rotation, S. 25.

nicht entscheidend gegen die Einführung einer externen Rotationspflicht. So heißt es in der Studie der FEE aus Oktober 2004, die die „end game"-Problematik aufgeworfen hat, dass bei einer externen Rotationspflicht die Mehrzahl der Prüfer bis zum Ende des Rotationszeitraums sorgfältig und verantwortungsbewusst prüfen wird.[69]

2.8 Rolle des „audit committee" bei der Auswahl des Abschlussprüfers

Vielfach wird die Notwendigkeit der obligatorischen externen Prüferrotation unter Hinweis auf die Rolle, die das „audit committee" bei der Prüferauswahl spielt, bestritten. Wenn der unabhängige Prüfungsausschuss, der für die Vorauswahl des Abschlussprüfers zuständig ist, unter Berücksichtigung der Prüfungstätigkeit des Prüfers in den Vorjahren und der Situation, in der sich die prüfungspflichtige Aktiengesellschaft zum Zeitpunkt der Prüferauswahl befindet, regelmäßig und sorgfältig untersucht, ob ein Austausch des Prüfers angezeigt ist, sei eine zwingende gesetzliche Regelung zur Prüferrotation nicht nötig.[70] Allerdings ist fraglich, ob es völlig ins Ermessen des Prüfungsausschusses gestellt sein sollte, wie er die Unabhängigkeit eines Prüferkandidaten beurteilt, oder ob der Gesetzgeber ihm ähnlich wie im Prüfungs-Beratungs-Konflikt Leitlinien an die Hand geben sollte. Jedenfalls wäre eine effektive Prüfung des Prüfungsausschusses, ob ein Prüferwechsel angezeigt ist, nur möglich, wenn dieser die Durchführung der Jahresabschlussprüfung regelmäßig ausschreibt und der Vorjahresprüfer sich um den Prüfungsauftrag neu bewerben muss.[71] Aber auch dann könnte der Prüfungsausschuss überfordert sein, beim Prüfer unbewusst eingetretene Betriebsblindheit wahrzunehmen.

---

69 Vgl. FEE, Mandatory Rotation of Audit Firms, S. 22.

70 Vgl. Co-ordinating Group on Audit and Accountant Issues, Audit Firm Rotation and Competitive Tendering – Final Report to the Secretary of State for Trade and industry and the Chancellor of the Exchequer in the UK; GAO, Mandatory Audit Rotation Study – Study Questionnaires, Responses and Summary of Respondents' Comments, im Internet abrufbar unter www.gao.gov; The Conference Board, Commission on Public Trust and Private Enterprise, Findings and Recommendations, Verhaltenskodex für Abschlussprüfer, im Internet abrufbar unter www.conference-board.org.

71 Vgl. GAO, Required Study on the Potential Effects of Mandatory Audit Firm Rotation, S. 45.

3. Externe contra interne Rotation – ein Fazit

Es fällt auf, dass die Diskussion über den Prüferwechsel vorwiegend von nicht bewiesenen Behauptungen bestimmt wird. Es trifft keinesfalls zu, dass, wie es in der Begründung des Bilanzrechtsreformgesetzes[72] heißt, die Nachteile der externen Rotation ihre Vorteile überwiegen. Die vorstehenden Ausführungen haben gezeigt, dass für die externe Rotationspflicht gute Gründe sprechen: Stärkung der Unabhängigkeit des Prüfers, Praktikabilität und Mittelstandsfreundlichkeit. Besonders kritisch muss der Aussagewert der Untersuchung des US-Rechnungshofs hinterfragt werden. Als Grundlage für sein ablehnendes Urteil dienten die Aussagen von Prüfern und prüfungspflichtigen Publikumsgesellschaften. Dass diese Aussagen von Eigeninteressen geleitet sind, ist offensichtlich.[73] Eine externe Rotationspflicht würde beim Prüfer unbewusst eintretende Betriebsblindheit verhindern, die weder durch die interne Rotation ganz ausgeschlossen noch vom Prüfungsausschuss stets identifiziert werden kann. Jedenfalls für die Prüfer börsennotierter Aktiengesellschaften ist daher eine externe Rotationspflicht sinnvoll. Die maximale Dauer des Prüfungsmandats sollte, Art. 40 (c) des Entwurfs der EU-Kommission für eine Abschlussprüfer-Richtlinie entsprechend, sieben Jahre nicht übersteigen. Daran sollte sich eine „cooling-off period" von mindestens drei Jahren anschließen.[74] Zumindest für börsennotierte Aktiengesellschaften könnte in Deutschland zudem über die Einführung eines obligatorischen „joint audit" nachgedacht werden. Dieser könnte mit der Rotationspflicht jeweils einer Prüfungsgesellschaft gekoppelt werden.

Nachdem in den letzten drei Kapiteln die berufsrechtlichen Vorschriften zur Unabhängigkeit des Abschlussprüfers national und international vorgestellt wurden, untersuchen die folgenden Kapitel die Sanktionen, die Rechtsverstöße nach sich ziehen. Sie sind ausschlaggebend für das Haftungsrisiko des Abschlussprüfers im Prüfungs-Beratungs-Konflikt.

---

72 Vgl. Regierungsentwurf, BT-Drucks. 15/3419, S. 42.
73 Vgl. Niehus, DB 2004, S. 890.
74 Vgl. GAO, Required Study on the Potential Effects of Mandatory Audit Firm Rotation, S. 44.

7. Kapitel: Sanktionen im Prüfungs-Beratungs-Konflikt

1. Die Berufsaufsicht der Abschlussprüfer

1.1 Prüferaufsicht in den USA

1.1.1 Berufsaufsicht und Sanktionen des PCAOB

Der Sarbanes-Oxley Act hat im Jahr 2002 in den USA das PCAOB als Aufsichtsorgan der Wirtschaftsprüfer mit weitreichenden Ermittlungs- und Sanktionsbefugnissen geschaffen. Alle Wirtschaftsprüfungsunternehmen, die Unternehmen, deren Anteile an einer US-Börse gehandelt werden, prüfen wollen, müssen sich gem. Sec. 102 Sarbanes Oxley-Act bei dem PCAOB registrieren lassen. Die Prüfer müssen sich in ihrem Antrag auf Registrierung zur vollen Kooperation mit dem PCAOB bereit erklären. Sie müssen gem. Sec. 102 (3) zusichern, jederzeit auf Verlangen Einblick in die Prüfungsunterlagen, insbesondere die während der Prüfungsdurchführung gefertigten Arbeitspapiere, zu gewähren. Das PCAOB führt nach Sec. 104 Sarbanes Oxley-Act bei Prüfungsgesellschaften mit mehr als 100 börsennotierten Mandanten eine jährliche Qualitätskontrolle durch. Bei Prüfungsgesellschaften mit weniger als 100 börsennotierten Mandanten erfolgt die Qualitätskontrolle im Drei-Jahres-Abstand. Ziel der Qualitätskontrolle ist die Identifikation von Rechtsverstößen des Prüfungsunternehmens oder einzelner Angestellten.[1] Die Untersuchungen des PCAOB lösen in den USA den „Peer Review" durch Kollegen aus dem Berufsstand ab.[2] Neben dem regelmäßigen Monitoring gem. Sec. 104 Sarbanes Oxley-Act können das PCAOB oder die SEC, deren Aufsicht das PCAOB unterstellt ist, bei einzelnen Prüfungsunternehmen jederzeit Sonderprüfungen durchführen. Verweigert der Prüfer dem PCAOB oder der SEC gegenüber bei einer ordentlichen oder außerordentlichen Untersuchung die Zusammenarbeit, kann das PCAOB seine Registrierung widerrufen. Der Prüfer darf dann keine börsennotierten Aktiengesellschaften mehr prüfen.[3] Beim

---

1 Vgl. Marten/Köhler/Meyer, WPg 2003, S. 15.

2 Vgl. Keller/Schlüter, BB 2003, S. 2167; KPMG (Hrsg.), Sarbanes-Oxley – A Closer Look, S. 4.

3 Vgl. Marx, Unabhängige Abschlussprüfung und Beratung, S. 298; Wüstemann, Probleme der Glaubwürdigkeit von Abschlussprüfern: Wirtschaftsprüfer und Certified Public Accountants, S. 68.

Monitoring oder bei einer Sonderprüfung aufgedeckte Verstöße gegen das Berufsrecht, insbesondere gegen die Vorschriften zur Unabhängigkeit, haben für die registrierten Wirtschaftsprüfer die in Sec. 105 (c) Sarbanes Oxley-Act geregelten Sanktionen zur Folge. Das PCAOB kann die Registrierung auf Zeit oder für immer widerrufen. Es kann auch einzelnen Angestellten der Prüfungsgesellschaft jede weitere Prüfungstätigkeit untersagen. Das PCAOB kann als Minus hierzu auch den Tätigkeitsbereich der Prüfungsgesellschaft oder einzelner Mitarbeiter beschränken oder Geldstrafen von bis zu 100.000 US-Dollar gegen natürliche Personen und 2 Millionen US-Dollar gegen Prüfungsgesellschaften verhängen.

1.1.2 Aufsicht über ausländische Prüfungsunternehmen

Die Registrierungspflicht der Sec. 102 Sarbanes Oxley-Act erfasst auch ausländische Wirtschaftsprüfer und Prüfungsgesellschaften, die Jahresabschlüsse von in den USA börsennotierten Unternehmen oder ihren Tochtergesellschaften prüfen. Ausländische Prüfer können mit der Registrierung einen Antrag auf Befreiung von der Berufsaufsicht durch PCAOB und SEC stellen. Rule 5113 der PCAOB-Verordnung vom 09.06.2004[4] räumt dem PCAOB die Möglichkeit ein, ganz oder teilweise von der eigenen Berufsaufsicht abzusehen und diese Aufgabe der nationalen Berufsaufsicht der ausländischen Prüfungsgesellschaft zu übertragen. Das PCAOB äußert sich in dem Verordnungstext nicht, wann es von dieser Möglichkeit Gebrauch machen will. Rule 4012 (a) unterstreicht, dass das PCAOB vor jeder anstehenden Qualitätskontrolle neu über den Grad der Verlässlichkeit der ausländischen Berufsaufsicht entscheidet. Die Befreiung gilt also für maximal drei Jahre und muss dann erneuert werden. Es ist davon auszugehen, dass das PCAOB von der Rule 5113 nur sehr restriktiv Gebrauch machen wird. Denn in der Begründung zu Rule 5113 unterstreicht das PCAOB seine Aufgabe, informative, faire und unabhängige Prüfungsberichte zu gewährleisten und dadurch die Interessen der US-amerikanischen Öffentlichkeit, insbesondere von US-amerikanischen Aktionären, zu schützen.[5] Das PCAOB sieht keine Gefahr, dass Prüfungsgesellschaften einer doppelten Berufsaufsicht unterliegen könnten, da sich seine Untersuchungen nur auf die Einhaltung des US-Rechts konzentrieren.[6] Jedenfalls hängt das Vertrauen des PCAOB in die Prüferaufsicht anderer Länder von ihrer Unabhängigkeit und Strenge sowie der Bereitschaft zur Zusammenar-

---

4 PCAOB Release No. 2004-005: Oversight Of Non-U.S. Public Accounting Firms, Final Paper, im Internet abrufbar unter www.pcaobus.org.

5 Vgl. PCAOB Release No. 2004-005, Oversight Of Non-U.S. Public Accounting Firms, S. 21.

6 Vgl. PCAOB Release No. 2004-005, Oversight Of Non-U.S. Public Accounting Firms, S. 21-22.

beit und zur Weitergabe von Informationen ab.[7] Das PCAOB kann ausländische Prüfungsunternehmen auch von der Pflicht entbinden, Einblick in ihre Arbeitspapiere zu gewähren, sofern die Prüfungsunternehmen durch die Offenlegung nationales Recht verletzen würden.[8] Das PCAOB verlangt hierfür ein durch das Prüfungsunternehmen bei der Registrierung vorzulegendes Rechtsgutachten, das den Rechtsverstoß belegt. Das PCAOB stellt jedoch auch hier klar, dass eine Befreiung nicht bei jedem behaupteten Rechtsverstoß, sondern nur im Ausnahmefall erteilt wird.[9] Denn vielfach könne der Prüfer durch den Mandanten von seiner Verschwiegenheitspflicht entbunden werden. Dann aber bestehe kein Grund für eine Sonderbehandlung des ausländischen Abschlussprüfers.[10] Soweit ersichtlich, hat das PACOB bisher keine ausländische Prüfungsgesellschaft vom Monitoring ausgenommen oder von der Pflicht befreit, seine Arbeitspapiere offenzulegen.

Es erscheint legitim, europäische Prüfer und Prüfungsgesellschaften, die US-Publikumsgesellschaften oder ihre Tochtergesellschaften prüfen, der Berufsaufsicht des PCAOB zu unterstellen. Allerdings ist es nicht vertretbar, dass das PCAOB ausländischen Prüfern im Rahmen seiner Berufsaufsicht Verstöße gegen die nationalen Vorschriften zur Verschwiegenheit und zum Datenschutz abverlangt. Insbesondere für deutsche Prüfer, die der Berufsaufsicht des PCAOB unterliegen, ist die Offenlegungspflicht ihrer Arbeitspapiere bedenklich. Arbeitspapiere des Abschlussprüfers sind die Aufzeichnungen und Unterlagen, die der Prüfer im Zusammenhang mit der Abschlussprüfung selbst erstellt, sowie alle Schriftstücke und Unterlagen, die er von dem geprüften Unternehmen oder von Dritten als Ergänzung seiner eigenen Unterlagen zum Verbleib erhält.[11] Sie dienen der Planung und Durchführung der Abschlussprüfung sowie – bei einem mehrköpfigen Prüfungsteam – der Überwachung der Tätigkeit der Prüfer durch den verantwortlichen Prüfungsleiter.[12] Die Arbeitspapiere bilden die Grundlage für die interne Nachprüfung der Prüfungsqualität und dokumentieren die Prüfungsnachweise und Prüfungshandlungen zur Stützung der Aussagen im Prü-

---

7 Vgl. PCAOB Release No. 2004-005, Oversight Of Non-U.S. Public Accounting Firms, S. 21.

8 Vgl. PCAOB Release No. 2004-005, Oversight Of Non-U.S. Public Accounting Firms, S. 16-20.

9 Vgl. PCAOB Release No. 2004-005, Oversight Of Non-U.S. Public Accounting Firms, S. 19.

10 Vgl. PCAOB Release No. 2004-005, Oversight Of Non-U.S. Public Accounting Firms, S. 19.

11 Vgl. Ebke, Die Arbeitspapiere des Wirtschaftsprüfers und Steuerberaters im Zivilprozess, S. 2.

12 Vgl. Ebke, Die Arbeitspapiere des Wirtschaftsprüfers und Steuerberaters im Zivilprozess, S. 3.

fungsbericht und Bestätigungsvermerk.[13] Ihrer Offenlegung stehen nach deutschem Recht die Verschwiegenheitspflicht des Abschlussprüfers gem. § 323 Abs. 1 S. 1 HGB sowie das Datenschutzrecht entgegen.[14] Das Institut der Wirtschaftsprüfer und die Wirtschaftsprüferkammer haben zusammen mit der Rechtsanwaltskanzlei Linklaters Oppenhoff & Rädler ein Gutachten erstellt, das diese Verstöße belegt.[15] Ein Verstoß gegen die Verschwiegenheitspflicht des Abschlussprüfers ist gem. § 333 HGB und § 203 Abs. 1 Nr. 3 StGB strafbar und wird mit Freiheitsstrafe bis zu einem Jahr oder Geldstrafe bestraft. Deutsche Abschlussprüfer dürfen nur öffentlich zugängliche Informationen wie den geprüften und veröffentlichen Jahresabschluss an das PCAOB weiterleiten.[16]

Der Hinweis des PCAOB, der Prüfer könne sich von seinem Mandanten von der Verschwiegenheitspflicht entbinden lassen, verkennt, dass die gesetzlichen Vertreter einer prüfungspflichtigen Kapitalgesellschaft in Deutschland zur Wahrung der Vertraulichkeit von Geschäftsgeheimnissen verpflichtet sind.[17] Das gilt auch für die gesetzlichen Vertreter einer deutschen Tochtergesellschaft mit US-amerikanischer Muttergesellschaft. Es ist daher fraglich, ob sie dem Abschlussprüfer die Weitergabe von rechnungslegungsbezogenen Unterlagen an das PCAOB gestatten dürfen. Selbst wenn man dieses annimmt, ist zweifelhaft, ob der Abschlussprüfer hierauf einen durchsetzbaren Rechtsanspruch hat, wie das PCAOB offenbar annimmt. Angesichts der Bedeutung des Grundsatzes der Vertraulichkeit für die vertrauensvolle Zusammenarbeit zwischen Wirtschaftsprüfer und Mandant erscheint es unwahrscheinlich, dass das Interesse einer Prüfungsgesellschaft an der Registrierung bei dem PCAOB ausreicht, um eine Durchbrechung des Vertraulichkeitsgrundsatzes zu rechtfertigen und dem Prüfer einen vertraglichen Anspruch auf Befreiung von der Verschwiegenheitspflicht einzuräumen.[18]

---

13 Vgl. Ebke, Die Arbeitspapiere des Wirtschaftsprüfers und Steuerberaters im Zivilprozess, S. 3.

14 Vgl. Emmerich/Schaum, WPg 2003, S. 681; Hilbert/Hartung, BB 2003, S. 1054-1060.

15 Vgl. Wirtschaftsprüferkammer, Registrierung beim US-amerikanischen PCAOB – Gutachten von IDW und WPK bestätigt rechtliche Bedenken, Mitteilung im Internet abrufbar unter www.wpk.de/news-01a-19.htm; WPK, IDW sowie Linklaters haben in das Gutachten keinen Einblick gewährt; auf Anfrage wurde mitgeteilt, das Gutachten sei nur für die Mitglieder des Berufsstands bestimmt.

16 Vgl. Hilbert/Hartung, BB 2003, S. 1057; Kersting, ZIP 2003, S. 241; Linke/Zinger, NZG 2002, S. 499.

17 Vgl. Hilbert/Hartung, BB 2003, S. 1057.

18 Vgl. Hilbert/Hartung, BB 2003, S. 1058.

1.2 EU-Kommission

Als Reaktion auf die Abkehr der USA von der Qualitätskontrolle durch Berufskollegen, dem sog. „Peer Review", verpflichtet Art. 31 des Entwurfs der EU-Kommission für eine Abschlussprüfer-Richtlinie die Mitgledstaaten, eine wirksame öffentliche Aufsicht über Einzelprüfer und Prüfungsgesellschaften zu organisieren, deren Mitglieder mehrheitlich nicht dem Berufsstand angehören sollen. Diese Aufsicht soll insbesondere für die Qualitätssicherung sowie die Sanktionierung beruflicher Verfehlungen in letzter Instanz zuständig sein. Sie soll bei den Prüfern Sonderuntersuchungen durchführen und gegebenenfalls Disziplinierungsmaßnahmen treffen. Die Mitgliedstaaten sollen dafür sorgen, dass die Berufsaufsicht angemessen finanziert ist. Das Finanzierungssystem darf den Angehörigen des Berufsstands keine Möglichkeit zur ungebührlichen Einflussnahme bieten.

Der Vorschlag der EU-Kommission für die Einführung einer vom Berufsstand unabhängigen Berufsaufsicht ist von dem Bestreben geprägt, das Vertrauen der Öffentlichkeit in die gesetzliche Abschlussprüfung zu erhalten und zu stärken. Die EU-Kommission hat erkannt, dass das aktuelle Vertrauensdefizit aus dem Verdacht resultiert, dass eine sich selbst regulierende Branche wie der Wirtschaftsprüferstand bei der Bewältigung ihrer eigenen Unzulänglichkeiten – insbesondere der bislang mangelnden Unabhängigkeit – vor unhaltbaren Interessenkonflikten steht. Die EU-Kommission hält aus diesem Grund eine Beaufsichtigung des Berufsstandes durch Personen für notwendig, die nicht als Abschlussprüfer tätig sind. Gleichwohl müssen die mit der Berufsaufsicht betrauten Personen, natürlich, über ausgezeichnete Kenntnisse im Bereich der Rechnungslegung und Abschlussprüfung verfügen.

Die EU-Kommission verkennt auch nicht, dass EU-weit zur Zeit ein mitgliedstaatenübergreifender Kapitalmarkt am Entstehen ist. Dies geschieht durch die Fusion von Börsen sowie die Entwicklung von Unternehmensformen, die eigens für grenzüberschreitende Unternehmen gedacht sind. Aus diesem Grund hält die EU-Kommission mittel- bis langfristig eine EU-weit einheitliche Prüferaufsicht für notwendig. Jedenfalls verpflichtet sie die Mitgliedstaaten, – soweit nicht bereits erfolgt – wirksame und vor allem abschreckende Sanktionen für Pflichtverletzungen der Prüfer einzuführen und für ihre konsequente Umsetzung zu sorgen.

Die Idee der EU-Kommission einer vom Berufsstand unabhängigen und qualifizierten Prüferaufsicht, der effektive und abschreckende Ermittlungs- und Sanktionsbefugnisse zur Verfügung stehen, scheint dem PCAOB durchaus gleichwertig. Die im achten und neunten Kapitel ihres Richtlinienentwurfs enthaltenen Bestimmungen sind allerdings wenig konkret. Insbesondere die Ermittlungs- und Sanktionsbefugnisse, die für die Entscheidung des PCAOB über eine mögliche Befreiung europäischer Prüfer und Prüfungsunternehmen allein maßgeblich zu sein scheinen, sind nicht näher beschrieben. Es wird also abzuwarten sein, wie die Vorgaben der EU-Kommission von den einzelnen Mitgliedstaaten umgesetzt werden.

1.3 Berufsaufsicht in Deutschland

1.3.1 Berufsrechtliche Sanktionen

In Deutschland sind die allgemeinen Berufspflichten für Wirtschaftsprüfer in § 43 WPO geregelt. Nach § 43 Abs. 1 WPO hat der Prüfer seinen Beruf unabhängig, gewissenhaft, verschwiegen und eigenverantwortlich auszuüben. Er hat sich bei der Erstattung von Prüfungsberichten und Gutachten unparteiisch zu verhalten. Deshalb stellt jeder Verstoß gegen die Unabhängigkeitsvorschriften § 319 und § 319 HGB eine Berufspflichtverletzung dar. Berufliche Verfehlungen werden durch die Wirtschaftsprüferkammer geahndet, sofern sie sich nicht als besonders schwerwiegend erweisen. Hierzu erteilt die Wirtschaftsprüferkammer Rügen, die bei Bedarf zur Einwirkung auf den Prüfer gem. § 63 WPO mit Geldbußen von bis zu 10.000 Euro verbunden werden können. Es stellt sich die Frage, wie lange ein Verstoß gegen § 319 oder § 319a HGB als noch nicht schwerwiegend anzusehen ist. Hier kommt es darauf an, ob der Prüfer tatsächlich befangen ist oder bei den unternehmensfremden Prüfungsadressaten nur diesen Eindruck erweckt. Weiter dürfte bedeutsam sein, ob der Verstoß zu einem sachlichen Prüfungsfehler geführt hat und ob durch diesen Fehler das prüfungspflichtige Unternehmen oder prüfungsfremde Dritte geschädigt wurden. Schließlich könnte von Belang sein, ob es sich um einen erstmaligen oder einen wiederholten Verstoß handelt.

Schwerwiegende berufliche Verfehlungen werden nicht durch die Wirtschaftsprüferkammer, sondern durch die Berufsgerichte sanktioniert. Die Berufsgerichtsbarkeit wird gem. §§ 72-74 WPO durch das Landgericht Berlin als erste Instanz, das Kammergericht als Berufungsinstanz und einen speziellen Senat für Wirtschaftsprüfersachen beim BGH als Revisionsinstanz ausgeübt. Das berufsgerichtliche Verfahren wird eröffnet, wenn die Staatsanwaltschaft Berlin, die gem. § 84 WPO an dem berufsgerichtlichen Verfahren mitwirkt, einem Antrag des Vorstandes der Wirtschaftsprüferkammer auf Eröffnung stattgibt und gem. § 85 WPO eine Anschuldigungsschrift beim Landgericht einreicht. Gibt die Staatsanwaltschaft dem Antrag auf Eröffnung nicht statt, so kann die Wirtschaftsprüferkammer gem. § 86 WPO beim Kammergericht eine gerichtliche Entscheidung über die Einleitung des berufsgerichtlichen Verfahrens beantragen. Das Verfahren gem. § 86 WPO ist dem Klageerzwingungsverfahren gem. § 172 StPO nachgebildet.

Die berufsgerichtlichen Sanktionsmöglichkeiten ergeben sich aus § 68 Abs. 1 WPO. Sie umfassen Warnung, Verweis und Geldbuße bis zu 100.000 Euro. Das Berufsgericht kann dem betroffenen Prüfer oder Prüfungsunternehmen auch für die Dauer von einem bis zu fünf Jahren verbieten, auf bestimmten Tätigkeitsgebieten tätig zu werden bzw. bestimmte Branchen zu prüfen. In besonders schwerwiegenden Fällen kann das Berufsgericht ein für die Dauer von einem bis zu fünf Jahren befristetes Berufsverbot aussprechen. Als „ultima ratio" kommt der Ausschluss aus dem Berufsstand in Betracht. Hierfür müssen dem Prüfer im Zusammenhang mit seiner beruflichen Tätigkeit stehende, vorsätzliche Straftaten zweifelsfrei nachgewiesen werden. Die berufsgerichtlichen Sanktionsmöglichkeiten sind durch die 5. WPO-Novelle („Gesetz zur Reform des Zulassungs- und Prüfungsverfahrens des Wirtschaftsprüfungsexamens")[19] vom 01.12.2003 erweitert worden. Neu eingefügt wurden das zeitlich befristete, auf bestimmte Felder beschränkte Tätigkeitsverbot sowie das zeitlich befristete Berufsverbot. Hierdurch sollte dem Umstand Rechnung getragen werden, dass die Berufsgerichte den Ausschluss aus dem Berufsstand aus Gründen der Verhältnismäßigkeit nur in Ausnahmefällen ausgesprochen haben, einfache Geldbußen aber oftmals nicht ausreichend erschienen.[20] Hat sich der Abschlussprüfer durch vorsätzliche Kollusion mit dem Vorstand der prüfungspflichtigen Aktiengesellschaft strafbar gemacht, so hatte bis zur 5. WPO-Novelle gem. § 83b WPO das Strafverfahren Vorrang vor dem berufsrechtlichen Verfahren. Die Klärung des Verschuldensgrades oder Beweisschwierigkeiten hinsichtlich des Prüfervorsatzes konnten das Strafverfahren über Jahre in die Länge ziehen.[21] Aus diesem Grund war eine zeitnahe und effektive Sanktionierung durch die Berufsgerichte nicht möglich.[22] Durch die 5. WPO-Novelle wurde der Vorrang des Strafverfahrens abgeschafft. Hierdurch wird der Abschluss des berufsrechtlichen Verfahrens beschleunigt und die zeitnahe Ahndung der berufsrechtlichen Verfehlung ermöglicht. Aus Gründen der Verhältnismäßigkeit ist der Ausschluss aus dem Berufsstand zwar erst bei einer berufsbezogenen strafrechtlichen Verurteilung des Wirtschaftsprüfers möglich. Besteht jedoch der begründete Verdacht der vorsätzlichen Kollusion des Prüfers mit dem Unternehmensvorstand zulasten von Aktionären oder Kreditin-

19 BGBl. 2003, Teil I, S. 2446-2464.

20 Vgl. Gesetz zur Reform des Zulassungs- und Prüfungsverfahrens des Wirtschaftsprüfungsexamens, Gesetzentwurf der Bundesregierung, BT-Drucks. 15/1241, S. 40.

21 Vgl. Gesetz zur Reform des Zulassungs- und Prüfungsverfahrens des Wirtschaftsprüfungsexamens, Regierungsentwurf, BT-Drucks. 15/1241, S. 41.

22 Vgl. Gesetz zur Reform des Zulassungs- und Prüfungsverfahrens des Wirtschaftsprüfungsexamens, Regierungsentwurf, BT-Drucks. 15/1241, S. 41.

stituten, so kann nun ein bis zum Abschluss des Strafverfahrens befristetes, vorläufiges Berufsverbot ausgesprochen werden. Dadurch wird der Kapitalmarkt vor potentiell kriminellen Wirtschaftsprüfern geschützt.

1.3.2 Ermittlungsbefugnisse der Wirtschaftsprüferkammer

Mit der Verschärfung der Sanktionen der Berufsgerichtsbarkeit sollte das Vertrauen der Öffentlichkeit in die Berufsaufsicht gestärkt werden.[23] Zweifelhaft ist, ob die Maßnahmen ein höheres Haftungsrisiko des Berufsstands im Prüfungs-Beratungs-Konflikt begründen und dadurch auf die Mitglieder des Berufsstands disziplinierend einwirken können. Denn die Wirtschaftsprüferkammer kann in berufsrechtlichen Verfahren eine Mitwirkung des betroffenen Wirtschaftsprüfers durch die Vorlage von Prüfungsunterlagen oder die Erteilung von Auskünften nicht verlangen.[24] Nach § 62 S. 2 Halbs. 2 WPO braucht der Prüfer der Wirtschaftskammer nämlich weder Auskünfte zu erteilen noch seine Handakten vorzulegen, wenn er hierdurch seine Verpflichtung zur Verschwiegenheit gem. § 43 Abs. 1 WPO und 323 Abs. 1 S. 1 HGB verletzen würde. Hierbei kann keine Rolle spielen, ob der Verstoß wegen berechtigter Interessen des Prüfers, also beispielsweise der Verteidigung gegen den Vorwurf beruflichen Fehlverhaltens,[25] gerechtfertigt wäre. Zum einen ist der Prüfer in einem solchen Fall zur Offenlegung von Geschäftsgeheimnissen nur berechtigt, aber nicht verpflichtet. Zum anderen sind die Grenzen der Verpflichtung zur Verschwiegenheit bei der eigenen Verteidigung keineswegs klar und eindeutig. Sie richten sich nach § 34 StGB. Ein rechtfertigender Notstand liegt nur vor, wenn das Offenlegungsinteresse des Prüfers das Geheimhaltungsinteresse seines Mandanten wesentlich überwiegt.[26] Hier stellt sich ein Wertungsproblem, das über eine mögliche Strafbarkeit des Abschlussprüfers bei Erteilung von Auskünften und Offenlegung von Prüfungsunterlagen nach § 333 HGB und § 203 Abs. 1 Nr. 3 StGB entscheidet. Der Prüfer braucht sich aber nicht der Gefahr der Strafverfolgung auszusetzen. Deshalb kann er ungeachtet der Rechtfertigungsebene die Erteilung von Auskünften oder Offenlegung seiner Handakten nach § 62 WPO verweigern, wenn diese den Tatbestand des Geheimnisverrats erfüllen würden. Gerade im Prüfungs-Beratungs-Konflikt sind Rechtsverstöße des Abschlussprüfers durch die Berufsaufsicht also kaum festzustellen.[27] Aus diesem Grund fordert der Berufsstand der Wirtschafts-

---

23 Vgl. Gesetz zur Reform des Zulassungs- und Prüfungsverfahrens des Wirtschaftsprüfungsexamens, Regierungsentwurf, BT-Drucks. 15/1241, S. 40.

24 Vgl. Lenz, BB 2004, S. 1952.

25 Vgl. Quick, BB 2004, S. 1494.

26 Vgl. Quick, BB 2004, S. 1494.

27 Vgl. Baetge/Lienau, DB 2004, S. 2279; Lenz, BB 2004, S. 1952.

prüfer selbst die Verbesserung der Ermittlungsmöglichkeiten der Wirtschaftsprüferkammer im Bereich der Disziplinaraufsicht.[28]

Das würde durch eine Änderung des § 62 WPO ermöglicht. Da die Verschwiegenheitspflicht des Abschlussprüfers nicht ihn selbst, sondern seinen Mandanten schützen soll,[29] ist § 62 S. 2 Halbs. 2 WPO, nach dem der Prüfer keine Auskünfte erteilen bzw. Arbeitspapiere vorlegen muss, wenn er seine Pflicht zur Verschwiegenheit verletzen würde, nicht notwendig. Es reicht aus sicherzustellen, dass die Wirtschaftsprüferkammer die Auskünfte und Arbeitspapiere des Prüfers nur in dem berufsaufsichtlichen Verfahren verwendet und sie im Übrigen vertraulich zu behandeln hat. So wäre gewährleistet, dass die Informationen des Prüfers nicht in einem strafrechtlichen oder Ordnungswidrigkeiten-Verfahren gegen den Mandanten des Prüfers verwendet werden. Deshalb würde auch kein strafbarer Geheimnisverrat der Prüfer vorliegen. Bei dieser Änderung des § 62 S. 2 Halbs. 2 WPO ist zu bedenken, dass ein Prüfer sich im Strafverfahren nicht selbst belasten muss. Dieses Recht hat er auch im berufsaufsichtsrechtlichen Verfahren vor der Wirtschaftsprüferkammer. Das ergibt sich darauf, dass das berufsaufsichtsrechtliche Verfahren vor der Wirtschaftsprüferkammer zu einem Verfahren vor den Berufsgerichten, die gem. § 74 Abs. 1 S. 2 WPO als Strafgerichte gelten, führen kann. Aus der Selbstbelastungsfreiheit folgt die Freiheit des Beschuldigten, selbst darüber zu befinden, ob er durch Äußerungen, die Vorlage von Unterlagen oder auf andere Weise an der Aufklärung des Sachverhalts mitwirken will oder nicht.[30] Deshalb muss die Staatsanwaltschaft beim Vorliegen des Anfangsverdachts einer Berufspflichtverletzung im Sinne des § 152 Abs. 2 StPO die Befugnis zur Durchsuchung nach Maßgabe der §§ 102 bis 110 StPO und Beschlagnahme nach Maßgabe der §§ 94 bis 100 StPO haben. Bereits im berufsaufsichtsrechtlichen Verfahren sollte die Staatsanwaltschaft auf Antrag des Vorstandes der Wirtschaftsprüferkammer eine gerichtliche Durchsuchungs- und/oder Beschlagnahmeanordnung beantragen bzw. bei Gefahr in Verzug die Durchsuchung und/oder Beschlagnahme selbst anordnen dürfen. Die Mitwirkung der Staatsanwaltschaft könnte der Vorstand der Wirtschaftsprüferkammer entsprechend § 86 WPO erzwingen. Die vorgeschlagenen Änderungen könnten in dem vom Bundesministerium für Wirtschaft und Arbeit geplanten „Gesetz zur Reform der Berufsaufsicht“[31] umgesetzt werden (Änderungs- und Ergänzungsvorschläge sind durch Kursivschrift hervorgehoben):

---

28 Vgl. IDW, Stellungnahme zum Referentenentwurf eines Gesetzes zur Fortentwicklung der Berufsaufsicht über Abschlussprüfer in der Wirtschaftsprüferordnung, im Internet abrufbar unter www.idw.de, S. 2.

29 Vgl. Meyer-Goßner, StPO, § 97, Rnd.Nr. 4.

30 Vgl. Meyer-Goßner, StPO, Einleitung, Rnd.Nr. 29a.

31 Vgl. Hinweis des BMWA im Internet, abrufbar unter www.wpo-novelle.de.

§ 62 WPO (Pflicht zum Erscheinen vor der Wirtschaftsprüferkammer, Auskunfts- und Vorlagepflichten)

[1]Persönliche Mitglieder der Wirtschaftsprüferkammer haben in Aufsichts- und Beschwerdesachen vor der Wirtschaftsprüferkammer zu erscheinen, wenn sie zur Anhörung geladen werden. [2]Auf Verlangen haben sie dem Vorstand, einer Abteilung im Sinne des § 59a, dem Beirat oder einem beauftragten Mitglied des Vorstandes, einer Abteilung des Beirates oder beauftragten Angestellten der Wirtschaftsprüferkammer Auskunft zu geben und ihre Handakten vorzulegen. *[3]Die durch den Prüfer erteilten Auskünfte und vorgelegten Handakten sind durch die Wirtschaftsprüferkammer vertraulich zu behandeln. [4]Sie dürfen nur in dem aufsichtsrechtlichen Verfahren gegen den Prüfer selbst verwendet werden. [5]Das Recht des Prüfers, sich nicht selbst belasten zu müssen, bleibt unberührt.* [6]Auf das Recht zur Auskunftsverweigerung ist hinzuweisen.

§ 62b WPO (Beantragung staatsanwaltschaftlicher Ermittlungen)

[1]Der Vorstand der Wirtschaftsprüferkammer kann bei der nach § 84 WPO zuständigen Staatsanwaltschaft beantragen, dass diese gem. § 105 StPO eine gerichtliche Durchsuchungsanordnung und gem. § 98 StPO eine gerichtliche Beschlagnahmeanordnung beantragt oder bei Gefahr im Verzug die Durchsuchung und Beschlagnahme selbst anordnet und durchführt. [2]§ 86 WPO findet Anwendung.

§ 84b WPO (Ermittlungsbefugnisse der Staatsanwaltschaft)

Die §§ 94 bis 100 und 102 bis 110 StPO finden Anwendung..

1.3.3 Abschlussprüferaufsichtskommission

Neben der Wirtschaftsprüferkammer wurde in Deutschland durch das „Gesetz zur Fortentwicklung der Berufsaufsicht über Abschlussprüfer"[32] (APAG) die Abschlussprüferaufsichtskommission als weiteres Aufsichtsorgan für den Berufsstand der Wirtschaftsprüfer eingeführt. Die Abschlussprüferaufsichtskommission wird seit dem 01.01.2005 tätig und findet ihre rechtliche Grundlage in § 66a WPO. Mit ihr soll der Berufsstand der Wirtschaftsprüfer unter eine letztverantwortliche, berufsstandunabhängige Aufsicht gestellt werden.

Die Abschlussprüferaufsichtskommission ist eine unter der Rechtsaufsicht des Bundeswirtschaftsministeriums stehende, nicht rechtsfähige Personengemeinschaft, die aus mindestens sechs und höchstens zehn ehrenamtlichen Mitgliedern bestehen soll. Ihre Mitglieder werden vom Bundeswirtschaftsministerium auf die Dauer von vier Jahren ernannt. Sie dürfen in den letzten fünf Jahren vor ihrer Ernennung nicht Angehörige des Berufsstands der Wirtschaftsprüfer gewesen sein.

32 BGBl. 2004, Teil I, 3846-385.

Damit ihre ausreichende Qualifikation sichergestellt ist, sollen sie aus den Bereichen Rechnungslegung, Finanzwesen, Wirtschaft, Wissenschaft oder Rechtsprechung kommen. Zum Vorsitzenden der Abschlussprüferaufsichtskommission wurde durch das Bundeswirtschaftsministerium *Dr. Volker Röhricht*, Vorsitzender Richter am BGH a.D., bestellt. Diese Wahl ist uneingeschränkt zu begrüßen. *Röhricht* leitete bis zu seiner Pensionierung den II. Zivilsenat des BGH für Gesellschaftsrecht und hat in dieser Stellung mit dem Hypo-Vereinsbank-Urteil eine beim Berufsstand der Wirtschaftsprüfer wenig populäre Entscheidung verantwortet. Das zeigt, dass *Röhricht* den Wirtschaftsprüfern auf der einen Seite mit einer neutralen Distanz gegenübersteht und auf der anderen Seite ausgewiesener Experte des Berufsrechts der Wirtschaftsprüfer ist.

Die Aufgaben der Abschlussprüferaufsichtskommission umfassen die Eignungsprüfung, die Bestellung, die Anerkennung, die Registrierung, den Widerruf, die Berufsaufsicht und die Qualitätskontrolle. Sie ist weiterhin zuständig für den Erlass von Regelungen zur Berufsausübung. In Berufsaufsichtsfällen mit grenzüberschreitender Bedeutung ist die Abschlussprüferaufsichtskommission Ansprechpartner für die im Ausland zuständigen Stellen.

Damit die Abschlussprüferaufsichtskommission ihre Aufgaben effizient ausüben kann, stehen ihr besondere Auskunfts- und Weisungsrechte gegenüber der Wirtschaftsprüferkammer zu. Dazu gehören:

- Teilnahme an Sitzungen der Organe und sonstigen Gremien der Wirtschaftsprüferkammer
- Informationsanspruch
- Einsichtsrecht in aufsichtsrelevante Vorgänge
- Rückverweisung von Entscheidungen zur Überprüfung und nochmaligen Entscheidung
- Erteilung von Weisungen und Aufhebung von Entscheidungen

Das APAG sieht eine Reihe von Verfahren vor, in denen die Abschlussprüferaufsichtskommission von der Wirtschaftsprüferkammer zwingend mit einzubeziehen ist:

- Anhörung vor dem Erlass oder der Änderung der Berufssatzung
- Vorlage vor der Nichterteilung von Teilnahmebescheinigungen im Rahmen der Qualitätskontrolle
- Vorlage vor dem Widerruf von Teilnahmebescheinigungen im Rahmen der Qualitätskontrolle
- Vorlage vor dem Einstellen von Berufsaufsichtsverfahren

Dennoch ist zweifelhaft, ob die Abschlussprüferaufsichtskommission die Ermittlungs- und Sanktionsbefugnisse der Berufsaufsicht im Prüfungs-Beratungs-Konflikt verbessert. Denn durch das APAG wird das Prinzip der mittelbaren Staatsverwaltung, das die EU-Kommission wegen der Gefahr von Interessenkonflikten für nicht ausreichend hält,[33] beibehalten. Prüfer werden in Deutschland weiterhin durch Berufstandsangehörige beaufsichtigt. Die Abschlussprüferaufsichtskommission wird nur der Wirtschaftsprüferkammer als Aufsichtsorgan vorgesetzt. Sie ist kein direktes „Oversight"-Organ der Wirtschaftsprüfer. Zwar hat die Abschlussprüferaufsichtskommission gem. § 66a Abs. 4 WPO im Bereich der Disziplinaraufsicht Letztentscheidungsbefugnis. Sie tritt jedoch gegenüber den Abschlussprüfern nicht in Erscheinung. Vielmehr setzt die Wirtschaftsprüferkammer Weisungen der Kommission gegenüber den Prüfern im eigenen Namen um. Weiter ist offen, ob die Wirtschaftsprüferkammer ihre Befugnisse im Rahmen des unzulänglichen geltenden Rechts unter der Beaufsichtigung der Abschlussprüferaufsichtskommission mehr ausschöpft als zuvor. Denn in § 66a Abs. 3 WPO wird als Aufgabe der Abschlussprüferaufsichtskommission die Sicherstellung der Geeignetheit, Angemessenheit und Verhältnismäßigkeit von Aufsichtsmaßnahmen der Wirtschaftsprüferkammer genannt. Die Formulierung vermittelt den Eindruck, dass die Abschlussprüferaufsichtskommission Entscheidungen der Wirtschaftsprüferkammer eher zugunsten als zulasten der Berufstandsangehörigen korrigieren soll. Eine solche Zielsetzung verträgt sich nicht mit dem Gedanken einer effektiven Berufsaufsicht. Weiterhin lässt die Formulierung in § 66a Abs. 3 WPO vermuten, die Abschlussprüferaufsichtskommission diene nur der Rechts- und nicht auch der Fachaufsicht der Wirtschaftsprüferkammer. Das hätte zur Folge, dass sie Entscheidungen der Wirtschaftsprüferkammer, bestimmte Verstöße nicht zu untersuchen oder nicht zu verfolgen, nur auf Ermessensfehler, nicht aber auf ihre Zweckmäßigkeit überprüfen darf. Auch dieses steht einem wirksamen „Public Oversight" entgegen.

1.3.4 „Peer Review" und Rechnungslegungs-Enforcement

Da die Wirtschaftsprüferkammer wegen § 62 S. 2 Halbs. 2 WPO nicht die Vorlage der Arbeitspapiere der Abschlussprüfer anordnen kann, muss sie zur Zeit auf Informationen der Qualitätsprüfer sowie der Prüfstelle Deutsche Rechnungslegung vertrauen,[34] um geeignete Anhaltspunkte für einen Verstoß des Prüfers gegen § 319 oder § 319a HGB zu erhalten. Gegenstand der Qualitätskontrolle ist das interne Qualitätssicherungssystem des Abschlussprüfers.[35] Hierzu gehört die

33 Vgl. EU-Kommission, Mitteilung der Kommission an den Rat und das Europäische Parlament: Stärkung der Abschlussprüfung in der EU, S. 9; Vorschlag für eine Richtlinie des Europäischen Parlaments und des Rates über die Prüfung des Jahresabschlusses und des konsolidierten Abschlusses, Analyse nach Kapiteln, S. 4.

34 Vgl. Baetge/Lienau, DB 2004, S. 2278.

35 Vgl. Marks/Schmidt, WPg 2000, S. 414; Winterhoff, Grundzüge des Peer Review, S. 18.

Prüfung, wie die Vorschriften zur Unabhängigkeit innerhalb des Prüfungsunternehmens umgesetzt werden. Die Qualitätskontrolle bezieht sich auch auf die vom Prüfer gefertigten Arbeitspapiere.[36] Art. 29 Abs. 1 (e) des Entwurfs der EU-Kommission für eine Abschlussprüfer-Richtlinie verlangt, dass die Qualitätsprüfer nach objektiven, nachprüfbaren Kriterien ausgewählt werden. Dem trägt in Deutschland der durch das APAG neu gefasste § 57a Abs. 6 WPO Rechnung. Nach dieser Vorschrift soll der zu kontrollierende Wirtschaftsprüfer bei der Kommission für Qualitätskontrolle, einer Abteilung der Wirtschaftsprüferkammer, bis zu drei Vorschläge für mögliche Qualitätsprüfer einreichen. Diese müssen jeweils um eine Unabhängigkeitsbestätigung des vorgeschlagenen Qualitätsprüfers ergänzt sein. Von den Vorschlägen kann die Kommission für Qualitätskontrolle einzelne oder alle ablehnen. Bei Ablehnung aller Vorschläge können drei neue Vorschläge eingereicht werden. Wiederum hat die Kommission ein Ablehnungsrecht. Dieses Verfahren führt zu einer transparenten und unabhängigen Auswahl der Qualitätsprüfer. Zwar können Wirtschaftsprüfer den Qualitätsprüfer in eigener Verantwortung wählen und mit diesem die Bezahlung vereinbaren. Allerdings wird der Missbrauch dieses freien Wahlrechts durch das Widerspruchsrecht der Kommission für Qualitätskontrolle verhindert.[37] Die Neufassung des § 57a Abs. 6 WPO wird dadurch dem allgemein gehaltenen Art. 29 Abs. 1 (e) des Richtlinienentwurfs der EU-Kommission gerecht. Doch befindet sich auch der Qualitätsprüfer im Spannungsfeld zwischen Prüfung und Beratung, wenn er neben den Qualitätskontrollprüfungen, was regelmäßig der Fall sein wird, auch Jahresabschlussprüfungen durchführt. Daher ist nicht davon auszugehen, dass er im Prüfungs-Beratungs-Konflikt eine kompromisslose Linie verfolgt. Er wird nur eindeutige Verstöße rügen.

Anders verhält es sich bei der Prüfstelle Deutsche Rechnungslegung, die zum 01.07.2005 ihre Arbeit aufgenommen hat. Diese prüft die im Bundesanzeiger veröffentlichten Jahresabschlüsse börsennotierter Unternehmen durch eigenes Personal. Sie darf sich hierzu keiner externer Wirtschaftsprüfer zur Unterstützung bedienen. Damit wurden beim Rechnungslegungs-Enforcement anders als beim „Peer Review" Interessenkonflikte ausgeschlossen. Die BAFin hat Feststellungen der Prüfstelle oder eigene Feststellungen, die auf eine Straftat oder Pflichtverletzung des Abschlussprüfers des Unternehmens schließen lassen, gem. § 37r WpHG der zuständige Staatsanwaltschaft bzw. der Wirtschaftsprüferkammer mitzuteilen. Durch die drohende Aufdeckung von Verstößen gegen das Berufsrecht im Rahmen des Rechnungslegungs-Enforcement erhöht sich für den Ab-

36 Vgl. Ebke, Die Arbeitspapiere des Wirtschaftsprüfers und Steuerberaters im Zivilprozess, S. 4.

37 Vgl. APAG, Gesetzentwurf der Bundesregierung, BR-Drucks. 665/04, S. 28.

schlussprüfer börsennotierter Unternehmen das Risiko, durch Berufsaufsicht und Berufsgerichtsbarkeit sanktioniert zu werden. Dies könnte sich disziplinierend auf sein Verhalten auswirken und die Prüfungsqualität steigern.

2. Sanktionen durch die deutschen Zivilgerichte

2.1 Honorarverlust des befangenen Abschlussprüfers

Bei einem Verstoß gegen die Befangenheitsvorschriften der §§ 319 Abs. 3 bis Abs. 5, 319a HGB verliert der gesetzliche Abschlussprüfer gem. § 134 BGB seinen Honoraranspruch.[38] Bereits gezahlte Prüfungshonorare können nach § 812 Abs. 1 S. 1 Var. 1 BGB zurückgefordert werden. Die Durchsetzbarkeit des Bereicherungsanspruchs hängt entscheidend davon ab, in wessen Zuständigkeit seine Geltendmachung fällt. Die Abwicklung von Rechtsstreitigkeiten gehört in der Regel zum Tagesgeschäft und obliegt dem Vorstand der Aktiengesellschaft. Es ist unwahrscheinlich, dass dieser gegen den Prüfer, von dem er sich beraten lässt, auf Rückzahlung von Honoraren klagt. Man könnte zwar daran denken, die Kompetenz für die Rückforderung von Prüfungshonoraren dem Aufsichtsrat zuzusprechen. Dieser ist gem. § 111 Abs. 2 S. 3 AktG für die Erteilung des Prüfungsauftrages zuständig. Hiervon ist die Vereinbarung der Tätigkeitsvergütung mitumfasst.[39] Wenn der Vertragsschluss in den Aufgabenbereich des Aufsichtsrats fällt, so könnte auch die Rückabwicklung des Prüfungsvertrages als Annex zu § 111 Abs. 2 S. 3 AktG in seinen Aufgabenbereich fallen. Allerdings hat der Aufsichtsrat, sofern der Prüfer ihm gegenüber eine wahrheitsgetreue und vollständige Unabhängigkeitserklärung nach Standard 7.2.1 des Deutschen Corporate Governance-Kodex abgegeben hat, Kenntnis von der Befangenheit des Abschlussprüfers. Mit der Geltendmachung von Bereicherungsansprüchen gegen den Abschlussprüfer wegen anfänglicher Befangenheit würde er deshalb einen eigenen Pflichtverstoß einräumen. Ob er dieses freiwillig tun wird, ist angesichts der verschärften Organ-Außenhaftung aufgrund der Infomatec-Rechtsprechung des BGH[40] zweifelhaft. Somit bleibt auch weiterhin die Rückforderung von Prüfungshonoraren nur in der Insolvenz der geprüften Aktiengesellschaft ein schar-

38 Vgl. BGH, DB 1992, S. 1466; LG Berlin, Stbg 1996, S. 413; OLG Düsseldorf, BB 1991, S. 108; OLG Köln, DStR 1992, S. 1372.

39 Vgl. ADS, § 318 HGB, Rnd.Nr. 172-174; Hucke, Wirtschaftsprüfer: Auf dem Weg zu Alleskönnern oder vom Gesetzgeber überfordert?, S. 18; dies., Aufsichtsrat und Abschlussprüfer – Eine symbiotische Beziehung?, S. 125; Schindler/Rabenhorst, BB 1998, S. 1887; Theisen, DB 1999, S. 341.

40 Vgl. NJW 2004, S. 2664-2671.

fes Schwert.[41] Vor der Schuldrechtsmodernisierung war die Gefahr für Prüfer, durch den Insolvenzverwalter früherer Mandanten mit Rückforderungsansprüchen konfrontiert zu werden, wegen der langen Verjährungsfrist von 30 Jahren relativ groß. Daher zählte bis zum 31.12.2000 die Vermehrung der Insolvenzmasse durch die Geltendmachung solcher Bereicherungsansprüche zu einem Schwerpunkt der Tätigkeit des Insolvenzverwalters.[42] Die Verjährungsfrist bei Bereicherungsansprüchen wurde jedoch zum 01.01.2002 auf drei Jahre verkürzt. Durch die deutliche Verkürzung der Verjährungsfrist bei Bereicherungsansprüchen verliert die Insolvenzfalle, vor der *Heni* noch eindringlich gewarnt hat,[43] für den Abschlussprüfer an Bedeutung.

2.2 Rechtsschutz der Anteilseigner gegen befangene Prüfer

2.2.1 Wahl und Ersetzung des Abschlussprüfers

Die Anteilseigner der prüfungspflichtigen Aktiengesellschaft haben zwei Möglichkeiten, ihre Interessen vor befangenen Abschlussprüfern zu schützen. Zum einen können sie versuchen, auf der Hauptversammlung die Wahl eines neutralen Prüfers durchzusetzen. An den Wahlvorschlag des Aufsichtsrats sind sie nicht gebunden. Wird von der Mehrheit der Hauptversammlung ein befangener Prüfer gewählt, können die Aktionäre den Rechtsschutz der Zivilgerichte in Anspruch nehmen. Bei Befangenheit des gewählten Abschlussprüfers nach § 319 oder § 319a HGB kann dieser gem. § 318 Abs. 3 HGB auf Antrag gerichtlich ersetzt werden. Diesen Antrag können neben den gesetzlichen Vertretern (Vorstand) und dem Aufsichtsrat auch die Anteilseigner stellen. Die Anteilseigner einer Aktiengesellschaft sind antragsberechtigt, wenn ihre Anteile zusammen den zwanzigsten Teil des Grundkapitals oder einen Börsenwert von 500.000 Euro erreichen. Ob für das Ersetzungsverfahren nach § 318 Abs. 3 HGB gem. § 145 Abs. 1 FGG die Amtsgerichte im Rahmen der Freiwilligen Gerichtsbarkeit zuständig sein sollten, ist fraglich. Angesichts der Garantiefunktion der gesetzlichen Abschlussprüfung ist es zwar einerseits zu begrüßen, dass das Gericht nach § 12 FGG von Amts wegen die zur Feststellung der Tatsachen erforderlichen Ermittlungen zu veranlassen und die ihm geeignet erscheinenden Beweise aufzunehmen hat. Auf der anderen Seite gehört die Ersetzung des Prüfers nicht zum Handelsregisterrecht im

41 Vgl. Harder, DB 1996, S. 717 f.; Heni, DStR 1997, S. 1214; Röhricht, WPg 1998, S. 155.
42 Vgl. Heni, DStR 1997, S. 1214; Röhricht, WPg 1998, S. 155.
43 Vgl. DStR 1997, S. 1214.

Sinne der §§ 125 ff. FGG. Vielmehr stellen sich hier gesellschaftsrechtliche und mikroökonomische Fragen. Daher sollte für das Ersetzungsverfahren ebenso wie für die Klärung von Meinungsverschiedenheiten zwischen Prüfer und Mandant das Landgericht zuständig sein. Hier könnte man das Verfahren im jeweiligen OLG-Bezirk dem Landgericht zuweisen, bei dem eine Kammer für Handelssachen gebildet ist. Bei den Kammern für Handelssachen ist der gesellschaftsrechtliche und betriebswirtschaftliche Sachverstand des OLG-Bezirks gebündelt.[44] Ebenso hat der Gesetzgeber mit der aktienrechtlichen Anfechtungsklage verfahren. Es ist notwendig, dass sich bereits in erster Instanz nicht das Registergericht, sondern ein Expertengericht wie die Kammer für Handelssachen am Landgericht mit dem Antrag auf Ersetzung des Abschlussprüfers befasst. Dieses folgt insbesondere aus § 318 Abs. 3 S. 6 HGB, der die Ersetzung des Prüfers nach Testatserteilung grundsätzlich ausschließt. Für die Entscheidung des Berufungs- oder gar des Revisionsgerichts ist deshalb regelmäßig keine Zeit.

Das Ersetzungsverfahren des § 318 Abs. 3 HGB gilt für Befangenheitsgründe, die im Zeitpunkt der Prüferwahl vorgelegen haben oder nachträglich eingetreten sind. Der Antrag ist im ersten Fall nur zulässig, wenn die Antragsteller auf der Hauptversammlung der Prüferwahl widersprochen haben und der Widerspruch protokolliert wurde. Die aktienrechtliche Anfechtungsklage gegen den Wahlbeschluss der Hauptversammlung, die kein Antragsquorum vorsieht, ist gem. § 243 Abs. 3 Nr. 2 AktG ausgeschlossen. Hiermit wendet sich das Bilanzrechtsreformgesetz gegen den BGH, der in seinem Hypo-Vereinsbank-Urteil Ersetzungsverfahren und Anfechtungsklage für gleichermaßen zulässig hielt.[45] Durch die Neuregelung sollen missbräuchliche und mutwillige Anfechtungsklagen verhindert werden.[46] Gleichzeitig wurde das Antragsquorum abgesenkt, um das Ersetzungsverfahren nach § 318 Abs. 3 HGB zu erleichern. Das gerichtliche Ersetzungsverfahren findet auch auf Befangenheitsgründe Anwendung, die während der Durchführung der Dritthaftung der Jahresabschlussprüfung auftreten. In diesem Fall beginnt die zweiwöchige Antragsfrist nach S. 3 mit Kenntnis des Ersetzungsgrundes zu laufen. Allerdings schließt § 318 Abs. 3 S. 6 HGB auch in diesen Fällen die Ersetzung des Prüfers nach Abschluss der Prüfung und Erteilung des Bestätigungsvermerks aus. Denn die Ersetzung des Abschlussprüfers wirkt nur für die Zukunft.[47]

Das deutsche Gesellschaftsrecht verlangt die Offenlegung von Beratungsmandaten des Abschlussprüfers nicht ausdrücklich. Hierdurch werden Prüferwahl

---

44 Vgl. UMAG, Regierungsentwurf, BR-Drucks. 3/05, S. 55-56.
45 Vgl. BB 2003, S. 465-466.
46 Vgl. Bilanzrechtsreformgesetz, Regierungsentwurf, BT-Drucks. 15/3419, S. 55.
47 Vgl. Bilanzrechtsreformgesetz, Regierungsentwurf, BT-Drucks. 15/3419, S. 36.

und Rechtsschutz gegen einen von der Mehrheit der Hauptversammlung gewählten Prüfer erheblich erschwert.[48] Denn es hängt vom Zufall ab, ob die antragsberechtigten Minderheitsaktionäre von Beratungsmandaten des Prüfers rechtzeitig erfahren, um die zweiwöchige Antragsfrist des § 318 Abs. 3 HGB einzuhalten. Diese Frist beginnt mit der Wahl des Abschlussprüfers, und zwar unabhängig von der Kenntnis der antragsberechtigten Aktionäre.[49] Der mehrheitliche Wille der Hauptverhandlung soll nämlich bereits nach einer kurzen Frist aus Gründen der Rechtssicherheit Bestand haben.[50] Er soll nicht noch lange nach der Prüferwahl im Ersetzungsverfahren nach § 318 Abs. 3 HGB angegriffen werden können.[51] Das Auskunftsrecht auf der Hauptversammlung gem. § 131 AktG kann den Aktionären nicht weiterhelfen. Für die Wahl des Abschlussprüfers sind alle Fragen nach der Eignung und nach potentiellen Interessenkonflikten des vorgeschlagenen Kandidaten und damit auch Beraterverträge zwischen dem Prüfer und dem Vorstand der Aktiengesellschaft erforderlich.[52] Der Vorstand wird sich aber in aller Regel auf berechtigte Geheimhaltungsinteressen berufen, die ihn nach § 92 Abs. 1 AktG zur Geheimhaltung verpflichten und ihm nach § 131 Abs. 3 AktG ein Auskunftsverweigerungsrecht einräumen. Solange der Vorstand den Nachteil, den eine Offenlegung der Beratung durch den Abschlussprüfer der Art und dem Umfang nach für die Aktiengesellschaft bedeuten kann, plausibel begründet, dürfte die Auskunftsverweigerung einer gerichtlichen Kontrolle standhalten.[53] Die zweiwöchige Antragsfrist des § 318 Abs. 3 HGB ist nach der gerichtlichen Entscheidung über eine Auskunftsklage jedenfalls abgelaufen. Bei der Erteilung eines befangenheitsbegründenden Beratungsmandats nach der Prüferwahl beginnt die Antragsfrist zwar erst mit Kenntnis des Ersetzungsgrundes.[54] Aber auch hier ist es nicht sicher, dass die antragsberechtigten Aktionäre von dem nachträglich

48 Vgl. Hellwig, ZIP 1999, S. 2127; Marx, Unabhängige Abschlussprüfung und Beratung, S. 230; Rückle, Bestellung und Auswahl des Abschlussprüfers – Zur Ökonomischen Analyse des Rechts der Rechnungslegung, S. 511.

49 Vgl. OLG Frankfurt, DB 2004, S. 370.

50 Vgl. BayObLG, DB 2002, S. 372; OLG Frankfurt, DB 2004, S. 370; ADS, § 318 HGB, Rnd.Nr. 344; MünchKommHGB, Ebke, § 318, Rnd.Nr. 55.

51 Vgl. BayObLG, DB 2002, S. 372; OLG Frankfurt, DB 2004, S. 370.

52 Vgl. Gadow/Heinichen, Decher, GroßKommAktG, § 131, Rnd.Nr. 193; Marx, Unabhängige Abschlussprüfung und Beratung, S. 499.

53 Vgl. KG, WM 1993, S. 1848; KölnKommAktG, Zöllner, § 131, Rnd.Nr. 36.

54 Vgl. ADS, § 318 HGB, Rnd.Nr. 346; Baumbach/Hueck, Schulze-Osterloh, GmbHG, § 41, Rnd.Nr. 65; BeckBilKomm, Hense/Veltins, § 318, Rnd.Nr. 20; KölnKommAktG, Claussen/Korth, § 318 HGB, Rnd.Nr. 49; MünchKommHGB, Ebke, § 318, Rnd.Nr. 47.

erteilten Beratungsmandat so rechtzeitig Kenntnis erhalten, dass sie den Ersetzungsantrag noch vor Erteilung des Bestätigungsvermerks stellen können.[55]

2.2.2 Transparenz der Prüferleistungen vor der Prüferwahl

Die Kenntnis, die der Aufsichtsrat über die vom Deutschen Corporate Governance-Kodex empfohlene Unabhängigkeitserklärung des potentiellen Abschlussprüfers erlangt, reicht für eine objektive Prüferwahl durch die Anteilseigner nicht aus. Denn die für die Wahl zuständige Hauptversammlung würde entmündigt, müsste sie sich auf die bloße Mitteilung des Aufsichtsrats, er habe sich von der Unabhängigkeit des vorgeschlagenen Prüfers überzeugt, verlassen.[56] Auch das Auskunftsrecht, das jedem Aktionär nach § 131 Abs. 1 AktG auf der Hauptversammlung zusteht, hilft nicht weiter. Zum einen kann sich der Vorstand auf Geheimhaltungsinteressen berufen, die in aller Regel nicht an Ort und Stelle nachprüfbar sind. Zum anderen darf das Bekanntwerden von Tatsachen, die für die Wahl des Abschlussprüfers unerlässlich sind, nicht von der Eigeninitiative einzelner Aktionäre abhängen.[57] Selbst wenn auf der Hauptversammlung Auskünfte erteilt werden, haben die Anteilseigner in der Regel keine Möglichkeit, sie in angemessener Zeit zu bewerten. Diese Möglichkeit muss ihnen aber zugestanden werden. Denn sie können bei Gericht einen Antrag auf Ersetzung des gewählten Prüfers nur stellen, wenn sie dem Wahlbeschluss auf der Hauptversammlung widersprochen haben. Den Aktionären kann jedoch nicht zugemutet werden, die Entscheidung über einen solchen Widerspruch ohne Rechtsrat bis zum Ende der Hauptversammlung zu treffen. Mangels ausreichender Zeit zur Bewertung der Auskünfte müssten sie den Widerspruch ins Blaue hinein erheben. Ein nicht fundierter Widerspruch aber schadet, wenn er publik wird, dem Ansehen der Aktiengesellschaft unnötigerweise.

2.2.2.1 Rechtsgrundlage der Offenlegung

Aus diesem Grund sollten die Aktionäre vor der Hauptversammlung über die Beratungsmandate des zur Wahl vorgeschlagenen Wirtschaftsprüfers informiert werden. Der Gesetzgeber hat in § 125 Abs. 1 S. 3 AktG geregelt, dass die Aktionäre über mögliche Interessenkonflikte von Aufsichtsratskandidaten bereits mit

---

55 Vgl. Hellwig, ZIP 1999, S. 2124; Marx, Unabhängige Abschlussprüfung und Beratung, S. 231.

56 Vgl. Röhricht, WPg 2001, Sonderheft, S. 88.

57 Vgl. Marx, Unabhängige Abschlussprüfung und Beratung, S. 501.

der Bekanntmachung der Tagesordnung informiert werden.[58] Zwar ist der gesetzliche Abschlussprüfer kein unternehmensinternes Kontrollorgan. *Hellwig* ist aber beizupflichten, wenn er verlangt, dass § 125 Abs. 1 S. 3 AktG bei Beratungsmandaten des zur Wahl gestellten Prüfers entsprechend zur Anwendung kommt.[59] Nur so ist gewährleistet, dass der Minderheitenschutz des § 318 Abs. 3 HGB nicht ausgehöhlt wird. *Hellwigs* Ansicht beruht auf einem doppelten Analogieschluss: Beratungsmandate eines zur Wahl stehenden Aufsichtsratsmitglieds können seine Objektivität ebenso gefährden wie die in § 125 Abs. 1 S. 3 AktG erwähnte Mitgliedschaft in Aufsichtsräten oder vergleichbaren Kontrollgremien anderer Unternehmen. Sie sind daher gem. § 125 Abs. 1 S. 3 AktG mitteilungspflichtig.[60] In einem zweiten Analogieschluss ist diese Vorschrift entsprechend auf Beratungsmandate des Abschlussprüfers anzuwenden, da die Hauptversammlung als Prinzipal sowohl den Aufsichtsrat als auch den Abschlussprüfer zur Überwachung des Vorstands wählt.[61]

Werden mit der Bekanntmachung der Hauptversammlung die Beratungsmandate des zur Wahl gestellten Abschlussprüfers nicht offengelegt, so ist die spätere Wahl dieses Prüfers gem. § 243 AktG anfechtbar. Die Anfechtungsmöglichkeit ist nicht durch § 243 Abs. 3 S. 2 AktG ausgeschlossen, da das Ersetzungsverfahren des § 318 Abs. 3 HGB bei einer fehlerhaften Prüferwahl nicht anwendbar ist.[62] Eine Rechtsverletzung im Sinne des § 243 Abs. 1 AktG liegt in einem solchen Fall vor, da § 125 Abs. 1 S. 3 AktG verletzt ist, wenn Beratungsmandate des Prüfers vor der Hauptversammlung nicht offengelegt werden.[63] Die unzureichende Informationsgewährung ist für den Wahlbeschluss auch ursächlich.[64] Denn den Aktionären ist eine objektive Wahl des Prüfers nicht möglich, wenn sie keine Kenntnis der Beratungstätigkeit des zur Wahl stehenden Kandidaten für ihre Aktiengesellschaft haben. Die Unternehmensskandale der letzten Jahre in Europa und den USA haben sie sensibilisiert. Die Aktionäre wissen, dass der Abschlussprüfer als ihr Agent die Rechnungslegung des Vorstands überprüfen soll. Daher wird ein objektiver Aktionär, der Maßstab für die Kausalitätsprüfung nach

---

58 Vgl. Claussen, DB 1998, S. 182; Lingemann/Wasmann, BB 1998, S. 857; Schroer, ZIP 1999, S. 1163; Transparenz- und Publizitätsgesetz vom 19.07.2002, Gesetzentwurf der Bundesregierung, BT-Drucks. 13/9712, S. 17.

59 Vgl. so in ZIP 1999, S. 2128.

60 Vgl. Hellwig, ZIP 1999, S. 2128.

61 Vgl. Hellwig, ZIP 1999, S. 2128.

62 Vgl. Bilanzrechtsreformgesetz, Gesetzentwurf der Bundesregierung, BT-Drucks. 15/3419, S. 55.

63 Vgl. Hellwig, ZIP 1999, S. 2129.

64 Vgl. Hellwig, ZIP 1999, S. 2129.

§ 243 Abs. 4 AktG ist, vernünftigerweise von der Wahl eines Prüfers, der den Vorstand intensiv berät, absehen.

2.2.2.2 Umfang der Offenlegung

Entscheidend für das Ausmaß der Befangenheit ist vor allem die Art der übernommenen Beratung. Ob der Vorstand dem Prüfer Beratungsaufträge erteilt hat, die diesen nach § 319 Abs. 2 oder Abs. 3 Nr. 3 a, b oder d oder § 319a Abs. 2 oder Abs. 3 HGB von ihrer Jahresabschlussprüfung ausschließen, können die Anteilseigner nur beurteilen, wenn der Inhalt der zugrundeliegenden Verträge zumindest in seinen Grundzügen offengelegt wird. Deshalb ist eine genaue Tätigkeitsbeschreibung notwendig.[65] Zwar findet die Offenlegungspflicht ihre Grenzen in § 131 Abs. 3 AktG.[66] Wenn der Vorstand der Aktiengesellschaft auf der Hauptversammlung dem Aktionär die Auskunft verweigern darf, kann er auch nicht im Vorfeld zur Auskunft verpflichtet werden. So würde der Vorstand Geheimhaltungsinteressen der Aktiengesellschaft verletzen, wenn er M & A-Beratung durch den Prüfer zur geplanten Übernahme eines Konkurrenzunternehmens offenlegt.[67] Hier könnte der Vorstand in der Mitteilung nach § 125 Abs. 1 S. 3 AktG jedoch eine Formulierung wählen, die die Art des Beratungsmandats zum Ausdruck bringt, nicht jedoch ihren Zweck. M & A-Beratung könnte etwa mit „Beratung zur Unternehmensstruktur" umschrieben werden. Interessant für die Anteilseigner ist neben dem Beratungszweck die Relation zwischen Prüfungs- und Nicht-Prüfungsleistungen.[68] Daher sollten auch die Honorare, die von der prüfungspflichtigen Aktiengesellschaft an den Prüfer gezahlt werden, in der Mitteilung an die Aktionäre veröffentlicht werden. Die Empfehlung der EU-Kommission zur Prüferunabhängigkeit enthält umfangreiche Vorgaben für die Veröffentlichung der Prüferhonorare.[69] Diese sollen in Abschlussprüfungsleistungen, Steuerberatungsleistungen und sonstige Nicht-Prüfungsleistungen aufgeschlüsselt werden. Die sonstigen Nicht-Prüfungsleistungen sollen weiter untergliedert werden, wenn die darin enthaltenen Positionen erheblich voneinander abweichen. Die EU-Kommission gibt als Unterkategorien Finanzinformationssysteme, Innenrevision, Bewertungen, Rechtsstreitigkeiten und Personal vor. Diese Unterteilung hat das Bilanzrechtsreformgesetz in § 285 Nr. 17 HGB übernommen.

---

65 Vgl. Hellwig, ZIP 1999, S. 2128.
66 Vgl. Marx, Unabhängige Abschlussprüfung und Beratung, S. 506.
67 Vgl. Marx, Unabhängige Abschlussprüfung und Beratung, S. 506
68 Vgl. Hellwig, ZIP 1999, S. 2128.
69 Vgl. ABl.EG L 191, S. 27.

2.2.2.3 *§ 285 Nr. 17 HGB als Analogiehindernis*

Fraglich ist, ob § 285 Nr. 17 HGB der analogen Anwendung des § 125 Abs. 1 S. 3 AktG entgegensteht. Denn auch diese Vorschrift beschäftigt sich mit der Offenlegung von Beratungsmandaten des Abschlussprüfers. Dieser Umstand könnte der Annahme einer Regelungslücke widersprechen. Allerdings betrifft § 285 Nr. 17 HGB die Endpublizität. Die Angabe im Anhang des geprüften Jahresabschlusses soll den unternehmensfremden Abschlussadressaten als Beurteilungsgrundlage für die Aussagekraft des Jahresabschlusses dienen. In § 125 Abs. 1 S. 3 AktG geht es dagegen um die Anfangspublizität. Sie soll den Aktionären eine optimale Prüferwahl ermöglichen und zugleich ihren Rechtsschutz gegen befangene Prüfer verbessern. Überdies verweist die Begründung zu § 285 Nr. 17 HGB auf die Empfehlung der EU-Kommission zur Prüferunabhängigkeit.[70] Das macht deutlich, dass es bei § 285 Nr. 17 HGB nur um die Veröffentlichung der Prüfungs- und Beratungshonorare, nicht aber um eine Tätigkeitsbeschreibung der Beratungsleistungen des Abschlussprüfers geht. Trotz § 285 Nr. 17 HGB liegt deshalb eine Regelungslücke vor, die mit der analogen Anwendung des § 125 Abs. 1 S. 3 AktG geschlossen werden könnte.

2.2.3 *ad hoc-Publizität während der Prüfungsdurchführung*

Für die Aussagekraft des Bestätigungsvermerks ist nicht nur die Beratungstätigkeit des Abschlussprüfers vor seiner Bestellung maßgeblich. Auch eine prüfungsvorbereitende oder prüfungsbegleitende Beratung kann sich negativ auf die Urteilsfreiheit des Prüfers auswirken.[71] Die Anteilseigner können sich nach § 318 Abs. 1 S. 3 HGB gegen eine nachträglich eintretende Befangenheit des Abschlussprüfers wehren. Zwar beginnt die zweiwöchige Antragsfrist in solchen Fällen erst ab Kenntnis des Befangenheitsgrundes. Jedoch hängt der Rechtsschutz der Anteilseigner, wie bereits erwähnt, davon ab, ob der nachträgliche Beratungsauftrag rechtzeitig vor Ende der Prüfung bekannt wird oder nicht.[72] Denn der Ersetzungsantrag kann gem. § 318 Abs. 3 S. 6 HGB nicht mehr nach Erteilung des Bestätigungsvermerks gestellt werden. Daher könnte eine ad hoc-Publizität von Beratungsmandaten des Abschlussprüfers ratsam sein. Diese kennt das deutsche Gesellschaftsrecht nicht.[73] Es müsste also über ihre Einführung de lege ferenda nachgedacht werden. Die ad hoc-Publizität wäre für das prüfungs-

70 Vgl. Bilanzrechtsreformgesetz, Regierungsentwurf, BT-Drucks. 15/3419, S. 29.
71 Vgl. Hellwig, ZIP 1999, S. 2129.
72 Vgl. Marx, Unabhängige Abschlussprüfung und Beratung, S. 310.
73 Vgl. Marx, Unabhängige Abschlussprüfung und Beratung, S. 310.

pflichtige Unternehmen mit erheblichem Aufwand verbunden.[74] Zudem ist fraglich, ob eine unverzügliche Offenlegung den Rechtsschutz der Anteilseigner überhaupt verbessern würde. Denn ein einzelner Aktionär ist im Ersetzungsverfahren regelmäßig nicht antragsberechtigt. Vielmehr ist ein Antragsquorum von einem Zwanzigstel des Grundkapitals bzw. Anteilen mit einem Börsenwert von 500.000 Euro erforderlich. Es ist zweifelhaft, ob sich nach der Offenlegung eines neu erteilten Beratungsauftrages außerhalb der Hauptversammlung innerhalb von zwei Wochen genügend Aktionäre finden, um gemeinsam fristgerecht einen Antrag auf Ersetzung des gewählten Abschlussprüfers zu stellen. Die ad hoc-Publizität würde also nur in solchen Fällen Sinn machen, in denen ein Minderheitsaktionär bereits alleine das erforderliche Quorum erreicht, um das Ersetzungsverfahren einzuleiten. Sie ist daher mit Blick auf den durch sie verursachten Aufwand für die prüfungspflichtige Aktiengesellschaft nicht unbedingt notwendig. Statt der Offenlegung während der Prüfungsdurchführung erteilter Beratungsaufträge bietet sich hier vielmehr die Kontrolle durch den Aufsichtsrat an. Dieser ist selbst nach § 318 Abs. 3 S. 1 HGB antragsberechtigt. Standard 7.2.1 Abs. 1 S. 2 des Deutschen Corporate Governance-Kodex gewährleistet, dass der Aufsichtsrat über dem Prüfer nach seiner Wahl erteilte Beratungsmandate ausreichend informiert ist. Denn dieser soll dem Vorsitzenden des Aufsichtsrates bzw. des Prüfungsausschusses während der Prüfungsdurchführung auftretende Umstände, die seine Urteilsfreiheit zu gefährden potentiell geeignet sind, unverzüglich mitteilen. Standard 7.2.1 erwähnt in diesem Zusammenhang ausdrücklich Beratungsaufträge. Der Aufsichtsrat stellt auch, anders als bei einem anfänglichen Befangenheitsgrund des Prüfers, durch einen Ersetzungsantrag bei Gericht seinen Wahlvorschlag an die Hauptversammlung nicht in Frage. Denn der Ersetzungsantrag wegen nachträglich erteilter Beratungsmandate basiert auf neuen Tatsachen.

3. Internationaler Vergleich und Bewertung

Es hat sich gezeigt, dass die Sanktions- und Ermittlungsbefugnisse des Wirtschaftsprüferkammer hinter denen des PCAOB zurückbleiben. Während das PCAOB jederzeit Einblick in die Arbeitspapiere von Wirtschaftsprüfern und Wirtschaftsprüfungsgesellschaften verlangen und bei ihrer Weigerung die weitere Prüfung börsennotierter Aktiengesellschaften untersagen kann, muss sich die Wirtschaftsprüferkammer in Deutschland von den Prüfern auf ihre Verschwiegenheitspflicht sowie ihr Recht, sich im berufsrechtlichen Verfahren nicht selbst

74 Vgl. Marx, Unabhängige Abschlussprüfung und Beratung, S. 310.

zu belasten, verweisen lassen. Rechtsverstöße im Spannungsfeld von Abschlussprüfung und Beratung werden in Deutschland daher kaum sanktioniert. Zwar könnte die Angabe der an den Abschlussprüfer gezahlten Prüfungs- und Beratungshonorare nach § 285 Nr. 17 HGB Ermittlungsansätze liefern. Die Wirtschaftsprüferkammer kontrolliert jährlich die im Bundesanzeiger geprüften Jahresabschlüsse börsennotierter Aktiengesellschaften („Jahresabschlussdurchsicht"). Auf diese Weise erreicht sie die Endpublizität. Jedoch beschränkt sich die Endpublizität auf die an den Prüfer gezahlten, in Prüfungs- und Beratungsleistungen aufgegliederten Honorare. Der Inhalt der Beratungsmandate braucht im Anhang der geprüften Gesellschaft nicht offengelegt werden. Hier fällt die Interessenabwägung zugunsten der Geheimhaltungsinteressen der Aktiengesellschaft aus. Denn der Jahresabschluss ist an die Öffentlichkeit adressiert und erreicht die Konkurrenz. Zweck und Umfang der Beratungsleistungen des Prüfers dürfen daher als Betriebsgeheimnisse der Aktiengesellschaft nicht offengelegt werden. Die Angabe der an den Abschlussprüfer gezahlten Beratungshonorare im Anhang der geprüften Aktiengesellschaft für sich allein begründet wohl noch nicht die Möglichkeit einer beruflichen Verfehlung. Denn auch nach dem Bilanzrechtsreformgesetz bleibt die Abschlussprüfung neben Steuer- und Unternehmensberatung grundsätzlich erlaubt.

Der im gerichtlichen Ersetzungsverfahren nach § 318 Abs. 3 HGB öffentlich verhandelte Sach- und Streitstand hingegen könnte der Wirtschaftsprüferkammer die erforderlichen Erkenntnisse liefern. Ohne die konsequente Anwendung des § 125 Abs. 1 S. 3 AktG (doppelte Analogie) finden Ersetzungsverfahren allerdings kaum statt. Als Folge werden berufsrechtliche Verfahren im Zweifel eingestellt, weil sich der untersuchte Sachverhalt nicht lückenlos aufklären lässt.[75] Nicht von ungefähr wurden in den Jahren 2003 und 2004 berufsrechtliche Maßnahmen hauptsächlich wegen Lücken in dem für Wirtschaftsprüfer gesetzlich vorgeschriebenen Berufshaftpflichtversicherungsschutz getroffen.[76] Sanktionen der Berufsgerichte und der Wirtschaftsprüferkammer wegen Verstößen gegen Vorschriften zur Unabhängigkeit finden sich im Veröffentlichungsmedium der Wirtschaftsprüferkammer, dem vierteljährlich erscheinenden WPK-Magazin, nicht. Im Prüfungs-Beratungs-Konflikt bieten in Deutschland zur Zeit effektiveren Rechtsschutz noch die Zivilgerichte. Hierzu ist allerdings notwendig, dass die Aktionäre über die Art und den Umfang der Beratung des Vorstands ihrer Aktiengesellschaft durch den Abschlussprüfer ausreichend informiert werden. Ansonsten könnten sie den Rechtsschutz, den ihnen das Gesetz einräumt, nicht

75 Vgl. Lenz, BB 2004, S. 1952.
76 Vgl. die Berichte der Wirtschaftsprüferkammer über die Berufsaufsicht im Jahr 2003 und 2004, im Internet abrufbar unter www.wpk.de.

wahrnehmen. Deshalb erscheint der von *Hellwig* vorgeschlagene Weg über eine doppelte Analogie des § 125 Abs. 1 S. 3 AktG sinnvoll.

Es ist unwahrscheinlich, dass das gerichtliche Ersetzungsverfahren nach § 318 Abs. 3 HGB in den Augen des PCAOB die Defizite der Berufsaufsicht der Abschlussprüfer in Deutschland ausgleichen wird. Denn § 318 Abs. 3 HGB ist nicht als Bestrafung des befangenen Prüfers gedacht. Vielmehr soll hierdurch die Objektivität der Abschlussprüfung sichergestellt werden. So ist die Ersetzung des Abschlussprüfers in Deutschland nicht automatisch mit Sanktionen für ihn verknüpft. Den Verlust seines Honoraranspruchs muss der Prüfer praktisch nicht fürchten. Dem PCAOB wird aus diesen Gründen die deutsche Berufsaufsicht vermutlich nicht streng genug sein, um von eigenen Qualitätsprüfungen bei deutschen Prüfern abzusehen, die in den Anwendungsbereich des Sarbanes-Oxley Act fallen. Die vom Sarbanes-Oxley Act bei Berufspflichtverletzungen vorgesehenen, harschen Strafen können also auch deutsche Abschlussprüfer treffen. Für Prüfer in Deutschland, die Tochtergesellschaften von US-amerikanischen Publikumsgesellschaften prüfen und in den Anwendungsbereich des Sarbanes-Oxley Act fallen, ist aus diesem Grund das Haftungsrisiko im Prüfungs-Beratungs-Konflikt besonders groß. Zum einen sind sie der Kontrolle eines staatlichen Aufsichtsorgans unterstellt und müssen mit strengeren Strafen für Berufspflichtverletzungen rechnen als die Kollegen, die lediglich der deutschen Berufsaufsicht durch die Wirtschaftsprüferkammer unterliegen. Zum zweiten geraten sie mit den nationalen Vorschriften zur Verschwiegenheit in Konflikt. Aber auch für Abschlussprüfer, die nur der deutschen Berufsaufsicht unterliegen, könnte das Haftungsrisiko im Spannungsfeld von Abschlussprüfung und Beratung durch das Rechnungslegungs-Enforcement und das bevorstehende Gesetz zur Reform der Berufsaufsicht steigen.

Insbesondere die Ausführungen zum Prüferwechsel im 6. Kapitel haben gezeigt, dass Vorschriften zur Unabhängigkeit die Unbefangenheit des Abschlussprüfers nicht garantieren können. Die interne Prüferrotation schließt Betriebsblindheit des Prüfers nicht völlig aus. Einzig eine externe Rotationspflicht könnte verhindern, dass beim Abschlussprüfer Betriebsblindheit auftritt. Diese wird jedoch gegen den Protest der Prüfer und der prüfungspflichtigen Publikumsgesellschaften nicht durchsetzbar sein. Betriebsblindheit beim Abschlussprüfer wird mangelnde Sorgfalt während der Prüfungsdurchführung nach sich ziehen, was zu fahrlässigen Prüfungsfehlern führen kann. Das Schadenersatzrecht bietet Ausgleich für den Vermögensschaden, den die Adressaten der gesetzlichen Jahresabschlussprüfung bei Fehlern des Abschlussprüfers erleiden. Im Spannungsfeld von Abschlussprüfung und Beratung drohen dem Prüfer also nicht nur Sanktionen der Berufsaufsicht. Er kann sich auch schadenersatzpflichtig machen. Zu der Untersuchung des Haftungsrisikos des Abschlussprüfers im Prüfungs-Beratungs-

Konflikt gehört deshalb auch eine Beurteilung des Schadenersatzrechts. Das folgende Kapitel beschäftigt sich dazu zunächst mit den wichtigsten ausländischen Rechtsordnungen.

8. Kapitel: Prüferdritthaftung in anderen Rechtsordnungen

1. USA

1.1 Kapitalmarktrecht

In den USA ist die Dritthaftung des Abschlussprüfers in Sec. 11 des Securities Act 1933 geregelt. Außerdem haftet der Prüfer aus der SEC Rule 10b-5 zum Securities Exchange Act 1934. Beide Vorschriften betreffen die Prüferhaftung gegenüber Anteilserwerbern.[1] Nach Sec. 11 des Securities Act 1933 kann jeder Erwerber eines Wertpapiers den Abschlussprüfer wegen wesentlicher Fehldarstellungen oder Auslassungen in dem geprüften Jahresabschluss, der Grundlage für die Zulassung des Wertpapiers war, in Anspruch nehmen.[2] Sec. 11 stellt eine Garantiehaftung dar. Einzige Haftungsvoraussetzung ist ein wesentlicher Fehler des geprüften Jahresabschlusses, ein Verschulden des Abschlussprüfers ist nicht erforderlich.[3] Der Anspruchsteller braucht nicht darzulegen und zu beweisen, dass er das Prüfungsergebnis gekannt oder inwieweit er bei dem Wertpapierkauf darauf vertraut hat.[4] Insoweit knüpft Sec. 11 an typisiertes Vertrauen an. Der Securities Act 1933 betrifft jedoch nur die Berichtserfordernisse für Unternehmen, die neue Wertpapiere ausgeben. Nur der Ersterwerber dieser Wertpapiere kann sich auf seine Sec. 11 berufen.

Die Berichtspflichten börsennotierter Unternehmen ergeben sich aus Sec. 10 (b) des Securities Exchange Act 1934. Hiernach muss jedes Unternehmen, dass an einer US-Börse gelistet ist, jährlich einen von einem Abschlussprüfer geprüften Jahresabschluss bei der Börsenaufsicht SEC einreichen. Die Ausführungsbestimmung der SEC zum Securities Exchange Act 1934, SEC-Rule 10b-5, spricht Personen, die Wertpapiere gekauft haben, Schadenersatz zu, wenn wesentliche Teile des Jahresabschluss falsch oder irreführend sind und deswegen der Kauf-

---

1 Vgl. Ebke, Wirtschaftsprüfer und Dritthaftung, S. 141 u. 193 f.; Flühmann, Haftung aus Prüfung und Berichterstattung gegenüber Dritten, S. 203; Quick, DBW 2000, S. 69; ders., BFuP 2000, S. 543; Quick/Baker, RIW 1995, S. 478 u. 483; Schönenberger, Haftung für Rat und Auskunft gegenüber Dritten, S. 44.

2 Vgl. Endo v. Arthur Andersen & Co., [1999] S.C. 163 F.3d 463 (7th Circuit); Escott v. BarChris Construction Corp., [1968] 283 F. Supp., 643 S.D.N.Y..

3 Vgl. Quick, BFuP 2000, S. 543.

4 Vgl. Quick, BFuP 2000, S. 543.

kurs überhöht war. Bereits im Jahre 1976 hat der U.S. Supreme Court in „Ernst & Ernst v. Hochfelder" Sec-Rule 10b-5 auch als Grundlage für Ansprüche geschädigter Anleger gegen Abschlussprüfer anerkannt.[5] In „Ernst & Ernst v. Hochfelder" hat das oberste Zivilgericht der USA für die Prüferhaftung noch „scienter" vorausgesetzt. „Scienter" meint direkten Vorsatz, also sicheres Wissen.[6] Diese Voraussetzung haben in der Folgezeit einige Gerichte unterer Instanzen zugunsten der geschädigten Anspruchsteller abgeschwächt. Der Abschlussprüfer sollte schon bei „reckless disregard of the truth" bzw. „reckless conduct",[7] also grober Fahrlässigkeit,[8] haften. Eine bestätigende Entscheidung des U.S. Supreme Court steht noch aus.

1.2 „common law"

Auf den Securities Act 1933 bzw. SEC-Rule 10b-5 zum Securities Exchange Act 1934 können sich nur Anleger berufen. Andere Drittgeschädigte wie Banken oder sonstige Gläubiger sind auf das allgemeine Zivilrecht („common law") verwiesen. Das Vertragsrecht bezieht sich nur auf die Vertragsparteien – den Prüfer und das geprüfte Unternehmen – sowie im Prüfungsvertrag ausdrücklich benannte Personen, zu deren Gunsten die Jahresabschlussprüfung erfolgen soll (sog. „third party beneficiaries")[9] Prüfungsfremde Dritte werden durch das Deliktsrecht geschützt. Schadenersatz steht jedem Dritten zu, der durch die vorsätzliche Bestätigung fehlerhafter Unternehmenszahlen durch den Abschlussprüfer („fraud") einen Schaden erleidet.[10] Ähnlich wie im Kapitalmarktrecht ist auch nach US-amerikanischem „common law" eine „action of fraud" bereits bei leichtfertigem, grob fahrlässigem Verhalten des Abschlussprüfers erfolgreich.[11]

Die Prüferdritthaftung für einfache Fahrlässigkeit ist demgegenüber nicht eindeutig geklärt. Grundsätzlich ist sie zwar spätestens seit der Entscheidung des Court of Appeal von New York in „Ultramares Corporation v. Touche & Co"[12] aus dem Jahre 1931 anerkannt. Die Entscheidung dehnte den Kreis der Ersatzbe-

---

5 Vgl. [1976] 425 U.S. 185.

6 Vgl. Ebke, Die Haftung des gesetzlichen Abschlussprüfers im Internationalen Privatrecht, S. 259.

7 Vgl. zuletzt Hollinger v. Titan Capital Corp., [1990] 914 F.2d 156 1569.

8 Vgl. Ebke, Die Haftung des gesetzlichen Abschlussprüfers im Internationalen Privatrecht, S. 259.

9 Vgl. Quick, BFuP 2000, S. 540.

10 Vgl. Quick, BFuP 2000, S.540; Honold, ST 1998, S. 1078.

11 Vgl. Quick, BFuP 2000, S. 540; Honold, ST 1998, S. 1078.

12 Vgl. [1931] 174 N.E. 441.

rechtigten von den reinen Vertragsparteien auf diejenigen geschädigten Dritten aus, die ein ähnlich enges Verhältnis zum Abschlussprüfer haben. Jedoch zeigte sich das New Yorker Gericht dabei eher restriktiv. Richter Benjamin J. Cardozo schrieb in der Entscheidung, dass der Abschlussprüfer dem geschädigten Dritten gegenüber für einfache Fahrlässigkeit nur dann haftet, wenn zwischen beiden ein unmittelbarer Kontakt besteht und der Prüfer sowohl die Person des Dritten als auch den Zweck, zu dem der Dritte den geprüften und testierten Jahresabschluss nutzt, kennt. Der Abschlussprüfer ist also neben seinem Mandanten nur einer „known third party“ gegenüber zu einer sorgfältigen Prüfung verpflichtet. Ziel des Ansatzes in der „Ultramares“-Entscheidung war es, die Haftung des Prüfers in unbegrenzter Höhe, für eine unbegrenzte Zeit und einer unbegrenzten Personengruppe gegenüber zu vermeiden.[13] Der „Ultramares“-Ansatz des New Yorker Berufungsrichters Benjamin J. Cardozo wurde im Staat New York mehrfach bestätigt.[14]

In den USA hat jeder Bundesstaat seine eigenen Gesetze und sein eigenes Richterrecht.[15] Unterschiede bei der Anwendung, Auslegung und Fortentwicklung des „common law“ lassen sich zwischen den einzelstaatlichen Gerichten kaum vermeiden.[16] So gibt es auch bei der Prüferdritthaftung für Fahrlässigkeit verschiedene Ansätze.[17] Die Mehrzahl der einzelstaatlichen Gerichte zieht den Kreis der ersatzberechtigten Dritten bei einfacher Fahrlässigkeit des Abschlussprüfers weiter als die „Ultramares“-Entscheidung des Court of Appeal von New York. Sie berufen sich dabei auf § 552 des „Second Restatement of Torts“, das allgemein eine Dritthaftung für Angehörige von Berufen mit vermögenssorgender Funktion vorsieht. Ihnen zufolge haftet der Abschlussprüfer unabhängig vom Vorliegen eines unmittelbaren Kontakts, sofern er tatsächlich vorhergesehen hat, dass der geschädigte Dritte auf seine Berichterstattung vertrauen würde („fore-

13 Vgl. Ebke, Die Verantwortlichkeit der wirtschaftsprüfenden, steuer- und rechtsberatenden Berufe im internationalen Vergleich, S. 9; ders., Wirtschaftsprüfer und Dritthaftung, S. 160; ders., BFuP 2000, S. 569; Ebke/Struckmeier, The Civil Liability of Corporate Auditors: an International Perspective, S. 11 ff.; Schönenberger, Haftung für Rat und Auskunft gegenüber Dritten, S. 71.

14 Vgl. bei Quick, BFuP 2000, S. 541, Fn. 93: William Iselin & Co. v. Landau [1988]; Credit Alliance Corp. v. Arthur Andersen & Co. [1985].

15 Vgl. Quick, BFuP 2000, S. 540.

16 Vgl. Flühmann, Haftung aus Prüfung und Berichterstattung gegenüber Dritten, S. 204; Quick, BFuP 2000, S. 540.

17 Vgl. Ebke, Abschlussprüferhaftung im internationalen Vergleich, S. 501; ders., ST 1993, S. 668; Honold, ST 1998, S. 1076; Lück/Knetsch, DB 1992, S. 904; Quick, BFuP 2000, S. 542; Quick/Baker, RIW 1995, S. 482.

seen party").[18] Der Schadenersatzanspruch setzt nicht voraus, dass dem Abschlussprüfer die Identität des Geschädigten bekannt war. Es sollte ausreichen, wenn der Prüfer die abgegrenzte und identifizierbare Gruppe kannte, der der Kläger angehört.[19] Ein bloßer Anlageinteressent allerdings war nicht Mitglied einer solchen abgrenzbaren Gruppe.[20] Andere Gerichte gingen auch darüber hinaus und schlossen sämtliche vorhersehbaren Nutzer („forseeable parties") in den Schutzzweck der Abschlussprüfung ein.[21] Auch der Supreme Court von Kalifornien hatte bis 1992 diese Auffassung vertreten. Er gab sie jedoch in seiner Entscheidung in „Bily v. Arthur Young & Co."[22] ausdrücklich auf und beschränkte die Prüferdritthaftung für einfache Fahrlässigkeit auf die „foreseen parties". Hierzu verwies er wie auch die Gerichte anderer Bundesstaaten auf § 552 des „Second Restatement of Torts". Insgesamt bleibt festzuhalten, dass die „foreseen parties"-Doktrin in 21 Bundesstaaten der USA gilt.[23] Der „Ultramares"-Ansatz der „known third parties" gilt neben New York in 13 weiteren Bundesstaaten. Heute gehen Gerichte nur noch in Mississippi und Wisconsin über § 552 des „Second Restatement of Tort" hinaus und lassen den Abschlussprüfer gegenüber allen vorhersehbaren Dritten haften. Aus den übrigen Bundesstaaten der USA sind Urteile zur Prüferdritthaftung offenbar nicht bekannt. Diese verschiedenen Ansätze zur Prüferdritthaftung für einfache Fahrlässigkeit innerhalb der USA führen zwangsläufig zu einer gewissen Rechtsunsicherheit für Abschlussprüfer in den USA.[24] Deshalb kommt der parteiaunonomen Rechtswahl besondere Bedeutung zu.[25] Sec. 1 § 105 (1) des „Uniform Commercial Code" von 1950 sowie § 187 (1) des „Second Restatement of Conflict of Laws" aus dem Jahre 1971 er-

---

18 Vgl. grundlegend: Rusch Factors Inc. v. Levin, [1968] 284 F. Supp. 85; neuere Urteile insb. in: Reisman v. KPMG Peat Marwick LLP, [2003] 787 N.E. 2d 1060; Nations Bank N.A. v. KPMG Peat Marwick LLP, [2002] 813 So.2d 964; Stroud v. Arthur Andersen & Co., [2001], 37 P.3d 783; North American Specialty Insurance Co. v. Lapalme, [2001], 258 F.3d 35; Collins v. Morgan Stanley Dean Witter, [2000] 224 F.3d 496; NorAM Investment Services Inc. v. Stirtz Bernards Boyden Surdel & Larter, [2000], 611 N.W.2d 372.

19 Vgl. Quick, BFuP 2000, S. 541.

20 Vgl. Rusch Factors Inc. v. Levin, [1968] 284 F. Supp. 85.

21 Vgl. Touche, Ross & Co. v. Commercial Union Insurance Co., [1987] 514 So.2d 315; Citizens State Bank v. Timm, Schmidt & Co., [1983] 113 Wis.2d 376, 355 N.W.2d 361; Rosenblum Inc. v. Adler, [1983] 93 N.J. 324, 461 A.2d 138.

22 Vgl. [1992] 11 Cal.Rptr.2d 51.

23 Vgl. Honold, ST 1998, S. 1076; Quick, BFuP 2000, S. 542.

24 Vgl. Quick, BFuP 2000, S. 540.

25 Auch in Deutschland sehen die Allgemeinen Auftragsbedingungen für Wirtschaftsprüfer und Wirtschaftsprüfergesellschaften in Abschnitt 16 eine ausdrückliche Rechtswahl zugunsten des deutschen Rechts vor; vgl. Ebke, Die Haftung des gesetzlichen Abschlussprüfers im Internationalen Privatrecht, S. 250 u. S. 261.

lauben es den Parteien, bei staatenübergreifenden Verträgen – der Prüfer sitzt in einem, das prüfungspflichtige Unternehmen bzw. Tochtergesellschaften in einem anderen Bundesstaat – das Recht eines bestimmten Bundesstaates für anwendbar zu erklären. Das angerufene Gericht ist dann gegebenenfalls verpflichtet, seiner Entscheidung das Richterrecht eines anderen Bundesstaates zugrunde zu legen, selbst wenn das in seinem Staat geltende Kollisionsrecht auf das Recht eines dritten Staates verweist.[26]

2. Europa

Seit Januar 2001 liegt ein von der EU-Kommission in Auftrag gegebenes Gutachten vor, das die Haftungssituation des gesetzlichen Abschlussprüfers in den Mitgliedstaaten der Europäischen Union beschreibt.[27] Hierzu setzt sich das von einer französischen Anwaltskanzlei[28] angefertigte Gutachten mit dem Kreis der anspruchsberechtigten Parteien, insbesondere prüfungsfremder dritter Parteien, den haftungsauslösenden Ereignissen, den Haftungsvoraussetzungen Verschulden und Kausalität sowie den gesetzlichen und vertraglichen Haftungsbeschränkungen auseinander. Aus dem Gutachten ergibt sich, dass in insgesamt neun Ländern in der Europäischen Union – Belgien, Dänemark, Finnland, Frankreich, Griechenland, Italien, Luxemburg, Portugal und Schweden – jede dritte Partei, die im Vertrauen auf das Prüfungsergebnis eine Vermögensdisposition getätigt und hierdurch einen Vermögensschaden erlitten hat, von dem Abschlussprüfer Schadenersatz verlangen kann, sofern sie die allgemeinen Schadenersatzvoraussetzungen beweisen kann.[29] Das sind für gewöhnlich eine vom Abschlussprüfer schuldhaft begangene Pflichtverletzung, das Vorliegen eines Vermögensschadens sowie die Kausalität der Pflichtverletzung des Prüfers für den Schaden. In anderen Ländern – Großbritannien, Irland, Niederlande, Österreich und Spanien – muss der geschädigte Dritte zusätzlich beweisen, dass der Abschlussprüfer ihm gegenüber Schutzpflichten hat.[30]

---

26 Vgl. zuletzt Texaco A/S (Denmark) v. Commercial Insurance Co., [1998] 160 F.3d 124 (2nd Circuit).
27 Vgl. EU-Kommission, A study on systems of civil liability of statuory auditors in the context of a Single Market for auditing services in the European Union, im Internet abrufbar unter www.europa.eu.int, S. 3.
28 Vgl. Ebke, ZVglRWiss 2001, S. 80.
29 Vgl. EU-Kommission, A study on systems of civil liability of statuory auditors in the context of a Single Market for auditing services in the European Union, S. 21.
30 Vgl. EU-Kommission, A study on systems of civil liability of statuory auditors in the context of a Single Market for auditing services in the European Union, S. 23.

2.1 Länder mit einer uneingeschränkten Prüferdritthaftung

In den Ländern, in denen der Abschlussprüfer Dritten gegenüber dem Grunde nach uneingeschränkt haftet, kann ihn jeder durch einen Prüfungsfehler geschädigte Dritte auf Schadenersatz in Anspruch nehmen. In Belgien, Finnland, Italien, Portugal und Schweden finden auf den Schadenersatzanspruch des Dritten die für die Abschlussprüfung maßgeblichen Spezialregeln Anwendung.[31] In Frankreich dagegen verweisen die prüfungsrelevanten Spezialregeln auf die allgemeinen Vorschriften. Und in Dänemark, Griechenland und Luxemburg ergeben sich die Ersatzansprüche prüfungsfremder Dritter aus den allgemeinen zivilrechtlichen Haftungsinstituten.[32] Exemplarisch für die Rechtsordnungen mit einer dem Grunde nach unbegrenzten Dritthaftung des gesetzlichen Abschlussprüfers soll seine Verantwortlichkeit für Pflichtverletzungen in Frankreich näher dargestellt werden. Hier ist das Haftungsrisiko des Abschlussprüfers, der „Commissaire aux Comptes" heißt,[33] vergleichsweise hoch.[34] Da er eine gesetzlich definierte Überwachungsfunktion ausübt, ergibt sich seine zivilrechtliche Schadenersatzhaftung in Frankreich nicht aus dem mit seinem Mandanten geschlossenen Prüfungsvertrag.[35] Seine Haftung stellt vielmehr einen Sonderfall der Deliktshaftung dar.[36] Der Prüfer haftet prüfungsfremden Dritten gegenüber nach Art. 234 „Loi sur les Sociétés Commerciales" für schuldhaft verursachte Vermögensschäden. Diese Vorschrift verweist auf den französischen „Code Civil". Den Artt. 1382 f. Code Civil sind als Anspruchsvoraussetzungen Pflichtverletzung, Verschulden und Kausalität zu entnehmen.[37] Der Prüfer ist im Rahmen seiner Berufsausübung zur Beachtung der Vorschriften verpflichtet, die seinen Berufsstand betreffen.[38] Man

31 Vgl. EU-Kommission, A study on systems of civil liability of statuory auditors in the context of a Single Market for auditing services in the European Union, S. 23.

32 Vgl. EU-Kommission, A study on systems of civil liability of statuory auditors in the context of a Single Market for auditing services in the European Union, S. 23.

33 Vgl. Flühmann, Haftung aus Prüfung und Berichterstattung gegenüber Dritten, S. 195; Heppe, WM 2003, S. 722; Quick, BFuP 2000, S. 532.

34 Vgl. Heppe, WM 2003, S. 723.

35 Vgl. Quick, BFuP 2000, S. 532.

36 Vgl. Ebke/Struckmeier, The Civil Liability of Corporate Auditors: an International Perspective, S. 30; Flühmann, Haftung aus Prüfung und Berichterstattung gegenüber Dritten, S. 195; Heppe, WM 2003, S. 722; Land, Wirtschaftsprüferhaftung gegenüber Dritten in Deutschland, England und Frankreich, S. 159; Quick, BFuP 2000, S. 532; Quick/Leimgruber, WPK-Mitt. 1995, S. 20; Quick/Renault, RIW 1993, S. 306.

37 Vgl. Flühmann, Haftung aus Prüfung und Berichterstattung gegenüber Dritten, S. 195; Quick, BFuP 2000, S. 533.

38 Vgl. Land, Wirtschaftsprüferhaftung gegenüber Dritten in Deutschland, England und Frankreich, S. 161; Quick, BFuP 2000, S. 533.

erwartet von ihm das Verhalten eines ordentlichen, sorgfältigen Prüfers.[39] Er verletzt seine Prüferpflichten insbesondere dann, wenn er bezüglich bestandsgefährdender Ereignisse seine Warnpflicht missachtet.[40] Dabei haftet der Prüfer bereits für einfache Fahrlässigkeit.[41] Weder die „Loi sur les Sociétés Commerciales" noch der „Code Civil" sehen eine Beschränkung der Prüferhaftung der Höhe nach vor.[42] Die Höhe der Haftung Dritten gegenüber kann auch nicht durch Vereinbarung des Abschlussprüfers mit seinem Mandanten oder durch die Allgemeinen Geschäftsbedingungen des Prüfers begrenzt werden.[43]

2.2 Länder mit einer begrenzten Prüferdritthaftung

Neben den unter 2.1 genannten Ländern gibt es Mitgliedstaaten der EU, in denen Abschlussprüfer prüfungsfremden Dritten gegenüber für fahrlässige Pflichtverletzungen nur begrenzt haften. Hierzu zählen Großbritannien, Irland, die Niederlande, Österreich und Spanien.

2.2.1 Großbritannien

2.2.1.1 Entwicklung der Rechtsprechung

Die Abschlussprüferdritthaftung in England ist nicht ausdrücklich geregelt.[44] Die Prüferdritthaftung ist vielmehr dem allgemeinen Zivilrecht, dem „common law", zu entnehmen.[45] Dieses wird stärker als das deutsche Recht durch die Entscheidungen der Zivilgerichte („case law") geprägt. Einer vertraglichen Prüferhaftung prüfungsfremden Dritten gegenüber stehen die „consideration"-Doktrin sowie die Lehre der „privity of contract" entgegen. Sie verbieten es, Pflichten aus einem vertraglichen Schuldverhältnis auf andere Parteien als die Vertragsparteien zu

---

39 Vgl. Heppe, WM 2003, S. 722; Quick, BFuP 2000, S. 533.

40 Vgl. Quick, BFuP 2000, S. 533; Quick/Leimgruber, WPK-Mitt. 1995, S. 22.

41 Vgl. EU-Kommission, A study on systems of civil liability of statuory auditors in the context of a Single Market for auditing services in the European Union, S. 50; Heppe, WM 2003, S. 722.

42 Vgl. EU-Kommission, A study on systems of civil liability of statuory auditors in the context of a Single Market for auditing services in the European Union, S. 74.

43 Vgl. Land, Wirtschaftsprüferhaftung gegenüber Dritten in Deutschland, England und Frankreich, S. 172.

44 Vgl. Quick, BFuP 2000, S. 528; Quick/Niemann, RIW 1992, S. 836.

45 Vgl. Flühmann, Haftung aus Prüfung und Berichterstattung gegenüber Dritten, S. 198.

erstrecken.[46] Die Dritthaftung ist daher in das Deliktsrecht verwiesen.[47] Die Auskunftshaftung des Prüfers wird als Unterfall der Fahrlässigkeitshaftung („negligence") behandelt.[48] Die Fahrlässigkeitshaftung hat sich seit Mitte des 19. Jahrhunderts bis heute nur zögerlich entwickelt.[49] Fahrlässigkeit („negligence") hat das „House of Lords", das höchste britische Zivilgericht, erstmals im Jahre 1932 in „Donoghue v. Stevenson"[50] als haftungsbegründenden Schuldmaßstab anerkannt. Dieses Urteil hatte allerdings eine fahrlässig verschuldete Verletzung der körperlichen Unversehrtheit des Klägers zum Gegenstand gehabt.[51] Reine Vermögensschäden blieben von der Fahrlässigkeitshaftung lange Zeit ausgenommen.[52] Damit konnten vertragsfremde Dritte Vermögensschäden nicht erstattet bekommen. Noch im Jahre 1951 wurde in „Candler v. Crane Christmas & Co."[53] die Haftung eines Wirtschaftsprüfers gegenüber einem außenstehenden Investor für einen reinen Vermögensschaden von dem „Court of Appeals" wegen des fehlenden Vertragsverhältnisses abgelehnt. Richter Lord Denning hatte diese Entscheidung jedoch nicht mitgetragen. Ihm zufolge trifft den Abschlussprüfer eine Sorgfaltspflicht gegenüber jedem Dritten, für den der Bericht bestimmt ist und von dem der Prüfer weiß bzw. wissen muss, dass er im Vertrauen auf den Bericht eine wichtige Vermögensdisposition in einer ihm erkennbaren Art vornehmen wird.[54] Lord Dennings abweichendes Votum prägte die spätere Entscheidung des House of Lords in „Hedley Byrne & Co. Ltd. v. Heller and Partner"[55] maßgeblich.[56]

Das höchste britische Zivilgericht vertrat nunmehr die Ansicht, dass bei einer besonderen Beziehung („special relationship") zwischen Auskunftgeber (Abschlussprüfer) und Auskunftnehmer (prüfungsfremder Dritter) unabhängig vom Bestehen eines Vertragsverhältnisses eine Sorgfaltspflicht und bei ihrer Verlet-

---

46 Vgl. Ebke/Bert, EWS 1993, S. 232; Flühmann, Haftung aus Prüfung und Berichterstattung gegenüber Dritten, S. 198; Land, Wirtschaftsprüferhaftung gegenüber Dritten in Deutschland, England und Frankreich, S. 118; Zweigert/Kötz, Einführung in die Rechtsvergleichung, S. 454-463.
47 Vgl. Ebke/Bert, EWS 1993, S. 232.
48 Vgl. Flühmann, Haftung aus Prüfung und Berichterstattung gegenüber Dritten, S. 198; Land, Wirtschaftsprüferhaftung gegenüber Dritten in Deutschland, England und Frankreich, S. 119.
49 Vgl. Ebke/Bert, EWS 1993, S. 232; Quick, BFuP 2000, S. 528.
50 Vgl. [1932] A.C. 562 (H.L.).
51 Vgl. Quick, BFuP 2000, S. 529.
52 Vgl. Ebke/Bert, EWS 1993, S. 232.
53 Vgl. [1951] 2 K.B. 164. (C.A.).
54 Vgl. [1951] 2 K.B. 169 (C.A.).
55 Vgl. [1964] A.C. 465 (H.L.).
56 Vgl. Ebke/Bert, EWS 1993, S. 232; Flühmann, Haftung aus Prüfung und Berichterstattung gegenüber Dritten, S. 199.

zung ein Schadenersatzanspruch auch bei fahrlässigem Verhalten bestehen kann. Nach „Hedley Byrne & Co. Ltd. v. Heller and Partner" handhabte die Rechtsprechung die Haftung gegenüber Nicht-Vertragspartnern für durch fahrlässig fehlerhafte Auskünfte verursachte Vermögensschäden großzügiger.[57] Bezeichnend hierfür ist die Entscheidung in „Anns v. Merton London Bourough"[58] aus dem Jahre 1977. In „Anns v. Merton London Bourough" klagte ein Hausbesitzer gegen die kommunale Baubehörde. Der Kläger machte geltend, die Behörde habe durch ungenügende Sorgfalt bei der Planung des Baus und Erteilung der Baugenehmigung Schäden an seinem Haus verursacht, und verlangte Ersatz der Reparaturkosten und Ausgleich des Wertverlusts. Die Klage war erfolgreich. Richter Lord Wilberforce entwickelte in seiner Urteilsbegründung eine Zwei-Stufen-Theorie zur Fahrlässigkeitshaftung, den sogenannten „Anns-Test". Zunächst ist auf der ersten Stufe nach einem ausreichenden Näheverhältnis („sufficient relationship of proximity") zwischen Auskunftsgeber und Auskunftsempfänger zu suchen. Liegt diese hinreichend nahe Beziehung zwischen dem Geschädigten und dem Schadensverursacher vor, haftet der Schadensverursacher auf Schadenersatz. Eine Einschränkung der Haftung kann sich aber aus den Besonderheiten des Einzelfalls ergeben, deren Vorliegen der Richter auf der zweiten Stufe prüft.[59] Der Anns-Test wurde im Folgenden auf die Abschlussprüferhaftung übertragen. In „JEB Fasteners v. Marks, Bloom & Co."[60] und „Twomax Ltd. v. Dickson, McFarlane & Robinson"[61] wurde die Dritthaftung der beklagten Abschlussprüfer im Grundsatz bejaht, weil sie anhand der Umstände die Möglichkeit einer Heranziehung des Jahresabschlusses als Grundlage einer Investitionsentscheidung Dritter hätten erkennen können. Im Rahmen der haftungseinschränkenden Überlegungen auf der zweiten Stufe wurde nur noch geprüft, ob das Vertrauen der Kläger in das Prüfertestat vernünftig und redlich („reasonable reliance") war.[62] In „JEB Fasteners v. Marks, Bloom & Co." wurde die Prüferhaftung im Ergebnis jedoch trotzdem verneint, da die Kläger nach der Meinung des Gerichts erster Instanz und des Berufungsgerichts ihre Investition auch in Kenntnis der tatsächlichen Unter-

57 Vgl. Ebke/Bert, EWS 1993, S. 232; Flühmann, Haftung aus Prüfung und Berichterstattung gegenüber Dritten, S. 199; Quick, BFuP 2000, S. 529.

58 Vgl. [1977] All E.R. 492 (H.L.).

59 Zum „Anns-Test" vgl.: Ebke/Bert, EWS 1993, S. 232; Flühmann, Haftung aus Prüfung und Berichterstattung gegenüber Dritten, S. 1999; Land, Wirtschaftsprüferhaftung gegenüber Dritten in Deutschland, England und Frankreich, S. 123; Quick, BFuP 2000, S. 529; Quick/Niemann, RIW 1992, S. 839.

60 Vgl. [1981] All E.R. 289 (H.C.); vom Court of Appeals bestätigt in [1983] 1 All E.R. 583 (C.A.).

61 Vgl. [1983] S.L.T. 98 (H.C.); vom Court of Appeals bestätigt in [1984] S.L.T. 424 (H.C.).

62 Vgl. Ebke/Bert, EWS 1993, S. 233.

nehmenszahlen getätigt hätten.[63] Mit dem „Anns-Test" war die Haftung für Vermögensschäden jedoch nach und nach bis zu einem Maß ausgeweitet worden, das die britischen Gerichte nicht beabsichtigt hatten. Kritisiert an der Zwei-Stufen-Theorie von Lord Wilberforce hat das House of Lords später insbesondere, dass sich das vorausgesetzte Näheverhältnis nicht genau bestimmen ließe und daher in einer Vielzahl von Fällen zu schnell angenommen worden wäre und die zweite Stufe als einzelfallbezogene Korrekturmöglichkeit nicht ausreiche.[64]

„Caparo Industries plc v. Dickman and others"[65] brachte als Konsequenz für die Abschlussprüferdritthaftung eine Rechtsprechungsänderung.[66] Die Klägerin hatte im Vertrauen auf den vom Abschlussprüfer testierten Jahresabschluss der Fidelity plc die Mehrheit der Anteile dieser an der Londoner Börse notierten Aktiengesellschaft erworben. Nach der Übernahme verklagte sie die Wirtschaftsprüfungsgesellschaft und behauptete, der von ihr testierte Jahresabschluss der Fidelity sei falsch gewesen. Statt des ausgewiesenen Gewinnes vor Steuern habe es tatsächlich einen Verlust gegeben. Das House of Lords wies die Klage ab. Die Richter begründeten ihr Urteil damit, dass die Jahresabschlüsse geprüfter Unternehmen nicht die Funktion hätten, als Entscheidungsgrundlage für Investitionen zu dienen. Der Zweck der Abschlussprüfung und des Prüfungsberichts bestehe vielmehr darin, die Gesamtheit der Aktionäre im Hinblick auf die Wahrnehmung ihrer Mitgliedschaftsrechte mit Informationen zu versorgen.[67] Daher sollen auch Anteilseigner keine Schadenersatzansprüche gegen den Abschlussprüfer haben, wenn sie im Vertrauen auf das Prüfungsergebnis ihre Beteiligung erhöhen und dadurch einen Vermögensschaden erleiden. Denn die Einbeziehung einzelner Anteilseigner oder Anteilserwerber in den Kreis der Ersatzberechtigten hätte eine nicht mehr begrenzbare Haftung des Abschlussprüfers zur Folge. Ebenfalls im Jahre 1990 hatte das House of Lords im Fall „Al Saudi Banque v. Pixley"[68] geurteilt, dass der Abschlussprüfer auch Gläubigern des geprüften Unternehmens, im vorliegenden Fall einem darlehensgewährenden Kreditinstitut, gegenüber keine Sorgfaltspflicht habe. Die Lord-Richter beriefen sich in ihrem Urteil auf den New Yorker Richter Benjamin J. Cardozo und zitierten aus seiner Entscheidung in

---

63 Vgl. [1981] All E.R., S. 304 ff. (H.C.); vom Court of Appeals bestätigt in [1983] 1 All E.R. 583 (C.A.).

64 Vgl. Yuen Kum Yeu and Others v. Attorney-General of Hong Kong, [1988] A.C. 175 (H.L.); Clarke v. Bruce Lane & Co., [1988] 1 All E.R. 364 (H.L.); Murphy v. Brentwood District Council, [1990] 2 All E.R. 908 (H.L.).

65 Vgl. [1990] 2 A.C. 605 (H.L.).

66 Vgl. Flühmann, Haftung aus Prüfung und Berichterstattung gegenüber Dritten, S. 200.

67 Vgl. [1990] 2 A.C. 656 (H.L.).

68 Vgl. [1990] WLR 344 (H.L.).

„Ultramares Corporation v. Touche & Co.“[69] aus dem Jahre 1931: „Eliminating the special relationship criteria would lead to ‚liability in an indeterminate amount for an indeterminate time to an indeterminate class‘.“[70] Die Frage nach einer Schutzpflicht des Abschlussprüfers gegenüber prüfungsfremden Dritten spielte nach „Caparo“ und „Al Saudi Bank v. Pixley“ im Jahre 1998 in „Yorkshire Enterprise Ltd. et. al. v. Robson Rhodes“ und im Jahre 1999 in „Peach Publishing Ltd. v. Slater & Co“ eine Rolle.[71] In „Yorkshire Enterprise Ltd. et. al. v. Robson Rhodes“ nahm der London High Court anders als das House of Lords in „Caparo“ eine Schutzpflicht des Abschlussprüfers gegenüber Investoren an. Allerdings hatte der Investor den Prüfer hier um Informationen gebeten. Damit war nach Ansicht des London High Court für den Prüfer erkennbar, dass der klagende Investor seinem Prüfungsbericht besonderes Vertrauen geschenkt hatte. Hieraus leitete das Gericht die vom House of Lords in „Caparo“ geforderte besondere Beziehung zwischen dem Prüfer und dem Investor ab. Demgegenüber verneinte der Court of Appeals als Berufungsgericht in „Peach Publishing Ltd. v. Slater & Co.“ eine Schutzpflicht des Abschlussprüfers gegenüber Investoren. Hier hatte es keine Anzeichen für eine Beziehung zwischen dem Prüfer und dem Investor gegeben.

Das britische „common law“ ist auch für die Staaten des Commonwealth von Bedeutung. In Australien orientieren sich einige Gerichte an „Caparo“[72]. Andere australische Gerichte bevorzugen den „Anns-Test“ und lassen eine weitere Prüferdritthaftung zu.[73] Der „Anns-Test findet auch in Neuseeland[74] und Kanada[75] Anwendung.

2.2.1.2 Beurteilung der Haftungssituation britischer Prüfer

Die Prüferdritthaftung in Großbritannien hat seit dem Jahr 1951 eine bemerkenswert dynamische Entwicklung durchlaufen. Damals hatte Richter Lord Denning in seinem Minderheitenvotum die Möglichkeit einer Dritthaftung des Abschlussprüfers für Fahrlässigkeit grundsätzlich bejaht. Seine Ausführungen im

---

69 Vgl. [1931] 174 N.E. 441.

70 Vgl. [1931] 174 N.E. 444.

71 Beide Urteile werden von der EU-Kommission in „A study on systems of civil liability of statuory auditors in the context of a Single Market for auditing services in the European Union“ auf S. 118 in Fn. 34 zitiert.

72 Vgl. [1992] R Lowe Lippmann Figdor & Frank v. AGC Advance Ltd.; [1994] Esanda Finance Corporation v. Peat Marwick Hungerfords.

73 Vgl. [1992] Columbia Coffee & Tea Pty v. Churchill.

74 Vgl. [1992] South Pacific Manufacturing Co. Ltd. v. New Zealand Security Consultants & Investigations Ltd..

75 Vgl. [1997] Hercules Management Ltd. v. Ernst & Young.

Fall „Candler v. Crane, Christmas & Co.“ haben die spätere Rechtsprechung geprägt, die den Prüfer für Prüfungsfehler gegenüber Dritten haften ließ, wenn zwischen ihm und diesen Dritten eine besondere Beziehung besteht. Im Jahre 1977 entwickelte Lordrichter Wilberforce seinen „Anns-Test“, nach dem in Auskunftsfällen bereits ein Näheverhältnis zwischen Auskunftsgeber und Auskunftsnehmer haftungsbegründend sein sollte. Der „Anns-Test“ wurde von Gerichten unterer Instanzen auch in Prüferhaftungsfällen herangezogen, bis das House of Lords im Jahre 1990 in „Caparo“ und „Al Saudi Banque v. Pixley“ wieder zum Kriterium des „special relationship“ zurückfand. Das Erfordernis einer besonderen Beziehung des prüfungsfremden Dritten zum Abschlussprüfer prägt die überwiegende britische Rechtsprechung zur Prüferdritthaftung noch heute. Eine Haftung des Abschlussprüfers Dritten gegenüber ist nur dann möglich, wenn der Prüfer dem Dritten die Auskünfte, die sich als falsch erweisen, auf dessen Verlangen persönlich erteilt hat. Damit wird die Prüferdritthaftung in Großbritannien eher restriktiv gehandhabt.[76] Allerdings ist die Rechtsprechung des House of Lords nicht unumstritten. Kurz nach den Entscheidungen des House of Lords in den Fällen „Caparo“ und „Al Saudi Banque v. Pixley“ trat der „Financial Services and Markets Act“ in Kraft.[77] Sec. 340 Abs. 2 verpflichtet börsennotierte Aktiengesellschaften zur Veröffentlichung des Prüfungsberichts ihres Abschlussprüfers. Hieraus werden teilweise Schutzpflichten des Abschlussprüfers gegenüber Investoren, Darlehensgebern und anderen Gläubigern abgeleitet.[78] Gerichte unterer Instanzen haben sich dieser Ansicht erst kürzlich angeschlossen.[79] Ob diese Urteile vor dem House of Lords Bestand haben werden, bleibt abzuwarten. Wäre das der Fall, so würde sich die Prüferdritthaftung in Großbritannien über kurz oder lang der Haftungssituation von Prüfern in Frankreich annähern.

Als Folge dieser neuen Gerichtsurteile versuchen britische Abschlussprüfer, sich von einer möglichen Haftung Dritten gegenüber freizuzeichnen. Der Berufsstand empfiehlt ihnen, in den Prüfungsbericht eine Klausel aufzunehmen, dass der Bericht nur für das geprüfte Unternehmen bestimmt ist. Ob eine solche Klausel die Haftung prüfungsfremden Dritten gegenüber tatsächlich entfallen lässt, ist

---

76 Vgl. EU-Kommission, A study on systems of civil liability of statuory auditors in the context of a Single Market for auditing services in the European Union, S. 24.

77 In seiner aktuellen Fassung aus dem Jahre 2000 im Internet abrufbar unter www.legislation.hma.gov.uk/acts/acts2000/20000008.htm.

78 Vgl. Freckmann, Die Abschlussprüferhaftung des englischen Auditors, S. 121; Gwilliam, The Auditor's Liability to Third Parties, S. 70; Land, Wirtschafsprüferhaftung gegenüber Dritten in Deutschland, England und Frankreich, S. 133; Quick/Niemann, RIW 1992, S. 843.

79 Vgl. Royal Bank of Scotland v. Bannerman Johnstone Maclay, [2003] PNLR 77; Independent Advantage Insurance Company v. Personal Representatives of Michael Cook, [2002] EWHC 2681 (Ch.D.).

fraglich.[80] Zwar wird solchen Klauseln auch außerhalb Großbritanniens eine vertrauensentkräftende und damit haftungsbeschränkende Wirkung zugesprochen.[81] Allerdings ist es dem Prüfer unter dem Gesichtspunkt des „venire contra proprium factum" nach Treu und Glauben verwehrt, sich auf eine solche Freizeichnungsklausel in seinem Prüfungsbericht zu berufen, wenn er sich damit in Widerspruch zu vorherigem Verhalten setzen würde.[82] Ob hierunter auch das Wissen des Prüfers um die Veröffentlichung seines Prüfungsberichts durch das geprüfte Unternehmen fällt, ist in Großbritannien noch nicht geklärt. Dafür könnte sprechen, dass anders als in Deutschland in Großbritannien gem. Sec. 340 Abs. 2 des Financial Services and Markets Act nicht nur eine Zusammenfassung des Prüfungsergebnisses in Form eines Bestätigungsvermerks veröffentlicht wird, sondern der Prüfungsbericht selbst.

2.2.2 Irland

Wie in Großbritannien ist die Dritthaftung des Abschlussprüfers auch in Irland nicht gesetzlich geregelt. Irische Gerichte orientieren sich bei der Dritthaftung von Abschlussprüfern an der Argumentationsweise des britischen House of Lords in seiner „Caparo"-Entscheidung. Der Abschlussprüfer haftet, wenn ihm gegenüber dem prüfungsfremden Anspruchsteller eine Schutzpflicht obliegt und er diese Pflicht verletzt.[83] In der Sache sind die irischen Gerichte allerdings weniger restriktiv: In „Kelly v. Boland"[84] wurde ein Abschlussprüfer dazu verurteilt, dem Käufer der geprüften Gesellschaft Schadenersatz zu leisten. Es wurde eine Schutzpflicht des Prüfers angenommen, weil ihm möglich gewesen sein soll zu erkennen, dass es mehrere Kaufinteressenten für seinen Mandanten gab, darunter auch den Kläger. „Kelly v. Boland" stellte damit allein auf die Erkennbarkeit des Dritten ab. Das Urteil erinnert an die Entscheidungen britischer Gerichte in „JEB

80 Vgl. Flühmann, Haftung aus Prüfung und Berichterstattung gegenüber Dritten, S. 202, Fn. 887.

81 Vgl. Flühmann, Haftung aus Prüfung und Berichterstattung gegenüber Dritten, S. 276; Herzog/Amstutz, ST 2000, S. 763; Misteli, La responsabilité pour le dommage purement économique, S. 263; Moser, Die Haftung gegenüber vertragsfremden Dritten, S. 209; Strasser, Die Haftung des Wirtschaftsprüfers gegenüber Kapitalanlegern für fehlerhafte Testate, S. 123.

82 Vgl. Ebke/Scheel, WM 1991, S. 396; Flühmann, Haftung aus Prüfung und Berichterstattung gegenüber Dritten, S. 277; Moser, Die Haftung gegenüber vertragsfremden Dritten, S. 211; Strasser, Die Haftung des Wirtschaftsprüfers gegenüber Kapitalanlegern für fehlerhafte Testate, S. 130.

83 Vgl. EU-Kommission, A study on systems of civil liability of statuory auditors in the context of a Single Market for auditing services in the European Union, S. 24.

84 Vgl. [1989] IRLB 373.

Fasteners v. Marks, Bloom & Co." und Twomax Ltd. v. Dickson, McFarlane & Robinson", die durch die Entscheidungen des House of Lords in den Fällen „Caparo" und „Al Saudi Banque v. Pixley" hinfällig wurden, allerdings durch die neuen Entscheidungen in „Royal Bank of Scotland v. Bannerman Johnstone Maclay" und „Independent Advantage Insurance Company v. Personal Representatives of Michael Cook" wieder an Aktualität gewinnen könnten.

2.2.3 Niederlande

In den Niederlanden haftet ein Abschlussprüfer prüfungsfremden Dritten gegenüber nach dem Recht der unerlaubten Handlungen.[85] Das niederländische Recht der unerlaubten Handlungen bietet eine breite Ersatzfähigkeit des reinen Vermögensschadens. Art. 6:162 „Burgerlijk Wetboek" (Bürgerliches Gesetzbuch, im Folgenden: BW) stellt eine deliktische Generalklausel dar. Sie unterscheidet sich von § 823 Abs. 1 BGB, der bestimmte Rechte und Rechtsgüter, nicht aber das Vermögen als solches, schützt.[86] Ein Schadenersatzanspruch nach Art. 6:162 BW setzt eine schuldhafte, unerlaubte Handlung voraus, die beim Anspruchsteller einen Schaden verursacht hat. Die Kausalität wird durch den Gesichtspunkt der Adäquanz begrenzt: Der Prüfer haftet nur für vorhersehbare Schäden.[87] Weiterhin muss der Schaden vom Schutzzweck des Art. 6:162 BW umfasst sein.[88] Letztgenannte Haftungsvoraussetzung begrenzt die Dritthaftung des Abschlussprüfers in den Niederlanden.[89] Unklarheit herrscht über die Reichweite der Prüferdritthaftung. Das oberste Zivilgericht der Niederlande hat zu diesem Problem bislang keine Stellung bezogen, und die vereinzelten Urteile unterer Instanzgerichte sind wenig verallgemeinerungsfähig.[90] Im Schrifttum finden sich insbesondere drei Auffassungen zur Dritthaftung des niederländischen Abschlussprüfers: Die herrschende Meinung richtet die Reichweite der Dritthaftung am Umfang des durch die prüferische Tätigkeit betroffenen Verkehrskreises aus.[91] Maßgeblich soll sein, wessen Belange die Veröffentlichung des Prüfungsergebnisses konkret schützen will. Zu diesem geschützten Kreis werden Aktionäre und Kreditgeber

85 Vgl. Quick, BFuP 2000, S. 531.
86 Vgl. Palandt, Thomas, § 823, Rnd.Nr. 31.
87 Vgl. EU-Kommission, A study on systems of civil liability of statuory auditors in the context of a Single Market for auditing services in the European Union, S. 66.
88 Vgl. Quick, BFuP 2000, S. 531.
89 Vgl. EU-Kommission, A study on systems of civil liability of statuory auditors in the context of a Single Market for auditing services in the European Union, S. 24.
90 Vgl. EU-Kommission, A study on systems of civil liability of statuory auditors in the context of a Single Market for auditing services in the European Union, S. 24.
91 Vgl. De Ru, Aansprakelijkheid voor de accountantsverklaring, S. 66.

des geprüften Unternehmens gezählt, nicht aber sonstige Gläubiger und Anteilserwerber.[92] Andere wollen die Reichweite der Prüferdritthaftung durch die Zielsetzung des geprüften und bestätigten Jahresabschlusses bestimmen lassen.[93] Dieser diene in erster Linie der Rechenschaftslegung gegenüber der Gesellschafterversammlung. Er sei nicht als Grundlage für Vermögensdispositionen Dritter gedacht.[94] Kreditgeber und Investoren sind nach dieser Ansicht nur dann geschützt, wenn schon während der Prüfung deutlich wurde, dass der Jahresabschluss über das übliche Maß hinausgehenden Zwecken dienen soll.[95] Diese Auffassung stellt wie das britische House of Lords in seiner „Caparo"-Entscheidung auf das Vorliegen einer besonderen Beziehung zwischen dem Prüfer und dem prüfungsfremden Dritten ab. Die dritte Auffassung sieht die Prüferdritthaftung durch die Vorhersehbarkeit des durch die Pflichtverletzung entstandenen Schadens begrenzt.[96] Allerdings wird die Prüferhaftung hierdurch gegenüber dem allgemeinen Recht der unerlaubten Handlung nicht begrenzt, da die Adäquanz des Schadenseintritts generell Haftungsvoraussetzung des Art. 6:162 BW ist.

2.2.4 Österreich

In Österreich haftet der Abschlussprüfer gem. § 275 Abs. 2 S. 2 öHGB dem geprüften und mit diesen verbundenen Unternehmen aus dem Prüfungsvertrag auf Schadenersatz. Diese Haftung ist der Höhe nach bei einfacher Fahrlässigkeit auf 4 Millionen Euro und bei grober Fahrlässigkeit auf 20 Millionen Euro begrenzt.[97] An einer Haftungsregelung gegenüber weiteren Dritten fehlt es.[98] In Österreich herrscht Übereinstimmung darüber, dass § 275 Abs. 2 S. 2 öHGB keine abschließende Vorschrift darstellt und eine vertragliche Haftung des Prüfers prüfungs-

---

92 Vgl. De Ru, Aansprakelijkheid voor de accountantsverklaring, S. 66.
93 Vgl. Beckmann, Persoonlijke aansprakelijkheid van de openbaar accountant, S. 45-46.
94 Vgl. Beckmann, Persoonlijke aansprakelijkheid van de openbaar accountant, S. 45-46.
95 Vgl. Beckmann, Persoonlijke aansprakelijkheid van de openbaar accountant, S. 45-46.
96 Vgl. Heukamp, Abschlussprüfer und Haftung, S. 314.
97 Vgl. Flühmann, Haftung aus Prüfung und Berichterstattung gegenüber Dritten, S. 193, Fn. 833.
98 Vgl. EU-Kommission, A study on systems of civil liability of statuory auditors in the context of a Single Market for auditing services in the European Union, S. 24.

fremden Dritten gegenüber nicht ausschließt.[99] In seinem Urteil vom 21.11.2001 bekannte sich auch der Oberste Gerichtshof Österreichs (im Folgenden: OGH) zu der Dritthaftung des Abschlussprüfers.[100] In dem Fall hatte der Kläger in Kenntnis des von dem Abschlussprüfer testierten, aber fehlerhaften Jahresabschlusses Anteile der geprüften Aktiengesellschaft erworben. Der OGH stützte die Haftung des Abschlussprüfers auf das Institut des Vertrages mit Schutzwirkung für Dritte. Er ließ eine Dritthaftung für einfache Fahrlässigkeit zu, wendete aber gleichzeitig die Haftungssummenbeschränkung des § 275 Abs. 2 S. 2 öHGB auf den Anspruch des Dritten an. Dem Urteil lassen sich jedoch keine Anhaltspunkte dahingehend entnehmen, wie der Kreis der durch den Prüfungsvertrag geschützten Personen abzugrenzen ist.[101] Aus dem Umstand, dass der Bestätigungsvermerk des Abschlussprüfers der Veröffentlichungspflicht des § 277 Abs. 1 öHGB unterliegt, wird allerdings auf einen eher weit gefassten Kreis an Schutzadressaten geschlossen.[102]

2.2.5 Spanien

In Spanien ist die Dritthaftung des Abschlussprüfers in Art. 11 Abs. 1 der „Ley de Auditoria de Cuentas" geregelt.[103] Nach dieser Vorschrift haftet der spanische Abschlussprüfer prüfungsfremden Dritten gegenüber für einfache Fahrlässigkeit und der Höhe nach unbegrenzt, wenn ihm den Dritten gegenüber eine Schutzpflicht obliegt. Anders als in den übrigen Mitgliedsländern der Europäischen Union ist der Kreis der durch die Abschlussprüfung geschützten Personen gesetzlich fixiert. Diesbezüglich verweist Art. 15 in das spanische Aktiengesetz, das „Ley de Sociedades Anónimas" (im Folgenden: LSA). Nach Art. 211 LSA richtet sich die Haftung des Abschlussprüfers in Spanien nach der Haftung der Ge-

---

99 Vgl. Artmann, JBl. 2000, S. 624; Dehn, ÖBA 2002, S. 388; Doralt, ÖBA 2002, S. 828; Holoubek/Karollus/Rummel, ÖBA 2002, S. 955; Kalss, ÖBA 2002, S. 192; dies., ÖBA 2000, S. 657; Koziol, Austria – Answers to the Hypotheticals under Austrian Law, S. 70; Liebscher, Der Abschlussprüfer, S. 53; Nowotny, RdW 1988, S. 388; Perkounigg, Einschränkung des Testates des Abschlussprüfers – Begrenzung der Haftung gegenüber Dritten, S. 123; Torggler, wbl 2001, S. 547; Walter, RWZ 1997, S. 316-317; Wilhelm, ecolex 2001, S. 881.

100 Vgl. 5 Ob 262/01t.

101 Vgl. Flühmann, Haftung aus Prüfung und Berichterstattung gegenüber Dritten, S. 194; ÖBA 2002, Doralt, S. 828.

102 Vgl. Artmann, JBl. 2000, S. 631; Kalss, ÖBA 2002, S. 199-200; dies., ÖBA 2000, S. 657; Koziol, Austria – Answers to the Hypotheticals under Austrian Law, S. 70; Liebscher, Der Abschlussprüfer, S. 65 ff.; Wilhelm, ecolex 2001, S. 881.

103 Vgl. EU-Kommission, A study on systems of civil liability of statuory auditors in the context of a Single Market for auditing services in the European Union, S. 26.

schäftsleitung der prüfungspflichtigen Aktiengesellschaft. Diese haftet nach Art. 133 LSA auch den Anteilseignern und Gläubigern des Unternehmens gegenüber. Voraussetzung für die Prüferhaftung ist neben der schuldhaften Pflichtverletzung des Abschlussprüfers ihre Ursächlichkeit für den Schaden des prüfungsfremden Dritten.[104] Bei fahrlässigen Prüfungsfehlern wird die Kausalität durch den Adäquanzgedanken weiter eingeschränkt. Der Prüfer haftet hier nur für Schäden des prüfungsfremden Dritten, die für ihn vorhersehbar waren. Nur bei vorsätzlichem Fehlverhalten gilt die conditio sine qua non-Formel ohne Einschränkung.[105]

Die Haftung des spanischen Abschlussprüfers wird anders als in den übrigen Mitgliedsländern der Europäischen Union auf der Rechtsfolgenseite, also der Schadensbestimmung, begrenzt. Der Prüfer haftet nach Art. 135 LSA nur bei einer Beeinträchtigung des Gesellschaftsvermögens. Eine Prüferdritthaftung kommt nur bei einem dauerhaften Wertverlust der Aktien des Anteilseigners oder einer Nichtbedienung von Verbindlichkeiten wegen dauernder Zahlungsunfähigkeit des Unternehmens, nicht aber schon bei vorübergehenden Kursschwankungen oder zeitweiligen Liquiditätsproblemen, die den Gläubiger zu einer Stundung seiner Forderung veranlassen, in Betracht.[106]

3. Schlussfolgerungen für das deutsche Recht

Die Untersuchung der Haftungssituation des Abschlussprüfers im europäischen Ausland und in den USA lässt keine eindeutigen Rückschlüsse für das deutsche Recht zu. Die Unterschiede innerhalb der Europäischen Union ergeben sich nicht nur aus den differierenden zivilrechtlichen Haftungssystemen.[107] Vielmehr ist man sich hier schon im Grundsatz uneinig, ob die Dritthaftung des Abschlussprüfers für Fahrlässigkeit beschränkt werden soll oder nicht. Immerhin scheint man aber auch in den Ländern der Europäischen Union, in denen der Abschlussprüfer Dritten gegenüber nicht unbeschränkt haftet, so namentlich in Österreich[108] und –

104 Vgl. Quick, BFuP 2000, S. 535.

105 Vgl. EU-Kommission, A study on systems of civil liability of statuory auditors in the context of a Single Market for auditing services in the European Union, S. 66.

106 Vgl. Quick, BFuP 2000, S. 535.

107 Vgl. so aber EU-Kommission, Mitteilung der Kommission an den Rat und das Europäische Parlament: Stärkung der Abschlussprüfung in der EU, im Internet abrufbar unter www.europa.eu.int/comm/internal_market/de/company/audit, S. 17.

108 Vgl. Vgl. Artmann, JBl. 2000, S. 631; Kalss, ÖBA 2002, S. 199-200; dies., ÖBA 2000, S. 657; Koziol, Austria – Answers to the Hypotheticals under Austrian Law, S. 70; Liebscher, Der Abschlussprüfer, S. 65 ff.; Wilhelm, ecolex 2001, S. 881.

wenn auch noch etwas zögerlich – in Großbritannien[109], zu der Ansicht gekommen zu sein, dass die Veröffentlichungspflicht des Prüfungsberichts bzw. des Bestätigungsvermerks auf einen eher weiten Schutzzweck der Abschlussprüfung deutet. Auch in den USA ist man sich über die Reichweite der Prüferdritthaftung für einfache Fahrlässigkeit uneinig. Hier gibt es einen restriktiven („known third parties", „Ultramares"), einen vermittelnden („foreseen parties", „Bily") und einen weiten („forseeable parties", Mississippi und Wisconsin) Ansatz. Die Haftungssituation in den Mitgliedsländern der Europäischen Union und in den USA verbietet somit keine Ausweitung der Dritthaftung deutscher Abschlussprüfer, der sich das folgende Kapitel zuwendet, über § 826 BGB hinaus.[110] Die Rechtslage in Österreich und seit „Royal Bank of Scotland v. Bannerman Johnstone Maclay" und „Independent Advantage Insurance v. Personal Representatives of Michael Cook"[111] auch in Großbritannien spricht vielmehr für einen weiten Schutzbereich der gesetzlichen Abschlussprüfung.

109 Vgl. Freckmann, Die Abschlussprüferhaftung des englischen Auditors, S. 121; Gwilliam, The Auditor's Liability to Third Parties, S. 70; Land, Wirtschafsprüferhaftung gegenüber Dritten in Deutschland, England und Frankreich, S. 133; Quick/Niemann, RIW 1992, S. 843.

110 Vgl. so auch Baetge/Lutter (Hrsg.), Abschlussprüfung und Corporate Governance, S. 27.

111 Vgl. Royal Bank of Scotland v. Bannerman Johnstone Maclay, [2003] PNLR 77; Independent Advantage Insurance Company v. Personal Representatives of Michael Cook, [2002] EWHC 2681 (Ch.D.).

9. Kapitel: Prüferdritthaftung in der deutschen Rechtsprechung und Lehre

1. Abschlussprüferdritthaftung für Vermögensschäden aus Delikt und Vertrag

1.1 Deliktische und vertragliche Schadenersatzansprüche im Vergleich

Der deutsche Abschlussprüfer haftet nach überwiegender Ansicht prüfungsfremden Dritten gegenüber auf Schadenersatz nur nach Maßgabe des § 823 Abs. 2 BGB in Verbindung mit einem Schutzgesetz und des § 826 BGB.[1] Die deliktische Schadenersatzhaftung wirft gegenüber der vertraglichen Haftung für die geschädigten Prüfungsadressaten gewichtige Nachteile auf. Als Schutzgesetze im Rahmen des § 823 Abs. 2 BGB kommen insbesondere Betrug, § 263 StGB, Kapitalanlagebetrug, § 264a StGB, Untreue, § 266 StGB, und Insolvenzstraftaten, §§ 283-283d StGB, in Betracht, jedoch regelmäßig nur in Form der Beihilfe (§ 27 StGB).[2] Auch die Strafvorschriften über die Verletzung der Berichtspflicht (§ 332 HGB, § 403 AktG) sind als Schutzgesetze zugunsten prüfungsvertragsfremder Dritter anzusehen.[3] Allerdings setzen die genannten Strafvorschriften vorsätzliches Handeln des Prüfers voraus. Vorsatz ist jedoch in der Regel nicht gegeben und dürfte überdies nicht zu beweisen sein.[4] Der Geschädigte hat bei einem gegen den Prüfer eingeleiteten, strafrechtlichen Ermittlungsverfahren gem. § 406e StPO zwar die Möglichkeit, Einsicht in die staatsanwaltschaftliche Ermittlungsakte zu nehmen. Auf diese Weise erhält er Kenntnis von den Beweismitteln. Ob er dadurch Informationen erlangt, die er in einem zivilrechtlichen Schadener-

---

1 Vgl. ADS, § 323 HGB, Rnd.Nr. 177; BeckBilKomm, Hense, § 323 HGB, Rnd.Nr. 191; Ebenroth/Boujong/Joost (Hrsg.), Wiedmann, HGB, § 323, Rnd.Nr. 16; Feddersen, WM 1999, S. 105; MünchKommHGB, Ebke, § 323, Rnd.Nr. 111; WP-Handbuch, Abschn. A, Rnd.Nr. 465; LG Hamburg, WM 1999, S. 139; LG Frankfurt, BB 1997, S. 1682; LG Mönchengladbach, NJW-RR 1991, S. 415.

2 Vgl. ADS, § 323 HGB, Rnd.Nr. 182; Quick, BB 1992, S. 1679

3 Vgl. OLG Karlsruhe, ZIP 1985, S. 414-415.

4 Vgl. Baetge/Lutter (Hrsg.), Abschlussprüfung und Corporate Governance, S. 26; Ebke, Wirtschaftsprüfer und Dritthaftung, S. 46; Heppe, WM 2003, S. 757; Leibner/Holzkämper, DB 2004, S. 2089; Zugehör, Beraterhaftung nach der Schuldrechtsreform: Rechtsanwälte, Steuerberater, Wirtschaftsprüfer, S. 127; ders., NJW 2000, S. 1602.

satzverfahren gegen den Prüfer nutzen kann,[5] ist jedoch zweifelhaft. Der Beschlagnahme von Dokumenten beim Prüfer stehen nämlich wegen des Zeugnisverweigerungsrechts des Abschlussprüfer gem. § 53 Abs. 1 Nr. 3 StPO die Beschlagnahmeverbote der § 97 Abs. 1 Nr. 1 und Nr. 2 StPO entgegen. Zwar findet § 97 Abs. 1 StPO keine Anwendung, wenn der Zeugnisverweigerungsberechtigte selbst Beschuldigter ist.[6] Daher soll die Beschlagnahme der an sich durch § 97 Abs. 1 StPO geschützten Beweismittel auch dann zulässig sein, wenn der Zeugnisverweigerungsberechtigte unter Teilnahmeverdacht steht.[7] Dennoch ist eine Beschlagnahme nicht zulässig, wenn, was häufig der Fall sein wird, gegen den Abschlussprüfer und Angehörige des geprüften Unternehmens gleichzeitig ermittelt wird.

Die Haftung des Prüfers nach § 826 BGB setzt eine vorsätzliche, sittenwidrige Schädigung voraus. Sittenwidrigkeit sowie (bedingter) Vorsatz sollen bereits bei besonders leichtfertigem und gewissenlosem Handeln des Prüfers vorliegen.[8] Das ist der Fall, wenn sich der Abschlussprüfer über eine deutlich zu erkennende wirtschaftliche Schieflage des Mandanten in dem Vertrauen auf das Ausbleiben der Krise bewusst hinwegsetzt,[9] Mandantenangaben ohne eigene Prüfung übernimmt[10] oder die Prüfung grob fehlerhaft und ohne jede Planung und Koordination durchführt.[11] Leichtfertiges Handeln ist in der heutigen Prüferpraxis eher selten. Diejenigen Gerichtsurteile, die eine Haftung des Abschlussprüfers aus § 826 BGB bejaht haben, stammen ausnahmslos aus den 1980ern und frühen 1990ern Jahren. In der neueren Rechtsprechung wurden deliktische Ansprüche gegen den Prüfer durchweg abgelehnt.[12] Die Gerichte hielten bereits eine Pflichtverletzung des jeweiligen Prüfers für fraglich. Jedenfalls verneinten sie den Vorwurf der Leichtfertigkeit. Die Schwierigkeit von Drittgeschädigten, den Vorwurf der

---

5 Vgl. so Joecks, BFuP 2004, S. 249.
6 Vgl. Meyer-Goßner, Strafprozessordnung, § 97, Rnd.Nr. 4.
7 Vgl. LG Berlin, NStZ 1993, S. 146.
8 Vgl. BGH, NJW 1987, S. 1758; WM 1975, S. 560; WM 1991, S. 2034; OLG Celle, NZG 2000, S. 615; OLG Düsseldorf, WPK-Mitt. 1999, S. 260; WPK-Mitt. 1996, S. 346; OLG Karlsruhe, WPK-Mitt. 1999, S. 233; ADS, § 323 HGB, Rnd.Nr. 191; MünchKommBGB, Mertens, § 826, Rnd.Nr. 8, 12 ff.; MünchKommHGB, Ebke, § 323, Rnd.Nr. 88; Quick, BB 1992, S. 1680; Schäfer, AcP 2002, S. 836; Schäfer/Ott, Lehrbuch der ökonomischen Analyse des Zivilrechts, S. 243.
9 Vgl. BGH, WM 1987, S. 258; OLG Düsseldorf, BB 1996, S. 2616; OLG Karlsruhe, WPK-Mitt. 1999, S. 233; WM 1985, S. 941.
10 Vgl. OLG Düsseldorf, BB 1996, S, 2616; OLG Karlsruhe, WM 1985, S. 942.
11 Vgl. OLG Karlsruhe, WPK-Mitt. 1999, S. 234.
12 Vgl. OLG Celle, NZG 2000, S. 615; OLG Düsseldorf, DStR 2000, S. 985; OLG Düsseldorf, GI 1999, S. 223-225; LG Hamburg, WM 1999, S. 142; LG Frankfurt, BB 1997, S. 1684.

Leichtfertigkeit zu führen, ergibt sich daraus, dass der Berufsstand die bei einer Abschlussprüfung durchzuführenden Prüfungshandlungen für seine Mitglieder in Prüfungsstandards umfangreich und detailliert beschrieben hat.[13] Die strikte Einhaltung dieser Prüfungsstandards bewahrt den Prüfer zwar nicht vor dem Vorwurf einfacher,[14] jedoch regelmäßig vor dem Vorwurf grober Fahrlässigkeit. Denn ein Prüfer, der sich an die Fachmeinung besonders erfahrener und sachverständiger Angehöriger seines Berufsstands[15] hält und die Interpretation der aus seinen Prüfungshandlungen gewonnenen Erkenntnisse in seinem Prüfungsbericht vernünftig dokumentiert, handelt jedenfalls nicht leichtfertig.[16] Insofern hilft dem auf Schadenersatz in Anspruch genommenen Abschlussprüfer auch der im Rahmen des Bilanzrechtsreformgesetzes in das HGB neu eingefügte § 321a HGB, der es ihm erlaubt, im Falle der Insolvenz des geprüften Unternehmens trotz seiner Verschwiegenheitspflicht Gläubigern und Anteilseignern Einblick in die von ihm gefertigten Prüfungsberichte zu gewähren.[17] Überdies soll nach Ansicht der Rechtsprechung der Vorwurf der Sittenwidrigkeit von vornherein ausscheiden, wenn der Prüfer auf die Richtigkeit des ihm zur Prüfung vorgelegten Jahresabschlusses vertraut hat und dem beim prüfungspflichtigen Unternehmen für die Rechnungslegung Verantwortlichen eine Fälschung und vorsätzliche Täuschung nicht zutrauen musste.[18] In der Verschuldensfrage ist ein vertraglicher bzw. quasi-vertraglicher Schadenersatzanspruch im Vergleich zum deliktischen Schadenersatzanspruch also deutlich vorteilhaft: Hier haftet der Prüfer bereits für einfache Fahrlässigkeit. Hinzu kommt, dass sich der Prüfer nach § 280 Abs. 1 S. 2 HGB vom Vorwurf der Fahrlässigkeit – nicht aber vom Vorwurf der Pflichtverletzung, für diese trägt der anspruchstellende Dritte die Beweislast[19] – entlasten muss.[20] Weiter haftet der Abschlussprüfer im Rahmen der vertraglichen bzw. quasi-vertraglichen Haftung gem. § 278 S. 1 BGB für das Verschulden seiner

13 Vgl. Meyer, WM 2003, S. 1311.
14 Vgl. Hopt, WPg 1986, S. 503.
15 Vgl. WP-Handbuch, Abschn. A, Rnd.Nr. 280-281.
16 Vgl. ADS, § 323 HGB, Rnd.Nr. 96; GroßkommHGB, Zimmer, § 323, Rnd.Nr. 28; Meyer, WM 2003, S. 1311.
17 Vgl. Bilanzrechtsreformgesetz, Regierungsentwurf, BT-Drucks. 15/3419, S. 43-44.
18 Vgl. OLG Karlsruhe, WPK-Mitt. 1999, S. 233; OLG Köln, AG 1992, S. 90; LG Hamburg, WM 1999, S. 142; MünchKommHGB, Ebke, § 323, Rnd.Nr. 89.
19 Vgl. ADS, § 323 HGB, Rnd.Nr. 36; Ebke, Wirtschaftsprüfer und Dritthaftung, S. 86; Hirte, Berufshaftung, S. 71; Quick, BB 1992, S. 1676.
20 Vgl. Plötner, Die Rechtsfigur des Vertrages mit Schutzwirkung für Dritte und die sogenannte Expertenhaftung, S. 20; Zugehör, Beraterhaftung nach der Schuldrechtsreform: Rechtsanwälte, Steuerberater, Wirtschaftsprüfer, S. 128; ders. NJW 2000, S. 1602.

Angestellten, die er bei der Prüfungsdurchführung einsetzt.[21] Etwas anderes gilt bei der Schadenersatzhaftung aus Delikt. Hier haftet der Abschlussprüfer einem Dritten gegenüber nach § 831 Abs. 1 BGB nicht für fremdes Verschulden. Nur eigenes Verschulden bei der Auswahl[22] und/oder Überwachung[23] der Angestellten begründet eine Schadenersatzverpflichtung des Abschlussprüfers bzw. der Prüfungsgesellschaft. Zwar wird das Auswahl- bzw. Überwachungsverschulden nach § 831 Abs. 1 S. 1 BGB vermutet. Doch dürfte zumindest großen Prüfungsgesellschaften, die ihre angestellten Prüfungsassistenten berufsbegleitend durch interne und externe Schulungen regelmäßig fortbilden, stets der Entlastungsbeweis nach § 831 Abs. 1 S. 2 gelingen.

1.2 Auskunftsvertrag

Es hat sich gezeigt, dass ein vertraglicher Schadenersatzanspruch gegen den Abschlussprüfer für den geschädigten Dritten erfolgversprechender ist als ein Anspruch aus unerlaubter Handlung. Die Rechtsprechung hat deshalb früher teilweise einen stillschweigend zustandegekommenen Auskunftsvertrag zwischen dem Prüfer und dem Dritten angenommen und bei einem schuldhaft fehlerhaften Bestätigungsvermerk dem geschädigten Dritten unter dem Gesichtspunkt einer positiven Forderungsverletzung Ersatz zugesprochen. Für einen stillschweigenden Vertragsschluss sollte es bereits ausreichen, wenn der Prüfer Auskünfte erteilt hat, die für den Dritten erkennbar von erheblicher Bedeutung waren und die dieser zur Grundlage seiner Entscheidungen machen wollte.[24] Das sollte insbesondere wegen der besonderen Sachkunde von Wirtschaftsprüfern gelten.[25] Ein unmittelbarer Kontakt wurde zwischen dem Abschlussprüfer und dem Dritten nicht vorausgesetzt.[26] Insbesondere gegen die letzte Annahme spricht jedoch das regelmäßig fehlende Erklärungsbewusstsein des Abschlussprüfers.[27] Der Prüfer er-

---

21 Vgl. Leibner/Holzkämper, DB 2004, S. 2089; Plötner, Die Rechtsfigur des Vertrages mit Schutzwirkung für Dritte und die sogenannte Expertenhaftung, S. 20; Zugehör, Beraterhaftung nach der Schuldrechtsreform: Rechtsanwälte, Steuerberater, Wirtschaftsprüfer, S. 128; ders. NJW 2000, S. 1602.

22 Vgl. Palandt, Sprau, § 831, Rnd.Nr. 13.

23 Vgl. Palandt, Sprau, § 831, Rnd.Nr. 14.

24 Vgl. BGH, WM 1979, S. 530.

25 Vgl. BGH, NJW 1987, S. 1815.

26 Vgl. BeckBilKomm, Hense, § 323 HGB, Rnd.Nr. 210; Czech, BB 1975, S. 725; Hopt, WPg 1986, S. 461.

27 Vgl. Canaris, ZHR 163 (1999), S. 213; Hirte, Berufshaftung, S. 174; Philippsen, Zur Dritthaftung des privat beauftragten Gutachters für fahrlässig verursachte Vermögensschäden, S. 131; Wiegand, Die Sachwalterhaftung als richterliche Rechtsfortbildung, S. 90; WP-Handbuch, Abschn. A, Rnd.Nr. 468.

teilt den Bestätigungsvermerk nach den gesetzlichen Vorschriften aufgrund des Vertrages mit seinem Mandanten und will gerade keinen Vertrag mit einem prüfungsfremden Dritten und diesem gegenüber Leistungsverpflichtungen eingehen.[28] Deshalb verbietet die Vertragsfreiheit die Annahme eines stillschweigenden Auskunftsvertrages jedenfalls dann, wenn zwischen dem Prüfer und dem prüfungsfremden Dritten keinerlei unmittelbarer Kontakt besteht. Diese Bedenken teilt mittlerweile auch die Rechtsprechung. Für sie ist entscheidend, ob die Gesamtumstände unter Berücksichtigung der Verkehrsauffassung und des Verkehrsbedürfnisses den Schluss zulassen, die Auskunft habe Gegenstand vertraglicher Rechte und Pflichten sein sollen.[29] Das hat für die Abschlussprüfung zur Konsequenz, dass zwischen dem Abschlussprüfer und dem Dritten ein Auskunftsvertrag nur angenommen werden kann, wenn der Prüfer auf Verlangen des Dritten hinzugezogen wird und unter Berufung auf seine Sachkunde und Prüfungstätigkeit unter Entbindung von seiner Verschwiegenheitspflicht Erklärungen und Zusicherungen unmittelbar dem Dritten gegenüber abgibt.[30]

1.3 Vertrag mit Schutzwirkung für Dritte

Demgegenüber hat sich der Vertrag mit Schutzwirkung für Dritte in Verbindung mit § 280 Abs. 1 BGB zur Hauptanspruchsgrundlage im Bereich der Berufs- und Expertenhaftung von Rechtsanwälten, Steuerberatern, Sachverständigen, Gutachtern und den hier interessierenden Wirtschaftsprüfern entwickelt.[31] Ursprünglich ging es bei dem Institut des Vertrages mit Schutzwirkung für Dritte um den Ersatz von Personenschäden. Ausgangspunkt war eine Entscheidung des Reichsgerichts vom 05.10.1917.[32] Der Tochter eines Mieters waren eigene vertragliche Ansprüche auf Ersatz von Heilbehandlungskosten gegen den Vermieter wegen Mangelhaftigkeit der Mietwohnung zugesprochen worden, weil sie sich in der durch Vormieter mit Krankheitserregern verseuchten und vor dem Neubezug nicht rechtzeitig durch den Vermieter desinfizierten Wohnung angesteckt hatte.

---

28 Vgl. LG Hamburg, WM 1999, S. 141; LG Mönchengladbach, NJW-RR 1991, S. 416; Feddersen, WM 1999, S. 107; MünchKommHGB, Ebke, § 323, Rnd.Nr. 108.

29 Vgl. BGH, DB 1990, S. 2516.

30 Vgl. BeckBilKomm, Hense, § 323 HGB, Rnd.Nr. 212; Damm, JZ 1991, S. 373; Ebenroth/Boujong/Joost (Hrsg.), Wiedmann, HGB, § 323, Rnd.Nr. 22; MünchKommHGB, Ebke, § 323, Rnd.Nr. 66; Ebke/Scheel, WM 1991, S. 389; Lang, WPg 1989, S. 57; Schmitz, DB 1989, S. 1911; Quick, BB 1992, S. 1675.

31 Vgl. Plötner, Die Rechtsfigur des Vertrages mit Schutzwirkung für Dritte und die sogenannte Expertenhaftung, S. 22.

32 Vgl. RGZ 91, S. 21.

Später wurden auch Vermögensschäden aus dem Rechtsinstitut des Vertrages mit Schutzwirkung für Dritte ersetzt.[33] Zudem wurde die vertragliche Schutzwirkung auf die geschuldete Hauptleistung erstreckt. Die Rechtsprechung[34] bekennt sich dazu, den geschützten Personenkreis eng ziehen zu wollen.[35] Zwar wurde die ursprüngliche Einschränkung, dass der Vertragsgläubiger eine familien- oder arbeitsrechtliche bzw. mietvertragliche Fürsorgepflicht dem Dritten gegenüber haben und deshalb für sein „Wohl und Wehe" verantwortlich sein muss,[36] aufgegeben.[37] Trotzdem ist es erforderlich, dass der Dritte mit der Leistung zumindest einer Vertragspartei bestimmungsgemäß in Berührung kommt und den Gefahren der Verletzung vertraglicher Haupt- oder Nebenpflichten genauso ausgesetzt ist wie der Leistungsgläubiger selbst („Leistungsnähe).[38] Der Leistungsgläubiger muss an der Einbeziehung des Dritten in die Schutzwirkung des Vertrages auch ein besonderes Interesse haben.[39] Auch müssen die Drittbezogenheit seiner Leistung und die Gläubigernähe des Dritten für den Leistungsschuldner erkennbar sein. Zwar brauchen Namen und Zahl der Geschützten den Vertragsparteien bei Vertragsschluss grundsätzlich nicht bekannt zu sein. So hat der BGH im sog. „Käufergruppen-Fall"[40] entschieden. Die in den vertraglichen Schutzbereich einbezogenen Dritten müssen aber zu einer für den Leistungsschuldner bereits bei Vertragsschluss erkennbaren, objektiv abgrenzbaren Gruppe gehören.[41]

Freilich haben zwei Entscheidungen des BGH den Anwendungsbereich des Rechtsinstituts des Vertrages mit Schutzwirkung für Dritte erheblich ausgeweitet. Nach der BGH-Entscheidung im sog. „Konsul-Fall"[42] sollen Schutzwirkungen dem Gutachtervertrag auch dann zukommen, wenn die Interessen des Leistungsgläubigers und des Dritten gegenläufig sind. Gerade ein öffentlich bestellter Sachverständiger, so der BGH, komme nämlich häufig in die Lage, dass er bei der Begutachtung Sorgfaltspflichten gegenüber mehreren Personen mit unterschiedlicher Interessenrichtung zu beachten habe. Es komme vor, dass Auftraggeber ein Gutachten nicht nur für eigene Zwecke erstellen lassen, sondern Dritten

33 Vgl. BGH, NJW 1977, S. 2073; 1965, S. 1955; Zugehör, Beraterhaftung nach der Schuldrechtsreform: Rechtsanwälte, Steuerberater, Wirtschaftsprüfer, S. 130; ders., NJW 2000, S. 1603.
34 Vgl. BGHZ 51, S. 96; BGH, NJW 1976, S. 1844.
35 Vgl. Palandt, Heinrichs, § 328, Rnd.Nr. 16; Zugehör, NJW 2000, S. 1603.
36 Vgl. BGHZ 66, S. 57; 56, S. 273; 51, S. 96; BGH, NJW 1977, S. 2209; 1970, S. 40.
37 Vgl. BGH, NJW 1984, S. 356.
38 Vgl. BGHZ 129, S. 168; 70, S. 329; 49, S. 354.
39 Vgl. BGHZ 128, S. 168; S. 73; NJW 1995, S. 392; 1985, S. 489; 1984, S. 356; 1983, S. 1056; 1976, S. 1844.
40 Vgl. NJW 1984, S. 356.
41 Vgl. BGH, NJW 1984, S. 356
42 Vgl. WM 1985, S. 450.

gegenüber davon Gebrauch machen wollen. Diesen Dritten gegenüber müsse der Sachverständige für Pflichtverletzungen haften, sofern sie zu einem objektiv abgrenzbaren Bereich gehörten. Das Problem der gegenläufigen Interessen ist auch für den Abschlussprüfer relevant: Zwar ist der Prüfungsbericht in der Regel nur für die Geschäftsleitung des prüfungspflichtigen Unternehmens gedacht.[43] Der Bestätigungsvermerk des Prüfers allerdings wird im Berufsanzeiger veröffentlicht. Auch kann das prüfungspflichtige Unternehmen den Prüfungsbericht des Prüfers an Dritte weiterreichen. Die Interessen dieser Dritten sind aber vielfach gegenläufig: Während das prüfungspflichtige Unternehmen beispielsweise möglichst hohen Kredit zu möglichst niedrigen Zinsen und geringen Sicherheiten erhalten möchte, ist das Kreditinstitut an einer Verzinsung und an Sicherheiten interessiert, die den Risiken des Kreditgeschäfts entsprechen. Ähnliches gilt für Lieferanten des prüfungspflichtigen Unternehmens. Sie werden sich nur dann auf ein Zahlungsziel einlassen, wenn sie von der Zahlungs- und Überlebensfähigkeit des Vertragspartners ausgehen können.

Nach § 334 BGB stehen im Rahmen des Vertrages mit Schutzwirkung für Dritte dem Leistungsschuldner Einwendungen aus dem Vertrag auch dem Dritten gegenüber zu. Daher muss sich der Dritte grundsätzlich das Mitverschulden des Leistungsgläubigers anrechnen lassen.[44] Allerdings ist § 334 BGB abdingbar, auch durch stillschweigende Vereinbarung der Vertragsparteien.[45] Das gilt nach der BGH-Entscheidung im sog. „Dachboden-Fall"[46] insbesondere im Rahmen von Gutachterverträgen. Einem Grundstückssachverständigen, der die Verkaufsabsichten seines Auftraggebers kennt, müsse bewusst sein, dass angesichts des besonderen Vertrauens, das Kaufinteressenten regelmäßig in die Zuverlässigkeit und Sachkunde eines anerkannten Sachverständigen haben, seinen gutachterlichen Äußerungen möglicherweise ein größeres Gewicht zukomme als den Angaben des Verkäufers selbst und deshalb ein Gutachten dazu geeignet sei, ein etwaiges Misstrauen dieser Kaufinteressenten gegenüber der Richtigkeit der Angaben des Verkäufers zu zerstreuen. Es entspreche dem offenkundigen Interesse des möglichen Käufers, dass sein Vertrauen auf die Richtigkeit des Gutachtens gerade in den Fällen rechtlich geschützt wird, in denen der Verkäufer die Beschaffenheit des Kaufgegenstands in unredlicher Weise zu verschleiern sucht. Auch Abschlussprüfer können während der Prüfungsdurchführung von ihrem Mandanten getäuscht werden. Ob die Anwendung des § 334 BGB im Rahmen der gesetzlichen Jahresabschlussprüfung unterbleibt, ist fraglich. Der BGH hat die entspre-

---

43 Vgl. Quick, BB 1992, S. 1675.

44 Vgl. BGHZ 33, S. 250; BGH, NJW 1965, S. 1757; Palandt, Heinrichs, § 328, Rnd.Nr. 20; § 254, Rnd.Nr. 69.

45 Vgl. Palandt, Heinrichs, § 334, Rnd.Nr. 2.

46 Vgl. NJW 1995, S. 392.

chende Anwendung der Haftungshöchstgrenze des § 323 Abs. 2 HGB befürwortet.[47] Ein Analogieschluss wäre hier wohl nicht notwendig gewesen. § 323 Abs. 2 HGB stellt eine summenmäßige Haftungsbeschränkung dar. Ihre Anwendung folgt bereits aus § 334 BGB.[48] Aus dem BGH-Urteil lassen sich jedoch keine Erkenntnisse darüber gewinnen, ob § 334 BGB auch für vorsätzliches Mitverschulden des geprüften Unternehmens gelten soll. Bei der Beantwortung dieser Frage muss die vom Gesetzgeber vorgesehene Prüfungsintensität berücksichtigt werden. Nach § 317 Abs. 1 S. 3 HGB ist die Abschlussprüfung so anzulegen, dass Unrichtigkeiten und Verstöße, die sich auf die Darstellung des Bildes der Vermögens-, Finanz- und Ertragslage des Unternehmens wesentlich auswirken, bei gewissenhafter Berufsausübung erkannt werden. Hierfür ist aber Voraussetzung, dass Unrichtigkeiten und Verstöße bei gewissenhafter Berufsausübung überhaupt erkannt werden können.[49] § 317 Abs. 1 S. 3 HGB transformiert die Jahresabschlussprüfung deshalb nicht in eine Sonder- oder Deliktprüfung zur Aufdeckung von Unterschlagungen.[50] § 317 Abs. 1 S. 3 HGB bestimmt nicht nur die erforderliche Prüfungsintensität, sondern gleichzeitig die Reichweite des schutzwürdigen Vertrauens Dritter in das Prüfungsergebnis. Dritte können nicht erwarten, dass der Abschlussprüfer Täuschungen und Manipulationen aufdeckt, die bei gewissenhafter Berufsausübung im Rahmen einer Jahresabschlussprüfung nicht erkennbar sind. In solchen Fällen liegt keinerlei Pflichtverletzung des Abschlussprüfers vor, sodass sich die Mitverschuldensfrage gar nicht erst stellt. Ist die Täuschung des Mandanten hingegen im Rahmen der Jahresabschlussprüfung zu entdecken, so bestehen keine Bedenken daran, § 334 BGB nicht zur Anwendung kommen zu lassen.[51]

---

47 Vgl. BGHZ 138, S. 266.
48 Vgl. Palandt, Heinrichs, § 328 BGB, Rnd.Nr. 20.
49 Vgl. ADS, § 316 HGB, Rnd.Nr. 39; Dörner, WPg 1998, S. 317; Hucke, Wirtschaftsprüfer: Auf dem Weg zu Alleskönnern oder vom Gesetzgeber überfordert?, S. 22; Schindler/Rabenhorst, BB 1998, S. 1890.
50 Vgl. Graumann, StuB 2002, S. 160; Schruff, Top Management Fraud – neue Dimensionen des Betrugs. Was Wirtschaftsprüfer tun können, S. 35
51 Anders LG Mönchengladbach, NJW-RR 1991, S. 417.

2. Prüferdritthaftung in der deutschen Rechtsprechung

2.1 Urteil des BGH vom 02.04.1998[52]

Die BGH-Entscheidung vom 02.04.1998 ist die einzige Entscheidung des höchsten deutschen Zivilgerichts, die eine Dritthaftung des Jahresabschlussprüfers auf vertraglicher Basis bejaht. Andere Urteile des BGH zur Wirtschaftsprüferdritthaftung aus jüngerer Vergangenheit haben sich nur mit der Dritthaftung des Prospektprüfers[53] bzw. des Sonderprüfers[54] beschäftigt. Deshalb kommt dem Urteil vom 02.04.1998 für die Abschlussprüferdritthaftung besondere Bedeutung zu.

2.1.1 Sachverhalt

Der Kläger verlangte von dem beklagten Wirtschaftsprüfer Schadenersatz wegen fehlerhafter Auskunft. Der beklagte Wirtschaftsprüfer hat bei einer prüfungspflichtigen GmbH die gesetzliche Pflichtprüfung durchgeführt. Kurz vor Abschluss der Prüfung teilte der Wirtschaftsprüfer dem Kläger, einem Kaufinteressenten der GmbH, per Fax mit, der Jahresabschluss werde von ihm nicht mehr geändert und könne bestätigt werden. Zu diesem Zeitpunkt wies der Abschluss einen Jahresüberschuss von rund 2,7 Millionen DM aus. Nachdem der Kläger einen Kaufvertrag über den Kauf der Anteile der GmbH unterzeichnet hatte, stellten sich – noch während der Prüfung – Unregelmäßigkeiten in der Buchhaltung der GmbH heraus. Neun Rechnungen über insgesamt nahezu 25 Millionen DM waren zu Unrecht in der Bilanz ergebnisneutral aktiviert worden. Der endgültige Jahresabschluss, der von dem Beklagten dann auch mit einem uneingeschränkten Bestätigungsvermerk versehen worden ist, wies statt des in Aussicht gestellten Gewinnes in Höhe von 2,7 Millionen DM einen Fehlbetrag von 11 Millionen DM aus.

52 BGHZ 138, S. 257-266.

53 Vgl. BGH, DB 2004, S. 2153-2156; BGHZ 145, S. 187-202.

54 Vgl. BGH, NJW 2001, S.3115-3118; hier hatte der Wirtschaftsprüfer bei der Klägerin im Auftrag des Bundesaufsichtsamts für Kreditwesen (heute: Bundesanstalt für Finanzdienstleistungsaufsicht) eine Sonderprüfung nach § 44b KWG durchgeführt; die Behörde hatte der Klägerin infolge des vermeintlich falschen Gutachtens eine Vollbankerlaubnis verweigert.

2.1.2 Entscheidung

Bei vom BGH entschiedenen Fall handelte es sich um keinen typischen Haftungsfall im Rahmen einer Pflichtprüfung.[55] Das Urteil betrifft keinen Verstoß gegen die Pflicht zur gewissenhaften Prüfung. Vielmehr ging es um die Haftung für sich nachträglich als fehlerhaft erweisende, schriftliche Äußerungen des Abschlussprüfers Dritten gegenüber im Vorfeld der Testaterteilung. Bedeutung für die Abschlussprüferhaftung gewinnt die Entscheidung allerdings insofern, als der BGH sich offenbar zur vertraglichen Dritthaftung des Pflichtprüfers allgemein äußern wollte. Nach Ansicht des BGH haftet der Abschlussprüfer Dritten gegenüber wegen § 323 Abs. 1 S. 3 HGB grundsätzlich nicht nach vertraglichen oder quasi-vertraglichen Grundsätzen.[56] Nach § 323 Abs. 1 S. 3 HGB haftet der Prüfer für Fahrlässigkeit nur der geprüften Aktiengesellschaft und verbundenen Unternehmen gegenüber. Der Prüfer und sein Mandant können den Schutzbereich des Prüfungsvertrages aber erweitern, auch stillschweigend.[57] Dabei ist, so der BGH, zu berücksichtigen, dass der Gesetzgeber mit § 323 Abs. 1 S. 3 HGB das Haftungsrisiko des Abschlussprüfers begrenzen wollte.[58] Deshalb verbietet sich nach Ansicht des BGH die Annahme, dass eine Vielzahl von Gläubigern, Gesellschaftern oder Anteilserwerbern stillschweigend in den Schutzbereich des Prüfungsvertrages mit einbezogen sind. Auch müsse die Dritthaftung entsprechend § 323 Abs. 2 HGB der Höhe nach begrenzt sein.[59] In dem zu entscheidenden Fall hielt der BGH eine Drittschutzwirkung des Prüfungsvertrages für möglich, hat der Vorinstanz allerdings nahegelegt, vorrangig Ansprüche aus einem Auskunftsvertrag zwischen Prüfer und Drittgeschädigtem zu prüfen.[60]

2.1.3 Interpretation

Die Entscheidung des BGH vom 02.04.1998 ist auf den ersten Blick irreführend.[61] Denn der BGH meint, dass § 323 Abs. 1 S. 3 HGB die Fahrlässigkeitshaftung des Abschlussprüfers abschließend regelt. Allerdings heißt es wenige Sätze später in dem Urteil, dass eine vertragliche Erweiterung des Schutzbereichs der

---

55 Vgl. Ebke, WPK-Mitt. 1998, S. 260.
56 Vgl. BGHZ 138, S. 260.
57 Vgl. BGHZ 138, S. 261; so auch schon die Vorinstanz OLG Hamm, BB 1996, S. 2297 und, in einem anderen Verfahren, OLG Stuttgart, StbG 1996, S. 459.
58 Vgl. BGHZ 138, S. 262.
59 Vgl. BGHZ 138, S. 266.
60 Vgl. BGHZ 138, S. 266.
61 Vgl. Schüppen, DB 1998, S. 1318; Sieger/Gätsch, BB 1998, S. 1408.

Abschlussprüfung – und damit des Haftungsrisikos des Abschlussprüfers – möglich ist. Diese zweite Aussage macht die Entscheidung des BGH brisant.

2.2 Reaktionen der Instanzgerichte

Der BGH hat in seinem Urteil vom 02.04.1998 zwar die – vermeintlich – dritthaftungsbegrenzende Funktion des § 323 Abs. 1 S. 3 HGB hervorgehoben. Damit hat er angedeutet, dass die Grundsätze, die er 15 Jahre zuvor im der „Käufergruppen-Fall"[62] aufgestellt hat, im Rahmen der Prüferdritthaftung möglicherweise nicht zur Anwendung kommen. Näher konkretisiert hat er diese Aussage jedoch nicht. Seither gab es keine weitere, klarstellende BGH-Entscheidung zur Abschlussprüferdritthaftung. Die Instanzgerichte in Deutschland haben das BGH-Urteil in der Folgezeit nicht einheitlich umgesetzt. Vielmehr lassen sich in der neueren Rechtsprechung zur Prüferdritthaftung eine restriktive, haftungsverneinende (Urteil des LG Hamburg vom 22.06.1998[63]) eine haftungsbejahende (Urteil des LG Passau vom 28.05.1998[64]) und eine vermittelnde Haltung (Urteile des OLG Frankfurt am Main vom 22.09.2004[65], des OLG Düsseldorf vom 12.06.2003[66], 15.12.1998[67] und vom 19.11.1998[68], des OLG Hamm vom 09.04.2003[69] und des OLG Celle vom 05.01.2000[70]) erkennen.

2.2.1 Urteil des LG Hamburg vom 22.06.1998[71]

Knapp drei Monate nach der Entscheidung des BGH hat das LG Hamburg die Schadenersatzklage eines Kreditinstituts gegen einen Abschlussprüfer abgewiesen. Das Kreditinstitut hatte der prüfungspflichtigen GmbH Kredite in Höhe von knapp 4 Millionen DM gewährt. Bei den Kreditverhandlungen hatte der Klägerin der letzte, mit dem Bestätigungsvermerk der Beklagten versehene Jahresabschluss der GmbH vorgelegen. In dem geprüften Jahresabschluss waren andere Bankverbindlichkeiten nur unvollständig ausgewiesen. Dadurch wurde die Über-

---

62 Vgl. NJW 1984, S. 356.
63 Vgl. WM 1999, S. 139.
64 Vgl. BB 1998, S. 2052.
65 Vgl. WPK-Magazin 1/2005, S. 52-53.
66 Vgl. WPK-Magazin 4/2004, S. 50.
67 Vgl. GI 1999, S. 218.
68 Vgl. DStR 2000, S. 985.
69. Vgl. WPK-Magazin 1/2004, S. 50.
70 Vgl. NZG 2000, S. 613
71 WM 1999, S. 139.

schuldung der GmbH nicht deutlich. Der Abschlussprüfer hatte es insofern versäumt, Saldenbestätigungen einzuholen. Zunächst beschäftigte sich das LG Hamburg mit bejahender Tendenz mit den allgemeinen Voraussetzungen des Vertrages mit Schutzwirkung für Dritte. Insbesondere hätte der beklagte Abschlussprüfer wegen § 18 Abs. 1 KWG erkennen können, dass der Jahresabschluss möglicherweise zur Aufnahme von Bankkrediten herangezogen wird.[72] Trotzdem verneinte das Gericht vertragliche Schadenersatzansprüche des Kreditinstituts. Denn § 323 Abs. 1 S. 3 HGB komme eine Sperrwirkung zu.[73] Das ergebe sich bereits aus dem Wortlaut der Vorschrift. Da sie nur verbundenen Unternehmen Schadenersatz wegen fahrlässiger Pflichtverletzungen des Prüfers zuspricht, scheiden nach Ansicht des LG Hamburg vergleichbare Ansprüche anderer prüfungsfremder Dritter aus.[74] Das Gericht weist wie schon zuvor das LG Frankfurt am Main[75] darauf hin, dass im Rahmen des KonTraG-Gesetzgebungsverfahrens der Rechtsausschuss des Bundestages[76] zu der Erkenntnis gekommen war, dass § 323 Abs. 1 S. 3 HGB vertragliche Ansprüche Dritter schon vom Wortlaut ausschließe und ein diesbezüglicher ausdrücklicher Hinweis in die Norm nicht aufgenommen werden brauche. Damit sieht sich das Gericht in seiner Ansicht durch den Willen des Gesetzgebers bestätigt.[77] Das Urteil des BGH vom 02.04.1998 spreche nicht gegen die eigene Auffassung, so das LG Hamburg, da der BGH nicht über Pflichtverletzungen bei der Testatserteilung, sondern über fehlerhafte Auskünfte im Vorfeld der Testatserteilung zu entscheiden hatte.[78] Dann verneint das Gericht auch noch einen Anspruch der Klägerin aus § 826 BGB. Dem Abschlussprüfer könne wegen des Versäumnisses, Saldenbestätigungen einzuholen, keine Leichtfertigkeit vorgeworfen werden, da er keinen Anlass gehabt hätte, dem Geschäftsführer der GmbH die Manipulation der vorgelegten Zahlen zuzutrauen.[79] Dies ist zweifelhaft. Das Versäumnis des Prüfers, Saldenbestätigungen über Bankverbindlichkeiten einzuholen, stellt eine Verletzung seiner beruflichen Pflichten dar.[80] Auch die Annahme leichtfertigen Prüferhandelns liegt nicht fern, da der Abschlussprüfer ein Prüftestat erstellt hat, ohne wesentliche Bilanzpositionen zuvor einer Prüfung unterzogen zu haben.[81] Die Auffassung des LG Hamburg zur

72 Vgl. WM 1999, S. 141.
73 Vgl. WM 1999, S. 141.
74 Vgl. WM 1999, S. 141.
75 Vgl. BB 1997, S. 1684.
76 Vgl. BT-Drucks. 13/10038, S. 41.
77 Vgl. WM 1999, S. 141-142.
78 Vgl. WM 1999, S. 142.
79 Vgl. WM 1999, S. 142.
80 Vgl. WP-Handbuch, Abschn. A, Rnd.Nr. 438.
81 Vgl. ebenso in einem anderen Fall BGHZ 145, S. 202.

Anwendung des § 826 HGB im Rahmen der Dritthaftung des Abschlussprüfers dürfte nicht haltbar sein, da das IDW nunmehr klarstellt, dass der Prüfer seine kritische Grundhaltung auch dann nicht aufgeben darf, wenn er die gesetzlichen Vertreter und die Verantwortlichen für die Rechnungslegung des prüfungspflichtigen Unternehmens für vertrauenswürdig hält.[82]

2.2.2 Urteil des LG Passau vom 28.05.1998[83]

Das LG Passau hatte über die Schadenersatzklage eines Warenlieferanten der prüfungspflichtigen GmbH zu entscheiden. Der Abschlussprüfer hatte bezüglich des Bilanzpostens „Unfertiger Erzeugnisse" einen überhöhten Ansatz gebilligt. Er hatte im Rahmen der Prüfungsdurchführung an einer Bankenrunde teilgenommen, in der über eine mögliche Kreditgewährung an seine Mandantin gesprochen worden ist. Der Kläger, der nicht an dieser Runde teilgenommen hatte, hatte der GmbH Waren geliefert und ihr auf die Vorlage des geprüften Jahresabschlusses hin ein Zahlungsziel gewährt. Später war er mit seiner Forderung ausgefallen. Hierfür hat er vom Prüfer Ersatz verlangt. Das Gericht bezog den Kläger in den Schutzbereich des Prüfungsvertrages ein, ohne eine mögliche Sperrwirkung des § 323 Abs. 1 S. 3 HGB anzusprechen. Der Prüfer habe aufgrund seiner Teilnahme an der Bankenrunde erkannt, dass der Jahresabschluss seiner Mandantin und damit auch sein Bestätigungsvermerk für die wirtschaftlichen Dispositionen Dritter Bedeutung hatte. Auch sei dem Prüfer aus den geprüften Unterlagen der Kläger als größter Warenlieferant der geprüften Gesellschaft bekannt gewesen. Das Gericht schloss von dem fehlerhaften Bilanzansatz auf eine unzureichende Prüfung und wertete dies als Pflichtverletzung des Prüfers. Die Haftungssummenbeschränkung des § 323 Abs. 2 HGB wendete das Gericht auf den Schadenersatzanspruch des geschädigten prüfungsfremden Dritten nicht an.

Ob der Kläger in dem vom LG Passau entschiedenen Fall tatsächlich in den Schutzbereich des Prüfungsvertrages mit einbezogen war, erscheint zweifelhaft. Aus der Teilnahme an der Bankenrunde war für den Prüfer nämlich nur ersichtlich, dass der Bestätigungsvermerk zur Kreditaufnahme seiner Prüfungsmandantin herangezogen würde. Der Prüfer mag zwar aus den zu prüfenden Unterlagen erkannt haben, dass der Kläger seiner Mandantin regelmäßig Waren auf Kredit liefert. Allerdings vertrauen Warenlieferanten in der Regel weniger auf den Jahresabschluss ihres Geschäftspartners, sondern sichern sich über die Vereinbarung

---

82 Vgl. IDW, Prüfungsstandard E-IPS 240 zur Verantwortung des Abschlussprüfers zur Berücksichtigung von Verstößen (fraud) im Rahmen der Abschlussprüfung vom 14.10.2004, IDW-Fachnachrichten 2004, S. 638, Rnd.Nr. 25.
83 Vgl. BB 1998, S. 2052.

eines Eigentumsvorbehalts ab. Das Ausmaß des Vermögensengagements allein ist auch kein verlässliches Kriterium zur Bestimmung der Reichweite der Schutzwirkung des Prüfungsvertrages. Denn seine Interpretation eröffnet dem Prüfer Ermessen und ist somit eine Frage rein subjektiver Wertung.[84] Sodann wird aus den Urteilsgründen eine Pflichtverletzung des Prüfers nicht deutlich. Das Gericht hat offenbar von der Fehlerhaftigkeit des testierten Jahresabschlusses auf eine Pflichtverletzung des Prüfers geschlossen. Da die Jahresabschlussprüfung keine Sonder- oder Deliktsprüfung darstellt und der Abschlussprüfer seinem Mandanten nicht mit übermäßigem Misstrauen begegnen muss,[85] ist jedoch ein mit einem uneingeschränkten Bestätigungsvermerk versehener, aber dennoch fehlerhafter Jahresabschluss nicht Anscheinsbeweis für eine Pflichtverletzung des Prüfers.[86] Indem das Gericht die Haftungssummenbegrenzung des § 323 Abs. 2 HGB nicht zur Anwendung kommen ließ, hat es dem gegenteiligen Hinweis des BGH in seiner Entscheidung vom 02.04.1998[87] widersprochen. Eine Begründung hat das LG Passau hierfür nicht angeboten.

2.2.3 Vermittelnde Ansicht der OLG Düsseldorf,[88] Frankfurt am Main,[89] Hamm[90] und Celle[91]

Anders als das LG Hamburg erkennen die Oberlandesgerichte Düsseldorf, Hamm und Celle in Anschluss an den BGH die Dritthaftung des Abschlussprüfers nach den Grundsätzen des Vertrages mit Schutzwirkung für Dritte an. Sie ziehen anders als das LG Passau den Schutzbereich des Prüfungsvertrages wegen § 323 Abs. 1 S. 3 HGB eng und verneinen im Ergebnis überwiegend eine vertragliche Prüferdritthaftung. Die Gesellschafter einer prüfungspflichtigen GmbH sind nach einem Urteil des OLG Düsseldorf vom 19.11.1998 nicht in den Schutzbereich des Prüfungsvertrages einbezogen.[92] Die Tatsache, dass der geprüfte Jahresabschluss für jeden Gesellschafter interessant sein und ihn eventuell auch zu Reaktionen und Vermögensdispositionen veranlassen mag, reiche für eine Schutz-

84 Vgl. OLG Frankfurt am Main, WPK-Magazin 1/2005, S. 53.
85 Vgl. Graumann, StuB 2002, S. 160; Schruff, Top Management Fraud – neue Dimensionen des Betrugs. Was Wirtschaftsprüfer tun können, S. 35.
86 Vgl. ADS, § 323, Rnd.Nr. 36; Ebke, Abschlussprüfer und Dritthaftung, S. 86; Hirte, Berufshaftung, S. 71; Späth, Haftung des Steuerberater, S. 685; Quick, BB 1992, S. 1676.
87 Vgl. BGHZ 138, S. 266.
88 WPK-Magazin 4/2004, S. 50; DStR 2000, S. 985; GI 1999, S. 218.
89 WPK-Magazin 1/2005, S. 52-53.
90 WPK-Magazin 1/2004, S. 50.
91 Vgl. NZG 2000, S. 613
92 Vgl. DStR 2000, S. 985.

pflicht des Abschlussprüfers nicht aus. Dienstleister sind nach Ansicht des OLG Frankfurt am Main[93] unabhängig vom Ausmaß ihrer Leistung nicht durch den Prüfungsvertrag geschützt. Künftige Fondsanleger, die den erteilten Bestätigungsvermerk als Entscheidungsgrundlage für den Erwerb einer Unternehmensbeteiligung heranziehen, sind nach Meinung des OLG Celle[94] ebenfalls nicht in den Schutzbereich des Prüfungsvertrages einbezogen. Auch Kreditinstitute, die aufgrund des Prüfungsberichts oder des Bestätigungsvermerks ein Darlehen gewähren, sind grundsätzlich nicht in den Schutzbereich des Prüfungsvertrages einbezogen.[95] Etwas anderes gilt nach Ansicht des OLG Düsseldorf nur dann, wenn der Abschlussprüfer seinen Prüfungsbericht entweder selbst dem Kreditinstitut überreicht oder ihn seinem Mandanten ausdrücklich zur Weitergabe aushändigt.[96] Dann könne sich der Prüfer nicht auf Nr. 7 der „Allgemeinen Auftragsbedingungen für Wirtschaftsprüfer und Wirtschaftsprüfungsgesellschaften" berufen, die lautet: „Die Weitergabe beruflicher Äußerungen des Wirtschaftsprüfers (Berichte, Gutachten und dgl.) an einen Dritten bedarf der schriftlichen Zustimmung des Wirtschaftsprüfers, soweit sich nicht bereits aus dem Auftragsinhalt die Einwilligung der Weitergabe an einen bestimmten Dritten ergibt. Gegenüber einem Dritten haftet der Wirtschaftsprüfer nur, wenn die Voraussetzungen des Satzes 1 gegeben sind."

3. Sperrwirkung des § 323 Abs. 1 S. 3 HGB

Noch ist unklar, ob sich die Entscheidungen des BGH im „Käufergruppen-Fall", im „Konsul-Fall" und im „Dachboden-Fall" auf die Haftungssituation des gesetzlichen Abschlussprüfers in Deutschland risikoerhöhend auswirken.[97] Ein klarstellendes Urteil des BGH steht aus. Zur Zeit jedenfalls herrscht keine Einigkeit über den Kreis der ersatzberechtigten prüfungsfremden Dritten.[98] Aus diesem Grund verbietet sich für *Ebke* die Anwendung der Grundsätze über den Vertrag mit Schutzwirkung für Dritte auf die Dritthaftung des gesetzlichen Abschlussprüfers. Er beruft sich dabei auf eine vermeintliche Grundentscheidung des Gesetzgebers:

93 Vgl. WPK-Magazin 1/2005, S. 53.
94 Vgl. NZG 2000, S. 615.
95 Vgl. OLG Düsseldorf, WPK-Magazin 4/2004, S. 51; GI 1999, S. 220; OLG Hamm, WPK-Magazin 1/2004, S. 2004.
96 Vgl. OLG Düsseldorf, WPK-Magazin 4/2004, S. 51.
97 Vgl. so aber Ebke, BFuP 2000, S. 566-567; ders., JZ 1998, S. 995-996; MünchKommHGB, Ebke, § 323, Rnd.Nr. 135-137.
98 Vgl. Ebke, BFuP 2000, S. 566; ders., JZ 1998, S. 995-996; Schüppen, DB 1998, S. 1319; MünchKommHGB, Ebke, § 323, Rnd.Nr. 135.

Der Abschlussprüfer haftet nach § 323 Abs. 1 S. 3 HGB nur gegenüber dem geprüften und verbundenen Unternehmen für einfache Fahrlässigkeit. Eine Haftung gegenüber anderen Dritten komme deshalb nur aus § 823 Abs. 2 und § 826 BGB und nicht aus im Verschuldensmaßstab dem § 323 Abs. 1 S. 3 HGB vergleichbaren vertraglichen oder quasi-vertraglichen Ansprüchen in Betracht.[99] Eine Sperrwirkung wird neben dem Wortlaut des § 323 Abs. 1 S. 3 HGB[100] aus der Stellungnahme des Rechtsausschusses des Bundestages im KonTraG-Gesetzgebungsverfahren[101] gefolgert.[102] Weiter führt *Ebke* als Argument für die Sperrwirkung des § 323 Abs. 1 S. 3 HGB die Vorschrift des § 11 Abs. 2 UmwG an. Diese Vorschrift verweist für die Verantwortlichkeit des Verschmelzungsprüfers auf § 323 HGB. Der Verschmelzungsprüfer ist genauso wie der gesetzliche Abschlussprüfer nach § 323 Abs. 1 S. 1 und 2 HGB zur gewissenhaften und unparteiischen Prüfung sowie zur Verschwiegenheit verpflichtet. Seine Schadenersatzhaftung wird der Höhe nach durch die Haftungsgrenzen des § 323 Abs. 2 HGB beschränkt. Jedoch bezieht § 11 Abs. 2 S. 2 UmwG entgegen § 323 Abs. 1 S. 3 HGB in den Kreis der Anspruchsberechtigten ausdrücklich die Anteilseigner der an der Verschmelzung beteiligten Unternehmen ein. Das wäre nicht nötig, wenn Anteilseigner bereits neben § 323 Abs. 1 S. 3 HGB vertragliche oder quasivertragliche Schadenersatzansprüche hätten.[103]

Anscheinend wird die Sperrwirkung des § 323 Abs. 1 S. 3 HGB schon daraus gefolgert, dass die Vorschrift nur verbundene Unternehmen als anspruchsberechtigte Dritte benennt. Das vermag nicht zu überzeugen. Denn die in § 323 Abs. 1 S. 3 HGB genannten verbundenen Unternehmen sind keine außenstehenden Dritten wie Gläubiger oder Anteilseigner.[104] Sie bilden mit dem geprüften Unternehmen eine wirtschaftliche Einheit. Deshalb könnte man argumentieren, dass sich § 323 Abs. 1 S. 3 HGB gerade nicht mit prüfungsfremden Dritten beschäftigt.

---

99 Vgl. MünchKommHGB, Ebke, § 323, Rnd.Nr. 123.

100 Vgl. LG Hamburg, WM 1999, S. 141; Beck'sches Handbuch der GmbH, Lengseder, § 9, Rnd.Nr. 181; Ebke, Wirtschaftsprüfer und Dritthaftung, S. 36-37; ders., BFuP 2000, S. 561; Feddersen, WM 1999, S. 113; MünchKommHGB, Ebke, § 323, Rnd.Nr. 124; Schüppen, DB 1998, S. 1318.

101 Vgl. BT-Drucks. 13/10038, S. 41.

102 Vgl. LG Hamburg, WM 1999, S. 141-142; LG Frankfurt am Main, BB 1997, S. 1684; Ebke, BFuP 2000, S. 563; ders., WPK-Mitt. 1998, S. 261; ders., BB 1998, S. 1732; ders., WPK-Mitt. 1997, S. 199; Feddersen, WM 1999, S. 115; MünchKommHGB, Ebke, § 323, Rnd.Nr. 128-131.

103 Vgl. Ebke, BFuP 2000, S. 562; Eke/Scheel, WM 1991, S. 395; MünchKommEbke, HGB, § 323, Rnd.Nr. 125-127.

104 Vgl. so auch Ekkenga, WM 1996, Sonderbeilage 3, S. 16; Hirte, Berufshaftung, S. 62; Land, Wirtschaftsprüferhaftung gegenüber Dritten in Deutschland, England und Frankreich, S. 80; Otto/Mittag, WM 1996, S. 331.

Dann wäre mit *Otto/Mittag*[105] davon auszugehen, dass die Vorschrift keine abschließende Regelung darstellt. Als Konsequenz würde sich die spezial-gesetzlich nicht geregelte Prüferdritthaftung für fahrlässige Pflichtverletzungen nach den allgemeinen, vertragsrechtlichen Haftungsinstituten richten. Für diese Annahme spricht eine Erkenntnis aus dem Rechtsvergleich: In vielen hochentwickelten Rechtsstaaten – Frankreich, Großbritannien, USA – ist die Prüferhaftung spezialgesetzlich nicht geregelt, sondern richtet sich nach dem allgemeinen, von der Rechtsprechung auszulegendem Haftungsrecht.[106] Gegen eine Sperrwirkung des § 323 Abs. 1 S. 3 HGB ist einzuwenden, dass die fünfte WPO-Novelle zum 01.01.2004 die Verjährungsvorschrift des § 323 Abs. 5 HGB aufgehoben hat. Dadurch wurde die Verjährungsfrist von Schadenersatzansprüchen gegen den Abschlussprüfer an die Verjährungsregeln der §§ 195 ff. BGB angepasst.[107] Offenbar hat der Gesetzgeber es für nötig erachtet, die Verjährungsregeln für die Haftung des Prüfers gegenüber dem prüfungspflichtigen Unternehmen und gegenüber prüfungsfremden Dritten zu vereinheitlichen. Das macht nur Sinn, wenn der Abschlussprüfer Ansprüchen ausgesetzt sein kann, die wie die vertragliche und quasi-vertragliche Schadenersatzhaftung den allgemeinen Verjährungsregeln des BGB unterliegen. Das Umwandlungsgesetz wurde am 28.10.1994[108] verkündet, § 323 Abs. 1 S. 3 HGB demgegenüber im Rahmen des Bilanzrichtlinien-Gesetzes vom 19.12.1985[109] in das HGB eingefügt. Von einem Gesetz aus dem Jahre 1994 kann schwerlich auf den Willen des Gesetzgebers im Jahre 1985 geschlossen werden soll.

Schließlich lässt sich gegen *Ebke* einwenden, dass neben dem Berufsstand der Wirtschaftsprüfer auch Angehörige anderer Berufe mit vermögenssorgender Funktion wie Rechtsanwälte, Steuerberater, Grundstücks- oder Bausachverständige, Vermögens- oder Anlageberater der BGH-Rechtsprechung zum Vertrag mit Schutzwirkung für Dritte ausgesetzt sind. Nur weil die Jahresabschlussprüfung vom Gesetzgeber verlangt wird, aber Privatunternehmern übertragen ist, rechtfertigt sich keine Sonderbehandlung der Berufsgruppe der Wirtschaftsprüfer.[110] Die Jahresabschlussprüfung stellt nämlich keine in besonderem Maße schadensgeneigte Tätigkeit mit hohem Fehler- und Haftungsrisiko dar.[111] Dieser Rechtferti-

---

105 Vgl. WM 1997, S. 361.
106 Vgl. so auch Ebke, ZSR 2000, S. 86-87.
107 Vgl. BT-Drucks. 15/1241, S. 53.
108 BGBl. 1994, Teil I, S. 3210.
109 BGBl. 1985, Teil I, S. 2355.
110 Vgl. ebenso Grunewald, ZGR 1999, S. 587-588; Land, Wirtschaftsprüferhaftung gegenüber Dritten in Deutschland, England und Frankreich, S. 200; Otto/Mittag, WM 1996, S. 331; Sieger/Gätsch, BB 1998, S. 1408.
111 Vgl. Meyer, WM 2003, S. 1311.

gungsversuch von Sonderregeln für den Berufsstand der Abschlussprüfer, der von *Adler/Düring/ Schmaltz* auch heute noch bemüht wird,[112] wurde bereits im Jahre 1939, also nur acht Jahre nach Einführung der Pflichtprüfung, in Frage gestellt.[113] Heute ist diese Kritik umso berechtigter. Denn es hat sich eine umfänglich dokumentierte Berufspraxis herausgebildet.[114] Die beruflichen Pflichten der Abschlussprüfer sind in Prüfungsstandards des Instituts der Wirtschaftsprüfer detailliert beschrieben.[115] Unter Heranziehung der einschlägigen Fachliteratur sind heute Pflichtverletzungen für Abschlussprüfer ebenso vermeidbar wie für Rechtsanwälte und Steuerberater.[116] Angesichts der Tatsache, dass die Jahresabschlussprüfung keine Sonder- oder Deliktprüfung ist und dass der Prüfer seinem Mandanten nicht mit übermäßigem Misstrauen begegnen muss,[117] ist ein mit einem uneingeschränkten Bestätigungsvermerk versehener, aber trotzdem fehlerhafter Abschluss nicht Anscheinsbeweis für eine Pflichtverletzung des Prüfers.[118] Eine mögliche Pflichtverletzung des Prüfers sowie die Ursächlichkeit der Pflichtverletzung für den eingetretenen Schaden ist vom anspruchstellenden Dritten darzulegen.[119] Der Anspruchsteller muss substantiiert darlegen und beweisen, dass der Abschlussprüfer gegen die Verpflichtung zur gewissenhaften Prüfungsplanung und Prüfungsdurchführung verstoßen hat. Ein solcher Verstoß dürfte vorliegen, wenn der Prüfer auf die Einholung von Saldenbestätigungen generell verzichtet[120] oder trotz Feststellens von Bilanzierungsfehlern im Rahmen einer Stichprobe die Prüfungsintensität nicht erhöht.[121] Der Abschlussprüfer darf seine kritische Grundhaltung auch dann nicht aufgeben, wenn er zu den gesetzlichen Vertretern und den Verantwortlichen für die Rechnungslegung der prüfungspflichtigen Aktiengesellschaft Vertrauen hat.[122] Deshalb haben die Mitglieder des Prüfungsteams die Anfälligkeit des Abschlusses für wesentliche falsche Angaben aufgrund

---

112 Vgl. ADS, § 323 HGB, Rnd.Nr. 105.
113 Vgl. Ritter, Aktiengesetz, 2. Aufl., 1939, § 42, Rnd.Nr. 9.
114 Vgl. Meyer, WM 2003, S. 1311.
115 Vgl. Meyer, WM 2003, S. 1311.
116 Vgl. Meyer, WM 2003, S. 1311.
117 Vgl. Graumann, StuB 2002, S. 160; Schruff, Top Management Fraud – neue Dimensionen des Betrugs. Was Wirtschaftsprüfer tun können, S. 35.
118 Vgl. ADS, § 323, Rnd.Nr. 36; Ebke, Abschlussprüfer und Dritthaftung, S. 86; Hirte, Berufshaftung, S. 71; Späth, Haftung des Steuerberater, S. 685; Quick, BB 1992, S. 1676.
119 Vgl. BGH, NJW 1973, S. 322.
120 Vgl. OLG Düsseldorf, WPK-Magazin 4/2004, S. 51; DStR 2000, S. 985; GI 1999, S. 223-225; OLG Hamm, WPK-Magazin 1/2004, S. 51; OLG Celle, NZG 2000, S. 615; LG Frankfurt, BB 1997, S. 1684.
121 Vgl. OLG München, BB 1996, S. 2512.
122 Vgl. ADS, § 323 HGB, Rnd.Nr. 81; WP-Handbuch, Absch. A, Rnd.Nr. 438.

von Verstößen zu erörtern. Dies ist ein wichtiger Bestandteil der Abschlussprüfung, der es dem Abschlussprüfer ermöglicht zu bestimmen, welche Prüfungshandlungen und welche Prüfungsintensität notwendig ist.[123] Der Prüfer hat geeignete Prüfungshandlungen zur Risikoerkennung und Risikobeurteilung durchzuführen. Hierzu gehört die Befragung der gesetzlichen Vertreter und anderer Führungskräfte sowie der Mitglieder des Aufsichtsorgans, um ein Verständnis dafür zu entwickeln, wie die unternehmensinterne Überwachung des Vorstands durch den Aufsichtsrat organisiert ist und ob daraus eine besondere Fehleranfälligkeit resultiert.[124] Die im Rahmen dieser Prüfungshandlungen gewonnenen Erkenntnisse hat der Prüfer darauf zu beurteilen, ob es für die gesetzlichen Vertreter einen besonderen Anreiz oder Druck, einen Verstoß zu begehen, sowie die Möglichkeit zur inneren Rechtfertigung betrügerischer Handlungen geben könnte.[125] Dabei hat er Einrichtungen innerhalb des Unternehmens, die ein nicht angemessenes Verhalten der gesetzlichen Vertreter verhindern sollen (Tätigkeit der Mitglieder des Aufsichtsrats und der internen Revision sowie das Vorhandensein von Verhaltensregeln für die gesetzlichen Vertreter und Führungskräfte), unter Berücksichtigung sämtlicher Einflüsse von innen und von außen auf ihre Wirksamkeit zu untersuchen.[126] Sodann hat der Prüfer auf seine im Rahmen der Risikoabwägung getroffenen Feststellungen angemessen zu reagieren. Er könnte sich dazu veranlasst sehen, die Erläuterungen und Erklärungen der gesetzlichen Vertreter und anderer Führungskräfte über wesentliche Sachverhalte durch zusätzliche Unterlagen abzusichern,[127] zusätzliche Personen mit Spezialqualifikationen und Spezialwissen oder größerer Erfahrung bei der Prüfung einzusetzen[128] oder die Inventurunterlagen zu prüfen, die Lagerorte von bestimmten Vermögensge-

123 Vgl. IDW, Prüfungsstandard E-IPS 240 zur Verantwortung des Abschlussprüfers zur Berücksichtigung von Verstößen (fraud) im Rahmen der Abschlussprüfung vom 14.10.2004, IDW-Fachnachrichten 2004, S. 638, Rnd.Nr. 25.

124 Vgl. IDW, Prüfungsstandard E-IPS 240 zur Verantwortung des Abschlussprüfers zur Berücksichtigung von Verstößen (fraud) im Rahmen der Abschlussprüfung vom 14.10.2004, IDW-Fachnachrichten 2004, S. 641, Rnd.Nr. 31.

125 Vgl. IDW, Prüfungsstandard E-IPS 240 zur Verantwortung des Abschlussprüfers zur Berücksichtigung von Verstößen (fraud) im Rahmen der Abschlussprüfung, IDW-Fachnachrichten 2004, S. 642-646, Rnd.Nr. 31-47.

126 Vgl. IDW, Prüfungsstandard E-IPS 240 zur Verantwortung des Abschlussprüfers zur Berücksichtigung von Verstößen (fraud) im Rahmen der Abschlussprüfung, IDW-Fachnachrichten 2004, S. 648, Rnd.Nr. 51.

127 Vgl. IDW, Prüfungsstandard E-IPS 240 zur Verantwortung des Abschlussprüfers zur Berücksichtigung von Verstößen (fraud) im Rahmen der Abschlussprüfung, IDW-Fachnachrichten 2004, S.647-651, Rnd.Nr. 48-59.

128 Vgl. IDW, Prüfungsstandard E-IPS 240 zur Verantwortung des Abschlussprüfers zur Berücksichtigung von Verstößen (fraud) im Rahmen der Abschlussprüfung, IDW-Fachnachrichten 2004, S. 656, Rnd.Nr. 71.

genständen von besonderer Bedeutung festzustellen und diese in Augenschein zu nehmen.[129] Das IDW hat in seinem Standard zur „Verantwortung des Abschlussprüfers zur Berücksichtigung von Verstößen (fraud) im Rahmen der Abschlussprüfung" vom 14.10.2004 ausdrücklich festgelegt, welche Prüfungshandlungen in welchen Situationen notwendig und angemessen sind. Deshalb sind Prüfungsfehler kaum möglich.

Die Gerichte sind bei der Auslegung des § 323 Abs. 1 S. 3 HGB wegen des Grundsatzes der Gewaltenteilung an die Vorstellungen des Gesetzgebers im Rahmen des KonTraG-Gesetzgebungsverfahrens nicht gebunden.[130] Zwar können Gesetzbegründungen Auslegungshinweise bieten.[131] Es ist der Rechtsprechung jedoch unbenommen, den Anwendungsbereich von Normen mit der Zeit weiterzuentwickeln. Aufgrund der Entwicklung umfangreicher Standards, Empfehlungen und Hinweise des Berufsstands für die Tätigkeit der Abschlussprüfer erscheint es fraglich, ob § 323 Abs. 1 S. 3 HGB noch als dritthaftungsbegrenzende Vorschrift zu verstehen ist. Jedenfalls verbietet sich mit Blick auf die einschlägige Rechtsprechung des Bundesverfassungsgerichts die Annahme einer Sperrwirkung. Das Bundesverfassungsgericht hebt nämlich in seiner Rechtsprechung hervor, dass Wirtschaftsprüfer „im öffentlichen Interesse mit einer Verantwortung vor der Öffentlichkeit besondere Aufgaben wahrnehmen".[132] Zwar kann „Verantwortung" nicht ohne weiteres mit „zivilrechtlicher Verantwortlichkeit" gleichgesetzt werden. Doch würde es einen Wertungswiderspruch darstellen, betont man einerseits die besondere Verantwortung des Abschlussprüfers vor der Öffentlichkeit, schließt andererseits aber seine Dritthaftung für fahrlässige Prüfungsfehler allein wegen des Wortlauts des § 323 Abs. 1 S. 3 HGB aus.

4. Bewertung

Der BGH stellt in seiner Entscheidung vom 02.04.1998 maßgeblich auf den Parteiwillen ab, ob dem Prüfungsvertrag Drittschutzwirkung zukommen soll oder nicht.[133] Ihm zufolge soll es offenbar allein auf den Willen des Abschlussprüfers ankommen, ob dieser gegenüber prüfungsfremden Dritten Schutzpflichten übernimmt oder nicht. Doch ist der gesetzliche Jahresabschlussprüfer Garant der öf-

---

129 Vgl. IDW, Prüfungsstandard E-IPS 240 zur Verantwortung des Abschlussprüfers zur Berücksichtigung von Verstößen (fraud) im Rahmen der Abschlussprüfung, IDW-Fachnachrichten 2004, S. 656, Rnd.Nr. 71.

130 Vgl. Grunewald, ZGR 1999, S. 595.

131 Vgl. so MünchKommHGB, Ebke, § 323, Rnd.Nr. 131.

132 Vgl. BVerfG, AnwBl. 1998, S. 409.

133 Vgl. BGHZ 138, S. 261.

fentlichen Rechnungslegung gegenüber der Allgemeinheit.[134] Deshalb kann es nicht vom Prüferwillen abhängen, wann er wegen Prüfungsfehlern haftet und wann nicht. Vielmehr muss die Reichweite der Prüferdritthaftung der Reichweite der Garantie- und Schutzfunktion der gesetzlichen Jahresabschlussprüfung entsprechen. Knüpft man die Dritthaftung an den Prüferwillen, so wäre für vertragliche Haftungsbegrenzungen nicht die Sicht des Dritten, sondern allein die Sicht der Parteien des Prüfungsvertrages maßgeblich.[135] Kann aber die Dritthaftung des Abschlussprüfers für fahrlässige Prüfungsfehler allein durch Vereinbarung mit seinem Mandanten ausgeschlossen werden, so erlangt hiervon der Dritte möglicherweise keine Kenntnis. Dann wäre Nr. 7 der „Allgemeinen Auftragsbedingungen für Wirtschaftsprüfer und Wirtschaftsprüfungsgesellschaften“, die vorschreibt, dass der Prüfungsbericht nur mit Zustimmung des Abschlussprüfers an Dritte weitergereicht werden darf und die den Willen des Prüfers, nur mit vorheriger Zustimmung gegenüber Dritten haften zu wollen, zum Ausdruck bringt, für die nicht am Prüfungsvertrag beteiligten Prüfungsadressaten verbindlich. Jedoch kennen die prüfungsfremden Dritten den Prüfungsvertrag und die ihm zugrundeliegenden Geschäftsbedingungen der Parteien nicht. Ihnen sind lediglich der geprüfte Jahresabschluss und der Bestätigungsvermerk des Prüfers bekannt. Also wird durch Nr. 7 der „Allgemeinen Auftragsbedingungen für Wirtschaftsprüfer und Wirtschaftsprüfungsgesellschaften“ ihr Vertrauen nicht beeinflusst. Folglich dürfte die Klausel für die Reichweite der Prüferdritthaftung keine Bedeutung haben.[136]

Der BGH nimmt neuerdings an, dass Klauseln, nach denen das erstellte Gutachten bzw. der Prüfungsbericht nur für den Auftraggeber bestimmt ist, allein nicht geeignet sind, eine Einbeziehung Dritter in den Schutzzweck des Gutachter- bzw. Prüfungsvertrages auszuschließen.[137] Eine solche Vertragsklausel ist nach Ansicht des BGH nur einer von mehreren Gesichtspunkten, die bei der notwendigen Gesamtbetrachtung des Wortlauts des Vertrages, des Vertragszwecks und der Vertragsverhandlungen maßgeblich sind.[138] Folgt man diesem Ansatz, so könnte man für Kreditinstitute, die sich bei der Kreditvergabe von dem geprüften Jahres-

---

134 Vgl. Bormann, BB 2002, S. 190; Marx, Unabhängige Abschlussprüfung und Beratung, S. 67; dies., ZGR 2002, S. 293; Mattheus, ZGR 1999, S. 683; Lutter/Hommelhoff, GmbHG, § 42, Anh., Rnd.Nr. 5.

135 Vgl. Canaris, ZHR 163 (1999), S. 229; Finn, NJW 2004, S. 3753.

136 Vgl. so auch Canaris, ZHR 163 (1999), S. 229; Finn, NJW 2004, S. 3753; Fehlmann, Vertrauenshaftung – Vertrauen als alleinige Haftungsgrundlage, S. 193; Flühmann, Haftung für Prüfung und Berichterstattung gegenüber Dritten, S. 276; Grunewald, ZGR 1999, S. 596; Moser, Die Haftung gegenüber vertragsfremden Dritten, S. 209.

137 Vgl. DB 2004, S. 2151.

138 Vgl. DB 2004, S. 2151.

abschluss des Kreditnehmers haben beeinflussen lassen, annehmen, dass Nr. 7 der „Allgemeinen Auftragsbedingungen für Wirtschaftsprüfer und Wirtschaftsprüfungsgesellschaften" einer Fahrlässigkeitsdritthaftung nicht entgegensteht. Denn gem. § 18 Abs. 1 KWG müssen sich Kreditinstitute vor einer Kreditvergabe von mehr als EUR 750.000 den (geprüften) Jahresabschluss Kreditnehmers vorlegen lassen. Einfacher wäre es aber, wirksamen Drittschutz aus eigenen vertraglichen Ansprüchen von geschädigten Prüfungsadressaten herzuleiten.[139]

139 Vgl. so auch Canaris, ZHR 163 (1999), S. 218; Finn, NJW 2004, S. 3753; Meyer, WM 2003, S. 1311.

10. Kapitel: Sachwalter- und Auskunftshaftung des Abschlussprüfers

Die Probleme, die sich ergeben, wenn man den Drittschutz aus dem Prüfungsvertrag herleitet, lassen sich dadurch vermeiden, dass man dem geschädigten Dritten gegen den Abschlussprüfer einen eigenen Schadenersatzanspruch aus den §§ 280 Abs. 1, 241 Abs. 2, 311 Abs. 3 S. 2 BGB zuerkennt. Dann käme es für die Auslegung des Prüferverhaltens auf die Verständnismöglichkeit des in seinem Vertrauen geschädigten Dritten und nicht des Prüfungsmandanten an.[1] Dritthaftungseinschränkende Abreden zwischen dem Abschlussprüfer und seinem Mandanten, die nicht im Bestätigungsvermerk des Prüfers zum Ausdruck kommen, wären irrelevant.[2] Auch Einwendungen des Prüfers wie ein Mitverschulden des Prüfungsmandanten würden keine haftungseinschränkende Berücksichtigung finden,[3] sodass die Erwägungen des BGH zur stillschweigenden Abbedingung des § 334 BGB[4] nicht notwendig würden.

1. Der Abschlussprüfer als Sachwalter

1.1 Die Sachwalterhaftung in der Rechtsprechung des BGH

Die Sachwalterhaftung findet ihren Ursprung in der Rechtsprechung des BGH. Wer in besonderem Maße das Vertrauen einer Partei fremder Vertragsverhandlungen in Anspruch nimmt und ihr für den Bestand und die Erfüllung des in Aussicht genommenen Rechtsgeschäfts eine zusätzliche, von ihm persönlich ausgehende Gewähr bietet, der haftet nach Ansicht des BGH als Sachwalter für vorsätzliche und fahrlässige Pflichtverletzungen.[5] Hierbei ist unerheblich, ob der Sachwalter direkt mit der geschädigten Vertragspartei in Kontakt getreten ist oder ob zwischen ihnen nur eine mittelbare, über die andere Vertragspartei hergestellte Beziehung[6] – wie zum Beispiel durch die Veröffentlichung des Bestätigungsvermerks – bestanden hat. Mitbegründender Umstand der Sachwaltereigen-

1 Vgl. Canaris, ZHR 163 (1999), S. 229; Finn, NJW 2004, S. 3753.
2 Vgl. Finn, NJW 2004, S. 3753.
3 Vgl. Canaris, ZHR 163 (1999), S. 229.
4 Vgl. BGH, NJW 1995, S. 392.
5 Vgl. BGHZ 56, S. 84.
6 Vgl. BGHZ 56, S. 85.

schaft des Abschlussprüfers ist seine berufsbedingte, besondere Sachkunde.[7] Allerdings war es in der BGH-Rechtsprechung zur Sachwalterhaftung bislang stets Voraussetzung, dass der Dritte eine über das normale Verhandlungsvertrauen hinausgehende, persönliche Gewähr für die Seriosität und die Ordnungsmäßigkeit des Rechtsgeschäfts übernommen hat.[8] Die berufliche Stellung allein sollte für die Sachwaltereigenschaft nicht ausreichen, nötig war nach Ansicht des BGH das Setzen eines zusätzlichen Vertrauenstatbestandes.[9] Das zeigt sich insbesondere in der BGH-Rechtsprechung zur Eigenhaftung der Geschäftsführer oder Mitglieder des Vorstands einer Kapitalgesellschaft.[10] Eine Haftung des Abschlussprüfers als Sachwalter scheidet dennoch nicht von vornherein aus. In der Gesetzesbegründung des Gesetzes zur „Modernisierung des Schuldrechts" heißt es, dass in § 311 Abs. 3 S. 2 BGB die Eigenhaftung eines Verhandlungsgehilfen gegenüber Dritten aus Verschulden bei Vertragsschluss in einer Weise angesprochen werde, die eine Weiterentwicklung dieses Rechtsinstituts durch Praxis und Wissenschaft erlaubt.[11] In dieser Formulierung könnte die Aufforderung des Gesetzgebers liegen, die Dritthaftung von Rechtsanwälten, Steuerberatern, Gutachtern und Abschlussprüfern einheitlich über § 311 Abs. 3 S. 2 BGB zu lösen.[12] Es gilt daher festzustellen, ob Abschlussprüfer durch die Prüfung und Bestätigung von Jahresabschlüssen kapitalmarktorientierter Unternehmen gem. § 311 Abs. 3 S. 2 BGB besonderes, persönliches Vertrauen für sich in Anspruch nehmen.

1.2 Die Erwartungslücke in der Öffentlichkeit

Der Annahme, dass ein Abschlussprüfer fremdes Vertrauen in Anspruch nimmt und deshalb bei fahrlässigen Pflichtverletzungen auch prüfungsfremden Dritten gegenüber als Sachwalter auf Schadenersatz haftet, stand lange das Phänomen der sog. „Erwartungslücke" entgegen. Wie die EU-Kommission in ihrem Grünbuch zur „Rolle, Stellung und Haftung des Abschlussprüfers in der Europäischen Union" ausgeführt hat, gibt es zwischen den Erwartungen der Öffentlichkeit in die gesetzliche Jahresabschlussprüfung und den Auffassungen der Prüfer über ih-

7 Vgl. Palandt, Heinrichs, § 311, Rnd.Nr. 63.

8 Vgl. BGHZ 88, S. 69; BGH, NJW-RR 1991, S. 1242; 91, S. 1314; ZIP 2003, S. 571.

9 Vgl. für den Wirtschaftsprüfer BGHZ 145, S. 198.

10 Vgl. Hucke, Gesellschafter und Geschäftsführer der GmbH – Juristische und ökonomische Analyse, S. 94.

11 Vgl. BT-Drucks. 14/6040, S. 163.

12 Vgl. so auch Canaris, JZ 2001, S. 520; Finn, NJW 2004, S. 3754.

re vom Gesetzgeber definierte Tätigkeit erhebliche Unterschiede.[13] Insbesondere erstreckt sich die Jahresabschlussprüfung, anders als bei Genossenschaften,[14] nicht auf die Geschäftsleitung der prüfungspflichtigen Aktiengesellschaft. Die Kontrolle des Vorstands ist gem. § 111 Abs. 1 AktG Aufgabe des unternehmensinternen Aufsichtsrats. Der Abschlussprüfer hingegen gibt ein Urteil über die Rechnungslegung ab, die nur einen Teilbereich der Verantwortung des Vorstands darstellt. Hierbei kann der Abschlussprüfer entgegen einer in der Öffentlichkeit weit verbreiteten Vorstellung die Fortführung der Unternehmenstätigkeit und die Solvenz der Gesellschaft auch bei sorgfältiger Prüfungsdurchführung nicht garantieren. Zwar wird von ihm verlangt, dass er die Faktoren, die die Ertragskraft der prüfungspflichtigen Gesellschaft verbessern oder verschlechtern können, aufmerksam beobachtet.[15] Er soll den Vorstand und den Aufsichtsrat in seinem Prüfungsbericht ausdrücklich auf alle Sachverhalte, die die Entwicklung des Unternehmens wesentlich beeinträchtigen oder seinen Fortbestand gefährden können, hinweisen.[16] Der Abschlussprüfer ist allerdings in der schwierigen Lage, dass er das prüfungspflichtige Unternehmen nicht wie der Vorstand und der Aufsichtsrat während des gesamten Geschäftsjahres begleitet.[17] Sein Urteil bezieht sich auf einen bestimmten Stichtag. Vertrauen für die Zukunft kann der Bestätigungsvermerk des Prüfers daher nur bedingt entfalten. Hierauf weist das OLG Bamberg in einer neueren, die Dritthaftung des Abschlussprüfers verneinenden Entscheidung vom 19.10.2004 hin.[18] Auch muss der Prüfer sorgfältig abwägen, in welcher Deutlichkeit er sich in dem zu veröffentlichenden Bestätigungsvermerk zu möglichen Bedenken äußert. Denn es besteht die Gefahr, dass seine Formulierungen im Bestätigungsvermerk Banken dazu veranlassen, Kredite zu kündigen, und Lieferanten, auf Zahlung bei Lieferung zu bestehen, und damit die Insolvenz des Mandanten herbeiführen („self-fulfilling-prophecy“).[19]

---

13 Vgl. EU-Kommission, Grünbuch zur „Rolle, Stellung und Haftung des Abschlussprüfers in der Europäischen Union“, ABl.EG C 321/1, S. 9.
14 Vgl. hierzu Hucke, WPg 2001, S. 558.
15 Vgl. EU-Kommission, Grünbuch zur „Rolle, Stellung und Haftung des Abschlussprüfers in der Europäischen Union“, ABl.EG C 321/1, S. 12.
16 Vgl. Baetge/Zülch, Von der Spätwarnung zur Frühwarnung, S. 14.
17 Vgl. EU-Kommission, Grünbuch zur „Rolle, Stellung und Haftung des Abschlussprüfers in der Europäischen Union“, ABl.EG C 321/1, S. 13.
18 Vgl. DB 2005, S. 157.
19 Vgl. EU-Kommission, Grünbuch zur „Rolle, Stellung und Haftung des Abschlussprüfers in der Europäischen Union“, ABl.EG C 321/1, S. 13.

1.3 Der Bestätigungsvermerk des Abschlussprüfers

Gerade in Deutschland hat das bis zum In-Kraft-Treten des KonTraG übliche Formeltestat dazu geführt, dass die Öffentlichkeit den uneingeschränkten Bestätigungsvermerk des Abschlussprüfers als Gütesiegel missverstanden hat.[20] Tatsächlich hat das Formeltestat jedoch nur ausgesagt, dass der geprüfte Jahresabschluss ein den tatsächlichen Verhältnissen entsprechendes Bild vermittelt. Zu den Überlebenschancen des Unternehmens hat sich ein solches Testat nicht geäußert, da die Warnpflicht des Prüfers nur den Prüfungsbericht betrifft. Die Prüfungsadressaten wussten deshalb nicht, in was sie vertrauten, und waren aus diesem Grund in ihrem Vertrauen nicht schutzwürdig. Mit dem KonTraG hat sich der Gesetzgeber dafür entschieden, von dem Formeltestat abzusehen und einen individuell formulierten Bestätigungsvermerk vorzuschreiben. Die Beurteilung des Prüfungsergebnisses sollte dadurch allgemeinverständlich und problemorientiert werden. Auf Risiken, die den Fortbestand des Unternehmens gefährden, ist durch den Prüfer in seinem Bestätigungsvermerk gesondert einzugehen. So wird die Warnpflicht des Abschlussprüfers auf den Bestätigungsvermerk ausgeweitet. Hierdurch sollten Fehlinterpretationen der Abschlussadressaten ausgeschlossen werden.[21] Im Rahmen des Bilanzrechtsreformgesetzes wurde die Form des Bestätigungsvermerks erneut modifiziert. Nun muss die Beurteilung des Prüfungsergebnisses gem. § 322 Abs. 2 HGB zweifelsfrei ergeben, ob ein uneingeschränkter Bestätigungsvermerk erteilt oder ob der Bestätigungsvermerk eingeschränkt oder versagt wurde. Eine solche Vorgabe fand sich in § 322 HGB in der Fassung des KonTraG nicht, führt aber ohne Zweifel zu einer weiter gesteigerten Verständlichkeit des Prüfervermerks. Die Neufassung des Bestätigungsvermerks durch KonTraG und Bilanzrechtsreformgesetz trägt sicherlich zum Abbau der beklagten Erwartungslücke bei.

1.4 Lageberichterstattung und Lageberichtprüfung

Da sich der Bestätigungsvermerk gem. § 322 Abs. 6 HGB darauf erstreckt, ob der Lagebericht mit dem Jahresabschluss im Einklang steht und ein zutreffendes

---

20 Vgl. ADS, § 322, Rnd.Nr. 2 und 23; Baetge/Linßen, BFuP 1999, S. 373; Graf, BB 2001, S. 563; Hucke, Wirtschaftsprüfer – Auf dem Weg zu Alleskönnern oder vom Gesetzgeber überfordert?, S. 30; Schindler/Rabenhorst, BB 1998, S. 1941.

21 Vgl. ADS, § 322, HGB, Rnd.Nr. 19; Baetge/Linßen, BFuP 1999, S. 373; Hucke, Wirtschaftsprüfer – Auf dem Weg zu Alleskönnern oder vom Gesetzgeber überfordert?, S. 30; Windmöller/ Hönsch, zfbf 2003, S. 738; WP-Handbuch, Abschnitt Q, Rnd.Nr. 436-438; Zimmer, NJW 1998, S. 3533.

Bild von der Unternehmenslage und den Risiken der zukünftigen Entwicklung vermittelt, ist bei der vorliegenden Untersuchung die Neufassung des § 289 HGB durch das Bilanzrechtsreformgesetz zu berücksichtigen. Nach wie vor soll der Lagebericht bei der Beurteilung der voraussichtlichen Entwicklung des Unternehmens auf die zukünftigen, wesentlichen Risiken eingehen. In § 289 Abs. 2 Nr. 2 b HGB wird der Risikobegriff gegenüber dem KonTraG insoweit konkretisiert, als über Preisänderungs-, Ausfall- und Liquiditätsrisiken sowie über Risiken aus Zahlungsstromschwankungen zu berichten ist. Risiko bedeutet in diesem Zusammenhang die Möglichkeit ungünstiger, künftiger Entwicklungen, deren Eintritt mit einer erheblichen, wenn auch nicht notwendigerweise überwiegenden Wahrscheinlichkeit zu erwarten ist.[22] Künftig müssen die Risiken erläutert und beurteilt werden. Es reicht nicht mehr wie bisher aus, nur auf sie einzugehen.[23] Aktiengesellschaften müssen bei der Risikoberichterstattung gem. § 289 Abs. 2 Nr. 2 a HGB nun auch über ihr Risikomanagement, insbesondere das Risikofrüherkennungssystem gem. § 91 Abs.2 AktG, seine Ziele und Methoden berichten.[24] Wie die Risiken sollen auch Geschäftsverlauf, Geschäftsergebnis und Geschäftslage künftig beurteilt und bewertet werden.[25] Eine reine Darstellung, wie noch in § 289 Abs. 1 S. 1 HGB in der Fassung des KonTraG vorgesehen, genügt nicht mehr. Hierdurch werden die Aufgaben von Jahresabschluss und Lagebericht deutlich voneinander abgegrenzt: Der Jahresabschluss dient der Darstellung relevanter Kennzahlen und Sachverhalte, der Lagebericht ihrer Analyse und Kommentierung.[26] Die Geschäftsleitung darf sich gem. § 289 Abs. 1 S. 2 HGB nicht mit subjektiven Einschätzungen begnügen. Vielmehr ist eine ausgewogene und umfassende, dem Umfang und der Komplexität der Geschäftstätigkeit entsprechende Analyse des Geschäftsverlaufs und der Lage der Aktiengesellschaft gefordert.[27] Hierbei sind insbesondere auch Prognosen für die Zukunft verlangt.[28]

Der Abschlussprüfer muss bei der Prüfung der Lageberichterstattung sicherstellen, dass der Lagebericht alle wesentlichen, voraussichtlichen Risiken und Methoden und Ziele des Risikofrüherkennungssystems erfasst und erläutert.[29]

---

22 Vgl. BeckBilKomm, Ellrott, § 289 HGB, Rnd.Nr. 26; Beck'sches Handbuch der Rechnungslegung, Abschn. B 510, Rnd.Nr. 73; Lange, ZIP 2004, S. 986; ders., DStR 2001, S. 228; Selch, WPg 2000, S. 362; Küting/Hütten, AG 1997, S. 252.

23 Vgl. Lange, ZIP 2004, S. 986.

24 Vgl. Wolf, DStR 2005, S. 442.

25 Vgl. Lange, ZIP 2004, S. 986.

26 Vgl. Bilanzrechtsreformgesetz, Regierungsentwurf, BT-Drucks. 15/3419, S. 30.

27 Vgl. Hüttemann, BB 2004, S. 208.

28 Vgl. GroßKommHGB, Hommelhoff, § 289, Rnd.Nr. 1 und 2; Kleindiek, ZGR 1998, S. 473; Lange, ZIP 2004, S. 987; MünchKommHGB, Lange, § 289, Rnd.Nr. 4 und 50.

29 Vgl. Kajüter, BB 2002, S. 245.

Der Prüfer muss sich insbesondere vergewissern, ob die Risikoerläuterung hinreichend detailliert ist.[30] Dabei hat der Prüfer einen Ermessensspielraum. Je bedeutsamer das Risiko ist, desto eher muss er aber auf deutliche Hinweise zu den Wirkungen und dem daraus resultierenden Gefährdungspotential für das prüfungspflichtige Unternehmen bestehen.[31] Da die Risikoberichterstattung hauptsächlich Prognosen enthält, kann sich der Prüfer nicht von ihrer Richtigkeit überzeugen. Denn nachprüfbar im Sinne von „wahr" oder „falsch" sind nur Tatsachenangaben. Gleichwohl ist die Risikoberichterstattung im Lagebericht auf ihre Plausibilität und Widerspruchsfreiheit zu überprüfen.[32] Weiter muss der Prüfer die Klarheit der Risikoberichterstattung beurteilen. Insbesondere dürfen mit Risiken verbundene Chancen nicht überbewertet werden.[33] Auch die durch das Bilanzrechtsreformgesetz hervorgehobene Prognoseberichterstattung muss der Abschlussprüfer auf ihre Plausibilität beurteilen. Auf die Risiko- und Prognoseberichterstattung hat der Abschlussprüfer anders als bisher im Bestätigungsvermerk einzugehen, was die Darstellung seiner Prüfungsergebnisse zukunftsorientiert werden lässt. Das könnte weiter zum Abbau der Erwartungslücke beigetragen. Denn der Abschlussprüfer nimmt in seinem Bestätigungsvermerk, wie von der Öffentlichkeit erwartet, zu der Überlebensfähigkeit des geprüften Unternehmens Stellung. Auf der anderen Seite stellt er klar, dass er nur zur Plausibilität und Widerspruchsfreiheit der Risiko- und Prognoseberichterstattung des Vorstands des geprüften Unternehmens ein Urteil abgibt und nicht für den Fortbestand des geprüften Unternehmens garantiert.

1.5 Transparenzbericht des Abschlussprüfers

Das Vertrauen der unternehmensfremden Prüfungsadressaten in die Jahresabschlussprüfung könnte weiter durch den Transparenzbericht gestärkt werden, den Prüfer kapitalmarktorientierter Unternehmen gem. Art. 38 des Entwurfs der EU-Kommission für eine Abschlussprüfer-Richtlinie jährlich veröffentlichen sollen. In Deutschland wird der Transparenzbericht voraussichtlich durch das „Gesetz zur Reform der Berufsaufsicht" eingeführt werden.[34] Nach dem Richtlinienvorschlag der EU-Kommission soll der Transparenzbericht eine Erklärung der Prü-

---

30 Vgl. Kajüter, BB 2002, S. 245.

31 Vgl. Kajüter, BB 2002, S. 245; Selchert, Prüfung des Lageberichts, S. 217.

32 Vgl. Kajüter, BB 2002, S. 246; Küting/Hütten, in Lachnit/Freidank: Investororientierte Unternehmenspublizität, S. 424; Selchert, Prüfung des Lageberichts, S. 219; Wiechers, StuB 2000, S. 135; Wysocki, Wirtschaftliches Prüfungswesen, S. 323.

33 Vgl. Kajüter, BB 2002, S. 246.

34 Vgl. Heininger/Bertram, DB 2004, S. 1740.

fungsgesellschaft zu ihrer Leitung, eine Beschreibung des internen Qualitätskontrollsystems und eine Erklärung des Verwaltungs- oder Leitungsorgans der Prüfungsgesellschaft zur Wirksamkeit des Qualitätskontrollsystems enthalten. Der Bericht soll ferner Angaben zur externen Qualitätskontrolle, zur prüfungsgesellschaftinternen Fortbildung sowie zur Honorarstruktur der Prüfungsgesellschaft umfassen.[35] Gerade die Angaben zur internen und externen Qualitätskontrolle sowie zur Honorarstruktur können in besonderem Maße dazu beitragen, dass prüfungsfremde Dritte in die Unabhängigkeit der Prüfungsgesellschaft vertrauen. Die Angaben zur internen Fortbildung schaffen Vertrauen in die Prüfungsqualität. Also bietet der Transparenzbericht Prüfungsadressaten anders als nach geltendem Recht die Möglichkeit, zwischen der Prüfungsqualität verschiedener Prüfungsgesellschaften zu unterscheiden und individuell abzuwägen, wie vertrauenswürdig ein uneingeschränkter Bestätigungsvermerk ist. Deshalb trägt der Transparenzbericht des Abschlussprüfers dazu bei, dass der Prüfer bei den Prüfungsadressaten besonderes Vertrauen in Anspruch nimmt, was Voraussetzung für seine Dritthaftung als Sachwalter ist.

1.6 Zwischenergebnis zur Sachwaltereigenschaft des Prüfers

Die Änderungen bei der Berichterstattung des Abschlussprüfers im Bestätigungsvermerk und bei der Lageberichterstattung haben dazu beigetragen, dass sich die Erwartungslücke in der Öffentlichkeit schließt. Durch die Abkehr vom Formeltestat hin zum individuellen, problemorientierten und unternehmensbezogenen Bestätigungsvermerk trifft den Prüfer die Pflicht, über Risiken, die den Fortbestand des geprüften Unternehmens gefährden, im Testat gegenüber der Öffentlichkeit, und nicht wie bis zum KonTraG nur im Prüfungsbericht gegenüber den gesetzlichen Vertretern und dem Aufsichtsrat, zu berichten. Daraus ergibt sich, dass der Bestätigungsvermerk, wie bis zum KonTraG von der Öffentlichkeit angenommen, nicht gleichbedeutend mit einer Garantie für den Fortbestand des geprüften Unternehmens ist, was eine übertriebene Erwartung wäre. In seinem Bericht zur Prüfung der Lageberichterstattung beurteilt der Abschlussprüfer innerhalb des Bestätigungsvermerks zukünftige Risiken, stellt jedoch gleichzeitig klar, dass er nur zur Plausibilität der Angaben im Lagebericht Aussagen treffen kann. Der Transparenzbericht gem. Art. 38 des Richtlinienentwurfs der EU-Kommis-

35 Vgl. EU-Kommission, Vorschlag für eine Richtlinie des Europäischen Parlaments und des Rates über die Prüfung des Jahresabschlusses und des konsolidierten Abschlusses und zur Änderung der Richtlinien 78/660/EWG und 83/349/EWG des Rates, im Internet abrufbar unter www.europa.eu.int., Analyse nach Kapiteln, S. 9.

sion, der in Deutschland durch das „Gesetz zur Reform der Berufsaufsicht" eingeführt werden soll, ermöglicht es den Prüfungsadressaten, zwischen den Leistungen verschiedener Abschlussprüfer und Prüfungsgesellschaften zu differenzieren und dadurch die Vertrauenswürdigkeit eines uneingeschränkten Bestätigungsvermerks besser zu beurteilen. Diese Maßnahmen haben zur Konsequenz, dass das Vertrauen, das der Abschlussprüfer bei prüfungsfremden Prüfungsadressaten in Anspruch nimmt, gerechtfertigt und schutzwürdig ist. Aus diesem Grund erscheint eine Fahrlässigkeitsdritthaftung des Abschlussprüfers als Sachwalter sachgerecht.

2. Kreis der anspruchsberechtigten Dritten

Die Sachwaltereigenschaft des Abschlussprüfers bedeutet noch nicht, dass alle prüfungsfremden Prüfungsadressaten in ihrem Vertrauen in den Bestätigungsvermerk geschützt sind. Als Anspruchsteller kommen Anteilerwerber, Anteilseigner und Gläubiger (Warenlieferanten, Kreditinstitute, etc.) in Betracht. Ob ihr Vertrauen schutzwürdig ist, hängt vom Schutzzweck der Abschlussprüfung und von eigenen Kontrollmöglichkeiten der prüfungsfremden Dritten ab.

2.1 Anteilerwerber

2.1.1 Institutionelle Anleger und Großanleger

Die Geschäftsleitung von Fonds- oder Kapitalgesellschaften ist vor dem Erwerb größerer Beteiligungen im Innenverhältnis gegenüber ihrer Gesellschaft zur Durchführung einer „due-diligence-Prüfung" bei der Zielgesellschaft verpflichtet.[36] Eine solche Prüfung hat das Ziel, den Anteilwert und die mit dem Anteilerwerb verbundenen Risiken zu ermitteln.[37] Führt die Geschäftsleitung keine „due-diligence-Prüfung" durch, so begeht sie eine schuldhafte Pflichtverletzung. Diese muss sich die Fonds- bzw. Kapitalgesellschaft gem. § 31 BGB als eigenes Verschulden zurechnen lassen. Eine nicht durchgeführte „due-diligence-Prüfung" dürfte jedoch nicht erst auf der Rechtsfolgenseite für ein mögliches, anspruchminderndes Mitverschulden eine Rolle spielen. Vielmehr ist die anteilerwerbende Fonds- oder Kapitalgesellschaft wegen der Möglichkeit, eine eigene Prüfung, die sich stärker als die gesetzliche Abschlussprüfung auf bestimmte Schwerpunkte

36 Vgl. Kiethe, NZG 1999, S. 976.
37 Vgl. Fleischer/Körber, BB 2001, S. 842; Huber, AcP 202 (2002), S. 193.

konzentrieren kann, durchzuführen, in ihrem Vertrauen in den Bestätigungsvermerk des Abschlussprüfers nicht schutzwürdig.

2.1.2 Kleinanleger

Kleinanleger konnten in der Vergangenheit die gesetzlichen Vertreter für fehlerhafte Kapitalmarktinformationen nicht in Anspruch nehmen.[38] Sie konnten regelmäßig nicht den Beweis führen, dass ihr Aktienerwerb auf der unwahren Kapitalmarktinformation beruhte.[39] Beweiserleichterungen können Anleger nach der Rechtsprechung des BGH grundsätzlich nach wie vor nicht für sich in Anspruch nehmen, da ihr individueller Kaufentschluss durch eine Vielzahl von Faktoren, unter anderem auch die Bereitschaft zu spekulativen Anlageformen, bestimmt wird.[40] Die Beweisschwierigkeiten von Anlegern gelten ebenso im Haftpflichtprozess gegen den Abschlussprüfer.[41] Zwar sollte es nach einer Entscheidung des OLG München vom 11.01.2005 für die Haftung des Vorstands einer Aktiengesellschaft ausreichen, wenn eine unwahre ad hoc-Mitteilung für die Anlageentscheidung mitursächlich gewesen ist.[42] Auch nahm das Gericht den für die Haftung des Vorstands erforderlichen Ursachenzusammenhang trotz eines zeitlichen Abstands von 11 Monaten zwischen ad hoc-Mitteilung und Anlageentscheidung an,[43] da der Anleger seine Entscheidungsbildung genau darlegen konnte. Es bleibt abzuwarten, ob die Entscheidung des OLG München Schadenersatzklagen wegen fehlerhafter Kapitalmarktinformationen generell erleichtert oder ob sie wegen der entgegenstehenden Rechtsprechung des BGH eine Einzelfallentscheidung bleibt. Jedenfalls gelten die Erwägungen des OLG München nicht in Bezug auf den geprüften Jahresabschluss, da dieser neutral formuliert ist und seine Form und sein Inhalt durch den Gesetzgeber vorgeschrieben sind. Deshalb kann er nicht wie ad hoc-Mitteilungen eine positive Anlagestimmung[44] hervorrufen. Das Erfordernis der Ursächlichkeit der fehlerhaften Kapitalmarktinformation für die Anlageentscheidung entspricht dem Erfordernis der Inanspruchnahme fremden Vertrauens bei der Sachwalterhaftung. Die Wertung, dass der Entschluss, Aktien zu erwerben, von einer Vielzahl von Faktoren bestimmt wird und nicht allein auf

---

38 Vgl. Baums, ZHR 167 (2003), S. 146.

39 Vgl. LG Augsburg, NZG 2002, S. 430; LG Bonn, AG 2001, S. 487-488 (Refugium); LG Kassel, DB 2002, S. 2152; AG München, WM 2002, S. 596; LG München, ZIP 2001, S. 1817; OLG München, ZIP 2002, S. 1727; ZIP 2002, S. 1991.

40 Vgl. BGH, NJW 2004, S. 2671 (Infomatec).

41 Vgl. Baetge/Lutter (Hrsg.), Abschlussprüfung und Corporate Governance, S. 26.

42 Vgl. ZIP 2005, S. 299.

43 Vgl. ZIP 2005, S. 299.

44 Vgl. hierzu BGH, NJW 2004, S. 2666; NJW 2004, S. 2671.

einer bestimmten Kapitalmarktinformation beruht, ist für die Frage, ob der Abschlussprüfer als Sachwalter haftet oder nicht, zu übernehmen. Deshalb ist eine Haftung des Abschlussprüfers als Sachwalter gegenüber Kleinanlegern, die bei ihrer Entscheidung über den Erwerb bestimmter Aktien in der Regel in den Rat ihres Bankberaters oder die einschlägige Fachpresse vertrauen und sich nicht von dem Bestätigungsvermerk des Prüfers leiten lassen, eher unwahrscheinlich.

2.2 Anteilseigner

2.2.1 Großaktionäre

Im Aufsichtsrat der prüfungspflichtigen Aktiengesellschaft sind die Anteilseigner gem. § 96 AktG vertreten. Der unternehmensinterne Aufsichtsrat, der gem. § 111 Abs. 1 AktG die Geschäftsführung des Vorstands überwacht und hierzu das Unternehmen über das ganze Geschäftsjahr hinweg begleitet, hat gem. § 90 AktG gegenüber dem Vorstand weitreichende Informations- und Berichtsansprüche. Diese ermöglichen eine aktive Rolle des Aufsichtsrats bei der Überwachung des Vorstands.[45] So bedürfen Geschäfte von grundlegender Bedeutung, also Maßnahmen, die die Vermögens-, Finanz- oder Ertragslage der Aktiengesellschaft grundlegend verändern, gem. § 111 Abs. 4 S. 2 AktG der Zustimmung des Aufsichtsrats. Die Ausschussbildung innerhalb des Aufsichtsrats, die Standard 5.3.1 bis 5.3.4 des Deutschen Corporate Governance-Kodex empfiehlt, ermöglicht eine fachlich kompetente und effiziente Kontrolltätigkeit des Aufsichtsrats. Der Abschlussprüfer unterstützt den Aufsichtsrat in seiner Kontrolltätigkeit nur insofern, als er ein fachmännisches Urteil über einen Teilbereich der Verantwortung des Vorstands, nämlich die Rechnungslegung, abgibt.[46] Letztendlich verlassen sich Großaktionäre also eher auf ihre Vertreter im Aufsichtsrat der Aktiengesellschaft als auf das Urteil des Abschlussprüfers, weshalb ihr Vertrauen in den Bestätigungsvermerk nicht schutzwürdig ist. Welche Bedeutung der Überwachungsfunktion des Aufsichtsrats beigemessen wird, zeigen die Empfehlungen des Deutschen Corporate Governance-Kodex zur Unabhängigkeit und fachlichen Qualifikation der einzelnen Aufsichtsratsmitglieder. So empfiehlt der am 02.06.2005 geänderte Standard 5.3.2, dass der Vorsitzende des Prüfungsausschusses über besondere Kenntnisse und Erfahrungen in der Anwendung von Rechnungslegungs-

---

45 Vgl. Kollmann, WM 2003, Sonderbeilage 1, S. 11; Schenck, NZG 2002, S. 65.

46 Vgl. Baetge/Linßen, BFuP 1999, S. 371; Bormann, BB 2002, S. 190; Hellwig, ZIP 1999, S. 2123; Mattheus, ZGR 1999, S. 687; Schindler/Rabenhorst, BB 1998, S. 1939.

grundsätzen und interner Kontrollverfahren verfügen soll. Bei ihm soll es sich um einen erfahrenen Kenner der Rechnungslegungsgrundsätze und internen Kontrollverfahren handeln, der sich durch ein besonderes Verständnis für Buchhaltungsvorschriften sowie Jahres- und Konzernabschlüsse auszeichnet. Er soll im Umgang mit den Grundsätzen über Bewertung, Rückstellungen und Rücklagen, in der Erstellung und Beurteilung von Unternehmensabschlüssen sowie auf dem Gebiet des Finanzcontrollings erfahren sein.[47] Als Bilanzexperte des Prüfungsausschusses kommen qualifizierte Diplom-Kaufleute, Diplom-Volkswirte, Wirtschaftsprüfer, vereidigte Buchprüfer, Steuerberater oder Rechtsanwälte, die bei der Erstellung von Unternehmensabschlüssen prüfend, beratend, überwachend, analysierend oder lehrend tätig sind, in Betracht.[48]

2.2.2 Kleinaktionäre

Kleinaktionäre vertrauen bei ihrer Entscheidung, ob sie Aktien halten oder verkaufen sollen, in der Regel nicht auf den Bestätigungsvermerk des Abschlussprüfers, sondern auf den Rat ihres Bankberaters oder die einschlägige Fachpresse. Deshalb ist eine Sachwalterhaftung des Abschlussprüfers ihnen gegenüber nicht wahrscheinlich.

2.3 Warenlieferanten

Warenlieferanten sind in ihrem Vertrauen in die geprüften und bestätigten Jahresabschlüsse ihrer Kunden nicht schutzwürdig, da ihnen die sachenrechtlichen Sicherungsmittel (Eigentumsvorbehalt, verlängerter Eigentumsvorbehalt) genügend Schutz bieten.

2.4 Kreditinstitute

Anders verhält es sich bei Kreditinstituten. Sie müssen sich, bevor sie einem prüfungspflichtigen Unternehmen Kredite von insgesamt mehr als 750.000 Euro gewähren, zur Überprüfung seiner wirtschaftlichen Verhältnisse den geprüften und testierten Jahresabschluss vorlegen lassen.[49] Zwar will das KWG in erster Linie

---

47 Vgl. zu dem Profil des Bilanzexperten Gruson/Kubicek, AG 2003, S. 351; Lieder, NZG 2005, S. 573.

48 Vgl. Lieder, NZG 2005, S. 574.

49 Vgl. Heppe, WM 2003, S. 760; Früh, WM 2002, S. 1813.

die allgemeine Ordnung des Kreditwesens und die Funktionsfähigkeit des Kreditapparates insgesamt erhalten.[50] Gleichwohl ist zu vermuten, dass sich Kreditinstitute wegen des eindeutigen Wortlauts des § 18 S. 1 KWG bei der Kreditvergabe in erster Linie von dem geprüften und bestätigten Jahresabschluss des potentiellen Kreditnehmers leiten lassen. Das betrifft sowohl das „Ob" (Wird überhaupt der beantragte Kredit gewährt?) als auch das „Wie" (Welche Sicherheiten werden verlangt?). Sie müssen so handeln, weil sie bei den Sicherheiten gegenüber Warenlieferanten benachteiligt sind. Eine Globalzession als typisches Sicherungsmittel des Kreditinstitutes ist nämlich wegen Verleitung des kreditnehmenden, prüfungspflichtigen Unternehmens zum Vertragsbruch nichtig, soweit sie sich auf Forderungen erstreckt, die üblicherweise von einem verlängerten Eigentumsvorbehalt erfasst werden.[51]

Im Rahmen der Sachwalterhaftung des Abschlussprüfers bleibt es unerheblich, wenn der Kreis der Kreditgeber für den Abschlussprüfer möglicherweise nicht überschaubar ist, weil die geprüfte Gesellschaft ihren Jahresabschluss bei einer Vielzahl von Kreditinstituten vorlegt.[52] Bei der Sachwalterhaftung ist nämlich nicht die Prüfersicht, sondern die Sicht des prüfungsfremden Kreditinstituts maßgeblich. Deshalb haftet der Abschlussprüfer als Sachwalter, wenn § 18 Abs. 1 KWG Anwendung findet. Die Reichweite der Schutzwürdigkeit des Vertrauens von Kreditinstituten orientiert sich an der vom Gesetzgeber verlangten Prüfungsintensität. Deshalb können Kreditinstitute nicht darauf vertrauen, dass der Abschlussprüfer Bilanzmanipulationen und Bilanzfälschungen aufdeckt, die mit den Instrumentarien der gesetzlichen Jahresabschlussprüfung auch bei gewissenhafter Berufsausübung nicht erkennbar sind.[53] Bei der Sachwalterhaftung kommt § 323 Abs. 2 HGB entsprechend zur Anwendung. Die Vorschrift bringt zum Ausdruck, dass Prüfer bei Prüfungsfehlern bei einer Jahresabschlussprüfung börsennotierter Aktiengesellschaften maximal bis zu einem Betrag von 4 Millionen Euro haften. Sie berücksichtigt, dass die Rechnungslegungsverantwortung primär bei den gesetzlichen Vertretern der prüfungspflichtigen Gesellschaft liegt.

Der Bestätigungsvermerk des Abschlussprüfers stellt allerdings keine Grundlage schutzwürdigen Vertrauens da, wenn ihm vor der Kreditvergabe eine ad hoc-Mitteilung im Sinne des § 15 WpHG folgt, die einen negativen Geschäftsvorlauf

---

50 Vgl. Feddersen, WM 1999, S. 108; Früh, WM 2002, S. 1813

51 Vgl. BGHZ 70, S. 310; 30, S. 152; NJW 1999, S. 940; 1991, S. 2147; ZIP 1999, S. 997; Palandt, Heinrichs, § 398, Rnd.Nr. 25.

52 Vgl. so aber OLG Düsseldorf, WPK-Magazin 4/2004, S. 51; GI 1999, S. 220.

53 Vgl. ADS, § 316 HGB, Rnd.Nr. 39; Dörner, WPg 1998, S. 317; Hucke, Wirtschaftsprüfer: Auf dem Weg zu Alleskönnern oder vom Gesetzgeber überfordert?, S. 22; Schindler/Rabenhorst, BB 1998, S. 1890.

voraussagt.[54] Gleiches gilt für einen Halbjahres- oder Quartalsbericht, der entweder freiwillig oder aufgrund von Börsenregularien erstellt und veröffentlicht wird. Zwar werden ad hoc-Mitteilungen und Zwischenberichte nicht vom Abschlussprüfer geprüft und testiert.[55] Sie zählen auch nicht zu den Unterlagen, die sich ein Kreditinstitut gem. § 18 Abs. 1 KWG vor der Kreditvergabe vorlegen lassen soll. Jedoch dienen ad hoc-Mitteilungen dazu, die Teilnehmer des Kapitalmarkts vor negativen Aspekten frühzeitig zu warnen. Deshalb können sie auch die Aussagen des aktuellen Jahresabschlusses entkräften.

3. Dritthaftung des Abschlussprüfers in Auskunftsfällen

Eine Fahrlässigkeitsdritthaftung des Abschlussprüfers, der nicht Sachwalter ist, kommt bei gesonderten Abreden zwischen dem Prüfer und dem prüfungsfremden Dritten in Betracht. Auch hier findet die Haftungsobergrenze des § 323 Abs. 2 HGB analog Anwendung. Häufig erfolgt nach einer Prospektprüfung zwischen dem Prospektprüfer und einem Anlageinteressenten, der vom Prüfer das Gutachten erbittet, zur Haftungsbegrenzung eine ausdrückliche Auskunftsvereinbarung.[56] Für einen stillschweigenden Auskunftsvertrag zwischen dem Abschlussprüfer und einem prüfungsfremden Dritten ist ein unmittelbarer Kontakt erforderlich.[57] Mittelbare Kontakte wie die Weitergabe des Prüfungsberichts durch den Mandanten oder die Kenntnisnahme des Bestätigungsvermerks durch den Dritten allein genügen nicht.[58] In dem Fall, den der BGH mit Urteil vom 02.04.1998 zu entscheiden hatte, war ein ausreichend enger Kontakt gegeben.[59] Der Abschlussprüfer hatte gegenüber dem späteren Käufer des von ihm geprüften Unternehmens schriftlich Angaben über den Jahresabschluss gemacht, die sich als falsch herausstellten. Ob zwischen einem Kreditinstitut und dem Abschlussprüfer ein Auskunftsvertrag anzunehmen ist oder nicht, ist bei Kreditgewährungen von unter 750.000 Euro bedeutsam. Bei Kreditgewährungen über 750.000 Euro haftet der Prüfer nämlich bereits als Sachwalter. Zwischen dem Kreditinstitut und dem

---

54 Vgl. BGH, NJW 2004, S. 2667; BGHZ 139, S. 234.

55 Vgl. Baums/Fischer, Haftung des Prospekt- und des Abschlussprüfers gegenüber den Anlegern, S. 11.

56 Vgl. Janert/Schuster, BB 2005, S. 993.

57 Vgl. BeckBilKomm, Hense, § 323 HGB, Rnd.Nr. 212; Damm, JZ 1991, S. 373; Ebenroth/Boujong/Joost (Hrsg.), Wiedmann, HGB, § 323, Rnd.Nr. 22; MünchKommHGB, Ebke, § 323, Rnd.Nr. 66; Ebke/Scheel, WM 1991, S. 389; Lang, WPg 1989, S. 57; Schmitz, DB 1989, S. 1911; Quick, BB 1992, S. 1675.

58 Vgl. BeckBilKomm, Hense, § 323 HGB, Rnd.Nr. 213.

59 Vgl. BGHZ 138, S. 266.

Prüfer kommt ein haftungsbegründender Auskunftsvertrag nur dann in Betracht, wenn der Prüfer auf Wunsch seines Mandanten oder des Kreditinstituts an den Kreditverhandlungen teilnimmt, unter Entbindung von seiner Verschwiegenheitspflicht über die Vermögensverhältnisse seines Mandanten Auskunft erteilt oder seinen Prüfungsbericht überreicht und erläutert.[60] Aus der Weitergabe des Prüfungsberichts durch den Mandanten hingegen ergibt sich kein stillschweigender Auskunftsvertrag.[61]

4. Beweislast für die Pflichtverletzung des Abschlussprüfers

4.1 Darlegungs- und Beweislast

Nach § 280 Abs. 1 S. 2 BGB muss sich der Abschlussprüfer im Rahmen seiner Dritthaftung als Sachwalter oder aus Auskunftsvertrag vom Vorwurf der Fahrlässigkeit entlasten. Die Beweislast hinsichtlich der Pflichtverletzung des Abschlussprüfers hingegen trifft den geschädigten Dritten. Fraglich ist, ob ihm Beweiserleichterungen zuzubilligen sind, weil er an der streitgegenständlichen Prüfung nicht beteiligt war und deshalb keinen Überblick über die durchgeführten oder nicht durchgeführten Prüfungshandlungen hat. Ein fehlerhafter, mit einem uneingeschränkten Bestätigungsvermerk versehener Jahresabschluss allein ist jedenfalls nicht Anscheinsbeweis für eine Pflichtverletzung des Abschlussprüfers.[62] Da die Abschlussprüfung keine Sonder- oder Deliktsprüfung darstellt und der Prüfer seinem Mandanten nicht mit übermäßigem Vertrauen begegnen muss,[63] können aus einem fehlerhaften Jahresabschluss keine Rückschlüsse über mögliche Prüfungsfehler gezogen werden. Auch wenn weitere Verdachtsmomente hinzutreten, zum Beispiel der fehlerhafte Bilanzansatz erheblich von dem Vorjahreswert abweicht oder die Bilanz nicht existente, immaterielle Vermögensgegenstände in erheblichem Wert ausweist, sind Beweiserleichterungen zugunsten des anspruchstellenden Dritten zweifelhaft. Ein Schaden tritt nämlich in der Regel erst dann ein, wenn das prüfungspflichtige Unternehmen zahlungsunfähig ist. Zahlungsunfähigkeit ist gem. § 17 InsO ein Insolvenzgrund. Bei Insolvenz des

---

60 Vgl. BGH, DB 1990, S. 2516; WM 1990, S. 966; WM 1986, S. 711; WM 1985, S. 1531; NJW 1986, S. 180; NJW 1962, S. 1500.

61 Vgl. BeckBilKomm, Hense, § 323 HGB, Rnd.Nr. 213.

62 Vgl. ADS, § 323, Rnd.Nr. 36; Ebke, Abschlussprüfer und Dritthaftung, S. 86; Hirte, Berufshaftung, S. 71; Späth, Haftung des Steuerberater, S. 685; Quick, BB 1992, S. 1676.

63 Vgl. Graumann, StuB 2002, S. 160; Schruff, Top Management Fraud – neue Dimensionen des Betrugs. Was Wirtschaftsprüfer tun können, S. 35.

geprüften Unternehmens dürfen Gesellschafter und Gläubiger gem. § 321a HGB Einblick in die Prüfungsberichte der letzten drei Jahre nehmen. Sie dürfen auch andere Wirtschaftsprüfer oder Rechtsanwälte zur Überprüfung der Berichte einsetzen. Im Hauptteil des Prüfungsberichts sind gem. § 321 Abs. 2 S. 5 HGB die Jahresabschlussposten aufzugliedern und zu erläutern. Der Prüfer muss insbesondere Stellung nehmen zu signifikanten Abweichungen gegenüber dem Vorjahr. Die Einsichtnahme der Prüfungsberichte ermöglicht es dem Anspruchsteller also, einzelne Bilanzposten substantiiert anzugreifen und gegebenenfalls Beweisantrag auf Einholung eines Sachverständigengutachtens zu stellen. Aus diesem Grund sind Beweiserleichterungen zugunsten prüfungsfremder Dritter nicht notwendig.

4.2 Die Arbeitspapiere des Prüfers im Dritthaftungsprozess

Ebke ist in seiner Untersuchung „Die Arbeitspapiere des Wirtschaftsprüfers und Steuerberaters im Zivilprozess" der Frage nachgegangen, ob Drittgeschädigte im Haftungsprozess Einblick in die Arbeitspapiere des Abschlussprüfers verlangen können, um weitere Anhaltspunkte für Pflichtverletzungen des beklagten Prüfers zu erhalten. Das deutsche Prozessrecht kennt keine Möglichkeit des Klägers zur Ausforschung des Beklagten wie die US-amerikanische „pre-trial discovery of documents".[64] In Deutschland ist gerade nicht wie in den USA eine umfassende Tatsachen- und Sachverhaltsermittlung durch die beweis- belastete Prozesspartei möglich. Deshalb verlangt § 422 ZPO eine Vorlage von Urkunden durch den Prozessgegner nur dann, wenn der Beweisführer nach den Vorschriften des bürgerlichen Rechts die Herausgabe der Urkunde verlangen kann. Bei der Haftung des Abschlussprüfers als Sachwalter oder aus Auskunftsvertrag können sich keine Herausgabepflichten aus dem Vertragsverhältnis zwischen dem Abschlussprüfer und seinem Mandanten ergeben. Schutzpflichten des Prüfers gegenüber prüfungsfremden Dritten, die Auskunftspflichten begründen können, resultieren vielmehr aus §§ 311 Abs. 3 S. 2, 241 Abs. 2 BGB. Ihre Reichweite richtet sich nach Treu und Glauben (§ 242 BGB). Eine Auskunftspflicht besteht nach Treu und Glauben dann, wenn in einer rechtsgeschäftlichen Beziehung eine Partei nicht nur über den Umfang, sondern auch über das Bestehen ihres Rechts im Ungewissen ist und sich die zur Geltendmachung eines möglichen Anspruchs notwendigen Auskünfte nicht selbst beschaffen kann.[65] Ein Anspruch auf Einsicht-

64 Vgl. BT-Drucks. 14/6036, S. 120; Ebke, Die Arbeitspapiere des Wirtschaftsprüfers und Steuerberaters im Zivilprozess, S. 59; Lüpke/Müller, NZI 2002, S. 589; Zekoll/Bolt, NJW 2002, S. 3132.

65 Vgl. BGHZ 95, S. 278-279; 81, S. 24; 10, S. 387; RGZ 158, S. 379.

nahme in die Unterlagen der anderen Partei ergibt sich hieraus jedoch nicht.[66] Auch können geschädigte Gesellschafter oder Gläubiger gem. § 321a Abs. 1 HGB die Prüfungsberichte des beklagten Abschlussprüfers einsehen und so die zur Substantiierung ihres Anspruchs erforderlichen Erkenntnisse selbst erlangen.

Bei substantiiertem Klägervortrag kann das Gericht gem. § 142 Abs. 1 ZPO auf Antrag des Klägers oder aus eigenem Entschluss die Vorlage der Arbeitspapiere des Wirtschaftsprüfers anordnen und sich die Arbeitspapiere gem. § 144 Abs. 1 ZPO durch einen Sachverständigen erläutern lassen. Die Anordnung zur Vorlage von Unterlagen steht im richterlichen Ermessen. Zwar droht bei extensivem Gebrauch der §§ 142, 144 ZPO ein Verstoß gegen die richterliche Neutralitätspflicht durch Sachverhaltsaufklärung von Amts wegen.[67] Diese Gefahr besteht allerdings im Haftungsprozess gegen den Abschlussprüfer nicht. Denn § 321a HGB ermöglicht es prüfungsfremden Dritten auch ohne Einblick in die Arbeitspapiere des Prüfers, ihren Vortrag genügend zu substantiieren und zum Beweis die Einholung eines Sachverständigengutachtens zu beantragen. Die Einbeziehung der Arbeitspapiere in die Untersuchungen des Sachverständigen stellt dann keine Sachverhaltsaufklärung des Gerichts von Amts wegen mehr dar, sondern beruht auf Tatsachen, die der Kläger in den Prozess eingeführt hat.

5. Ergebnis zur Fahrlässigkeitsdritthaftung des Abschlussprüfers

Die Fahrlässigkeitsdritthaftung als Sachwalter und aus Auskunftsvertrag führt gegenüber dem Vertrag mit Schutzwirkung für Dritte für den Abschlussprüfer zu Rechtssicherheit. Während in Rechtsprechung und Lehre Uneinigkeit über den Kreis der in den Schutzbereich des Prüfungsvertrages einbezogenen prüfungsfremden Dritten herrscht, ist der Wortlaut des § 18 Abs. 1 KWG eindeutig. Auch das Kriterium des „unmittelbaren Kontakts" ist klar. Die Tatsache, dass der Kreis der Kreditinstitute, die der Prüfungsmandant unter Vorlage des Bestätigungsvermerks um Kredit ersucht, möglicherweise nicht überschaubar ist, erhöht das Dritthaftungsrisiko für den Abschlussprüfer nicht signifikant. Darlehensgeber wird gewöhnlich eine der kontoführenden Banken des Prüfungsmandanten sein, die dem Prüfer bekannt sind. Das Schadenersatzrisiko ist für Prüfer insbesondere deshalb tragbar, weil angesichts umfangreicher Prüfungsstandards und Empfehlungen des IDW fahrlässige Prüfungsfehler kaum möglich sind. Jedenfalls begeht

66 Vgl. Ebke, Die Arbeitspapiere des Wirtschaftsprüfers und Steuerberaters im Zivilprozess, S. 22.
67 Vgl. Ebke, Die Arbeitspapiere des Wirtschaftsprüfers und Steuerberaters im Zivilprozess, S. 61-62.

der Abschlussprüfer keine Pflichtverletzung, wenn er Fehler und Unwahrheiten in dem zu prüfenden Jahresabschluss nicht aufdeckt, die bei ordnungsmäßiger Prüfungsdurchführung nicht erkennbar sind.[68]

68 Vgl. ADS, § 316 HGB, Rnd.Nr. 39; Dörner, WPg 1998, S. 317; Hucke, Wirtschaftsprüfer: Auf dem Weg zu Alleskönnern oder vom Gesetzgeber überfordert?, S. 22; Schindler/Rabenhorst, BB 1998, S. 1890.

Ergebnisse der Arbeit und Ausblick

Kapitalmarktorientierte Kapitalgesellschaften sind im Normalfall nicht eigentümergeführt, sondern werden von angestellten Managern ohne eigene Kapitalbeteiligung geleitet und gelenkt (Fremdorganschaft). Sie sind auf die Maximierung des eigenen Nutzens bedacht. Es ist nicht auszuschließen, dass die Manager zum Nachteil der Eigen- und Fremdkapitalgeber handeln, wenn sie dadurch die eigene Macht und das eigene Prestige steigern können. Eigen- und Fremdkapitalgeber haben wegen Nachteilen bei der Informationsgewinnung und Informationsüberprüfung (Informationsasymmetrien) nicht die Möglichkeit, das Handeln der angestellten Manager zu kontrollieren. Auch die zivilrechtliche Haftung hält die angestellten Manager nicht genügend von eigennützigem Handeln ab. Die Vorstandshaftung gegenüber der Aktiengesellschaft (Organinnenhaftung) durchzusetzen, hat für den Minderheitsaktionär wegen des damit verbundenen Kostenrisikos nur geringen Reiz. Die Durchsetzung der Vorstandshaftung bei fehlerhaften Kapitalmarktinformationen gegenüber Kapitalgebern (Organaußenhaftung) scheitert in der Regel daran, dass die Kapitalgeber nicht beweisen können, dass sie im Vertrauen auf diese fehlerhaften Kapitalmarktinformationen ihre Vermögensdisposition getätigt haben. Aus diesem Grund bedarf es einer wirksamen Vorstandskontrolle. Hier ist der Abschlussprüfer gefordert: Er überprüft jährlich, ob die Rechnungslegung des Vorstands das Bild der Vermögens-, Ertrags- und Finanzlage der Aktiengesellschaft zutreffend widergibt. Das durch das Bilanzkontrollgesetz geschaffene Rechnungslegungs-Enforcement kontrolliert die durch den Prüfer geprüften Jahresabschlüsse bei besonderen Verdachtsmomenten.

Genau wie der Vorstand einer Aktiengesellschaft ist auch der Abschlussprüfer auf seinen eigenen Vorteil bedacht. Er versucht, seinen Umsatz zu steigern, indem er seinen Mandanten einen „full service" aus Abschlussprüfung, Steuerberatung und Unternehmensberatung anbietet. Dadurch geht möglicherweise seine Urteilsfreiheit und Objektivität verloren. Denn als Berater hat der Prüfer ausschließlich die Interessen des Unternehmensvorstands zu berücksichtigen. Als Prüfer hingegen ist er der Öffentlichkeit verpflichtet. Auch kann der Unternehmensvorstand über die Beratungshonorare Einfluss auf den Abschlussprüfer ausüben. Im Gegensatz zum Prüfungsauftrag, den der Aufsichtsrat erteilt, vergibt dieser die Beratungsmandate. Also kann der Vorstand dem Prüfer mit dem Entzug lukrativer Beratungsaufträge drohen.

Der Abschlussprüfer verliert die für die Prüfung notwendige Distanz, wenn er eigene Beratungsergebnisse prüfen soll. Durch intensive Beratungstätigkeit identifiziert er sich verstärkt mit der prüfungspflichtigen Aktiengesellschaft. Die weitere Aufgabe erhöht seine finanzielle Abhängigkeit von einem Prüfungsmandanten und das umso mehr, je höher die Beratungshonorare sind, die er von diesem erhält. Schließlich entsteht insbesondere durch die Vertretung des Prüfungsmandanten vor Gericht in der Öffentlichkeit der Eindruck, dass der Abschlussprüfer bei der Jahresabschlussprüfung die Interessen seines Mandanten berücksichtigt und sich diesem stärker verpflichtet fühlt als den unternehmensfremden Prüfungsadressaten. Die Begrenzung von gleichzeitiger Prüfung und Beratung eines Mandanten ist daher angezeigt. Die EU verfolgt hierbei einen prinzipienorientierten Ansatz, während die USA bestimmte Beratungstätigkeiten verbieten. Das deutsche Recht verbindet beide Ansätze, indem es eine prinzipienorientierte Generalklausel mit verbindlichen Beratungsverboten kombiniert. Die Neuregelungen des Bilanzrechtsreformgesetzes tragen der Selbstprüfungsgefahr ausreichend Rechnung und halten dem internationalen Vergleich stand. Jedoch sollte über die Neuregelungen hinaus auch gleichzeitige Abschlussprüfung und gerichtliche Vertretung verboten sein. Denn der drohende Eindruck übermäßiger Interessenvertretung schadet dem Vertrauen der Öffentlichkeit in die Abschlussprüfung.

Neben der Selbstprüfung und der Interessenvertretung ist für die Objektivität des Abschlussprüfers Betriebsblindheit schädlich. Sie kann entstehen, wenn der Prüfer zu vertrauensvoll mit den gesetzlichen Vertretern der prüfungspflichtigen Aktiengesellschaft zusammenarbeitet. Deshalb ist seine Distanzierung vom Vorstand notwendig. Hierfür ist die Bildung eines Prüfungsausschusses empfehlenswert, der für den Wahlvorschlag an die Hauptversammlung, die Beauftragung des gewählten Prüfers, die Festlegung des Prüferhonorars und der Prüfungsschwerpunkte sowie die Zusammenarbeit mit dem Prüfer während der Prüfungsdurchführung zuständig ist. Sec. 201 (h) des Sarbanes Oxley-Act, die auch auf deutsche Aktiengesellschaften, die an einer US-Börse notiert sind, Anwendung findet, macht über den Satzungsvorbehalt gem. § 111 Abs. 4 S. 2 AktG hinaus einen gesetzlichen Zustimmungsvorbehalt des Aufsichtsrats bzw. Prüfungsausschusses für Beratungsmandate des Abschlussprüfers erforderlich.

Betriebsblindheit kann auch durch langjährige Prüfung eines Mandanten entstehen. Ihr lässt sich durch einen obligatorischen, externen Prüferwechsel entgegenwirken. Dieser wird zu Unrecht abgelehnt. Es lässt sich nämlich beobachten, dass Abschlussprüfer in Ländern mit einer externen Rotationspflicht häufiger Fehler aufdecken als andere Prüfer. Damit korrespondiert die Feststellung, dass eine lange Mandatsdauer zu einer geringeren Zahl von Testatseinschränkungen führt. Die Unabhängigkeit des Abschlussprüfers wird durch den externen Prüferwechsel gestärkt. Die externe Prüferrotation ist zudem praktikabler als der reine

Prüferwechsel innerhalb der Prüfungsgesellschaft. Auch ermöglicht die externe Prüferrotation mittelständischen Prüfungsunternehmen die Übernahme großer Prüfungsmandate. Dadurch wird das Oligopol auf dem Markt für große Prüfungsmandate beseitigt. Dass Prüfer am Ende einer Rotationsperiode nachlässig prüfen („end game"-Problematik), ist unwahrscheinlich, da ein solches Verhalten ihrem künftigem Ansehen beim Mandanten und in der Öffentlichkeit schaden würde.

Verstöße gegen die Regeln zur Unabhängigkeit des Abschlussprüfers werden in Deutschland nicht ausreichend sanktioniert. Zwar sind die berufsrechtlichen Sanktionen streng. Jedoch kommt es in der Praxis nach geltendem Recht kaum zur Ahndung von Pflichtverstößen im Prüfungs-Beratungs-Konflikt. Grund dafür ist, dass der Prüfer gem. § 62 S. 2 Halbs. 2 WPO der Wirtschaftsprüferkammer keine Auskünfte erteilen oder Unterlagen vorlegen muss, wenn er hierdurch seine Verschwiegenheitspflicht verletzen würde. Deshalb ist eine Änderung des § 62 S. 2 Halbs. 2 WPO erwägenswert, die vorsieht, dass der Prüfer auf Verlangen der Kammer Auskünfte erteilen und Unterlagen vorlegen muss. Die Kammer sollte die Informationen allerdings nur in dem aufsichtsrechtlichen Verfahren gegen den Prüfer und nicht in einem strafrechtlichen oder Ordnungswidrigkeiten-Verfahren gegen den Prüfungsmandanten verwenden dürfen. Auch muss das Recht des Prüfers, sich nicht selbst belasten zu müssen, gewahrt bleiben. Deshalb sollten die Wirtschaftsprüferkammer und die im berufsgerichtlichen Verfahren beteiligte Staatsanwaltschaft die strafprozessualen Ermittlungsbefugnisse haben.

Die Durchsetzung der Unabhängigkeit des Abschlussprüfers ist in Deutschland auch Aufgabe der Zivilgerichte. Auf Antrag kann ein Prüfer, der einen Ausschlussgrund nach § 319 Abs. 2 bis Abs. 5 oder § 319a HGB verwirklicht, gerichtlich ersetzt werden. In dem Ersetzungsverfahren sind neben dem Aufsichtsrat und den gesetzlichen Vertretern die (Minderheits-) Aktionäre antragsberechtigt. Damit diese einen Ersetzungsantrag stellen können, sollten Inhalt und Honorar von Beratungsmandaten des Abschlussprüfers für ihre Gesellschaft analog § 125 Abs. 1 S. 3 AktG in der Einladung zur Hauptversammlung offengelegt werden.

Der Blick auf die Haftungssituation von Abschlussprüfern in den USA und im europäischen Ausland lässt keine Rückschlüsse auf die Dritthaftung deutscher Abschlussprüfer zu. Zwar wird mittlerweile überall eine Dritthaftung des Prüfers für Fahrlässigkeit anerkannt. Doch herrscht Uneinigkeit über ihre Reichweite. Der internationale Vergleich verbietet aber keine Ausweitung der Dritthaftung deutscher Abschlussprüfer über § 826 BGB hinaus. Insbesondere die Rechtslage in Österreich und in Großbritannien spricht vielmehr für einen weiten Schutzbereich der gesetzlichen Abschlussprüfung.

Die deutschen Gerichte stützen die Fahrlässigkeitsdritthaftung des Abschlussprüfers auf die Grundsätze des Vertrages mit Schutzwirkung für Dritte. Zumindest in der Rechtsprechung ist anerkannt, dass einer Prüferdritthaftung für Fahrlässigkeit die Vorschrift des § 323 Abs. 1 S. 3 HGB nicht entgegen steht. Der BGH meint in dieser Vorschrift gleichwohl die Absicht des Gesetzgebers zu erkennen, die Reichweite der Prüferdritthaftung zu begrenzen. Die Reaktionen der Instanzgerichte auf diese Aussage des BGH in seinem Urteil vom 02.04.1998 sind unheitlich.

Die Reichweite der Prüferdritthaftung darf aber angesichts der öffentlichen Garantiefunktion der Abschlussprüfung nicht vom Willen des Abschlussprüfers abhängen. Aus diesem Grund dürfen Abreden zwischen dem Prüfer und seinem Mandanten, von denen die unternehmensfremden Prüfungsadressaten keine Kenntnis haben, keine dritthaftungseinschränkende Wirkung haben. Das spricht gegen die Lösung über den Vertrag mit Schutzwirkung für Dritte.

Diese Einwände lassen sich gegen einen eigenen Schadenersatzanspruch prüfungsfremder Dritter gem. §§ 280 Abs. 1, 241 Abs. 2, 311 Abs. 3 S. 2 BGB nicht vorbringen. Für die Sachwaltereigenschaft des Abschlussprüfers sprechen die Abkehr vom Formeltestat hin zu einem individuellen, problemorientierten Bestätigungsvermerk, in dem der Prüfer zu bestandsgefährdenden Umständen Stellung zu nehmen hat und der dadurch Missverständnissen bei den Prüfungsadressaten vorbeugt, sowie die Plausibilitätsprüfung der zukunftsorientierten Lageberichterstattung. Ferner sorgt der Transparenzbericht gem. Art. 38 des Entwurfs einer europäischen Abschlussprüferrichtlinie, zu dem voraussichtlich auch deutsche Prüfer durch das „Gesetz zur Reform der Berufsaufsicht" verpflichtet werden, für die Inanspruchnahme fremden Vertrauens. Die Schutzwürdigkeit des Vertrauens in den Bestätigungsvermerk des Prüfers hängt von dem Schutzzweck der Abschlussprüfung sowie von eigenen Kontrollmöglichkeiten der prüfungsfremden Dritten ab. Schutzwürdig in ihrem Vertrauen in das Urteil des Abschlussprüfers sind Kreditinstitute bei der Gewährung von Krediten von insgesamt mehr als Euro 750.000, da sich diese vor der Kreditgewährung gem. § 18 S. 1 KWG Jahresabschluss und Bestätigungsvermerk vorlegen lassen müssen. Andere prüfungsfremde Prüfungsadressaten können wegen fahrlässigen Prüfungsfehlern nur dann Ersatz verlangen, wenn zwischen ihnen und dem Abschlussprüfer ein direkter Kontakt (Auskunftsvertrag) bestand.

Das Haftungsrisiko von deutschen Abschlussprüfern, die Tochtergesellschaften von US-amerikanischen Publikumsgesellschaften prüfen, ist besonders groß, weil sie der Disziplinaraufsicht des PCAOB mit weitreichenden Ermittlungs- und Sanktionsbefugnissen unterliegen und möglicherweise mit den nationalen Vorschriften zur Verschwiegenheit und zum Datenschutz in Konflikt geraten. Aber auch für deutsche Abschlussprüfer könnte das Haftungsrisiko im Prüfungs-

Beratungs-Konflikt durch das Rechnungslegungs-Enforcement, das Anhaltspunkte für Berufspflichtverletzungen der Wirtschaftsprüferkammer mitzuteilen hat, steigen. Das Schadenersatzrisiko bei fahrlässigen Prüfungsfehlern ist demgegenüber gering. Denn angesichts umfangreicher Prüfungsstandards und Empfehlungen des IDW sind fahrlässige Prüfungsfehler kaum möglich.

Mit dem Bilanzrechtsreformgesetz, dem Bilanzkontrollgesetz und dem Abschlussprüferaufsichtsgesetz scheinen die Änderungen im Berufsrecht der Wirtschaftsprüfer ein vorläufiges Ende gefunden zu haben. Der Berufsstand soll zunächst die Möglichkeit haben, sich auf die gesetzlichen Neuregelungen einstellen und aus den Neuerungen die notwendigen Konsequenzen hinsichtlich Mandantenstruktur und Qualitätsmanagement ziehen zu können. Allerdings befindet sich beim Bundeswirtschaftsministerium bereits die 7. WPO-Novelle, das sog. „Gesetz zur Reform der Berufsaufsicht“, in Planung. Durch dieses Gesetz sollen die Ermittlungsbefugnisse der Wirtschaftsprüferkammer erweitert werden. Das erscheint dringend notwendig, um den Vorgaben des PCAOB und der EU-Kommission zur Effizienz der Berufsaufsicht zu entsprechen.

Verwendete Literatur

„Adler/ Düring/ Schmaltz – Kommentar zum HGB, AktG, GmbHG, PublG nach den Vorschriften des Bilanzrichtlinien-Gesetzes“, Teilband 7, Forster, Karl-Heinz (Bearb.), 6. Aufl., Stuttgart 2000.

Alchian, A. A./ Demsetz, H., Production, Information Costs and Economic Organization, in AER 62 (1972), S. 777-795.

Arbeitskreis Externe Unternehmensrechnung der Schmalenbach-Gesellschaft für Betriebs-wirtschaft, Stellungnahme zum Referentenentwurf eines Bilanzkontrollgesetzes, in DB 2004, S. 329-332.

Arrow, K. J., The Economics of Agency, in: Pratt, J./ Zeckhauser, R., Principals and Agents – The Structure of Business, Boston 1985, S. 37-51.

Artmann, Eveline, Die Haftung des Abschlussprüfers für Schäden Dritter, in JBl 2000, S. 623-634.

Axelson, Kenneth S., Are Consulting and Auditing Compatible?, in The Journal of Accountancy, April 1963, S. 54-58.

Backhaus, Klaus, Der Wirtschaftsprüfer als Unternehmensberater – Selbstverständlichkeit oder neue Herausforderungen?“, in: Rechnungslegung und Prüfung 1992, Vorträge der Jahre 1989-1991 vor dem Münsteraner Gesprächskreis Rechnungslegung und Prüfung e.V., Düsseldorf 1992, S. 167-198.

–, Betriebswirtschaftliche Beratung von Unternehmen durch Wirtschaftsprüfer, in WPg 1990, S. 680-688.

Backhaus, Klaus/ Späth, Georg-Michael, Unternehmensberatung durch Wirtschaftsprüfer: Eine sortimentspolitische Grundsatzentscheidung, in DBW 1992, S. 761-776.

Baetge, Jörg/ Lienau, Achim, Änderungen der Berufsaufsicht der Wirtschaftsprüfer, in DB 2004, S. 2277-2281.

Baetge, Jörg/ Linßen, Thomas, Beurteilung der wirtschaftlichen Lage durch den Abschlussprüfer und Darstellung des Urteils im Prüfungsbericht und Bestätigungsvermerk, in BFuP 1999, S. 369-389.

Baetge, Jörg/ Lutter, Marcus (Hrsg.), Abschlussprüfung und Corporate Governance“, Köln 2003.

Baetge, Jörg/ Zülch, Henning, Von der Spätwarnung zur Frühwarnung“, in: Boysen et al (Hrsg.), Der Wirtschaftsprüfer und sein Umfeld zwischen Tradition und Wandel zu Beginn des 21. Jahrhunderts – Festschrift zum 75. Geburtstag von Hans-Heinrich Otte, Düsseldorf 2001, S. 1-48.

Ballwieser, Wolfgang, Die Unabhängigkeit des Wirtschaftsprüfers – eine Analyse von Beratungsverbot und externer Rotation, in: Lutter, Marcus (Hrsg.), Der Wirtschaftsprüfer als Element der Corporate Governance, Vorträge des 12. Bonner Europa-Symposiums, Düsseldorf 2001, S. 99-115.

Barnea, A./ Haugen, R. A./ Senbet, L. W., Agency-Problems and Financial Contracting, Englewood Cliffs 1985.

–, Market Imperfections, Agency Problems and Capital Structure – A Review, in Financial Management 1981, Vol. 10, S. 7-22.

Baumbach, Adolf/ Hopt, Klaus J.: „Handelsgesetzbuch, Kommentar", 30. Aufl., München 2000.

Baums, Theodor, Haftung wegen Falschinformation des Sekundärmarktes, in ZHR 167 (2003), S. 140-192.

–, Die Aktienrechtsreform 1997: Stellungnahme anlässlich der öffentlichen Anhörung vor dem Rechtsausschuss des Deutschen Bundestages, in AG 1997, Sonderheft, S. 26-39.

–, Der Aufsichtsrat – Aufgaben und Reformfragen, in ZIP 1995, S. 11-18.

Baums, Theodor/ Fischer, Christian, Haftung des Prospekt- und des Abschlussprüfers gegenüber den Anlegern, Frankfurt am Main 2003.

Beckmann, Hans, Personnlijke aansprakelijkheid van de openbaar accountant, in: J. M. M. Maeijer et al (Hrsg.), Aansprakelijkheid en draagpflicht van bestuurders, commissarissen en accountants; verzekeringsaspecten", Deventer 1991, S. 17-51.

Beck'scher Bilanz-Kommentar – Handels- und Steuerrecht: §§ 238 bis 339 HGB, Hrsg. Berger, Axel et al., 5. Aufl., München, 2003.

Beck'sches Handbuch der GmbH: Gesellschaftsrecht – Steuerrecht, Hrsg. Müller, Wolf, 3. Aufl., München 2002.

Beck'sches Handbuch der Rechnungslegung, Hrsg. Castan, Edgar et al, München 1993.

Bender, Christian/Vater, Hendrik, Lückenhaft und unverbindlich – Der Deutsche Corporate Governance Kodex lässt auch nach der Überarbeitung wichtige Kernprobleme der Unternehmensüberwachung ungelöst, in DB 2004, S. 1807-1812.

Berle, Adolf/ Means, Gardiner C., The Modern Corporation and Private Property, New York 1932.

Berliner Initiativkreis German Code of Corporate Governance, German Code of Corporate Governance, in DB 2000, S. 1573-1581.

Bitz, Horst, Risikomanagement nach dem KonTraG, Stuttgart 200.

Blumers, Wolfgang/ Beinert, Stefanie/ Witt, Sven-Christian, Unternehmenskaufmodelle nach der Steuerreform, in DStR 2001, S. 233-240.

Böcking, Hans-Joachim, Audit und Enforcement: Entwicklungen und Probleme, in zfbf 2003, S. 682-705.
Böcking, Hans-Joachim/ Löcke, Jürgen, Abschlussprüfung und Beratung – eine ökonomische Analyse, in DBW 1997, S. 461-474.
Böcking, Hans-Joachim/ Orth, Claus, Kann das Gesetz zur Kontrolle und Transparenz im Unternehmensbereich (KonTraG) einen Beitrag zur Verringerung der Erwartungslücke leisten? – Eine Würdigung auf Basis von Rechnungslegung und Kapitalmarkt, in WPg 1998, S. 351-364.
Böcking, Hans-Joachim/ Orth, Christian, Risikomanagement und das Testat des Abschlussprüfers, in BFuP 2000, S. 242-260.
–, Mehr Kontrolle und Transparenz im Unternehmensbereich durch eine Verbesserung der Transparenz der Abschlussprüfung, in BFuP 1999, S. 418-436.
Bormann, Michael, Unabhängigkeit des Abschlussprüfers: Aufgabe und Chance für den Berufsstand, in BB 2002, S. 190-197.
Born, Karl, Rechnungslegung International, Konzernabschlüsse nach IAS, US-GAAP, HGB und EG-Richtlinien, 2. Auflage, Stuttgart 1999.
Braun, Frank, Gebührendruck und Prüfungsqualität bei Pflichtprüfungen mittelständischer Unternehmen, in BB 1996, S. 999-1001.
Boujong, Karlheinz/ Ebenroth, Carsten Thomas/ Joost, Detlef: Handelsgesetzbuch, München 2001.
Bungert, Hartwin, Gesellschaftsrecht in den USA: Eine Einführung mit vergleichenden Tabellen, 3. Aufl., München 2002.
Canaris, Claus-Wilhelm, Die Reform des Rechts der Leistungsstörungen, in JZ 2001, S. 499-523.
–, Die Reichweite der Expertenhaftung gegenüber Dritten, in ZHR 163 (1999), S. 207-242.
Carmichael, Douglas R., In Search of Concepts of Auditor Independence, in CPA-Journal, May 1999, S. 39-43.
Citron, D. B./ Taffer, R. J., The Audit Report under Going Concern Uncertainties: An Empirical Analysis, in Accounting and Business Research 1992, S. 337-345.
Claussen, Carsten P., Wie ändert das KonTraG das Aktiengesetz?, in DB 1998, S. 177-186.
Coenenberg, Adolf G./ Reinhart, Alexander/ Schmitz, Jochen, Audit Committee – Ein Instrument zur Unternehmensüberwachung, in DB 1997, S. 989-997.
Czech, Hartmut W., Die Haftung des Wirtschaftsprüfers gegenüber Dritten, in BB 1975, S. 723-726.
Damm, Reinhard, Entwicklungstendenzen der Expertenhaftung, JZ 1991, S. 373-383.

Dehn, Wilma, Die Haftung des Abschlussprüfers nach § 275 HGB (nF), in ÖBA 2002, S. 377-393.

DeFond, M. L./ Jiambalvo, J., Factors Related to Auditor-Client Disagreements over Income-Increasing Accounting Methods, in Contemporary Accounting Research 1993, S. 415-430.

Demme, Nicole, Die Unabhängigkeit des Abschlussprüfers nach deutschem, US-amerikanischem und internationalem Recht, Baden-Baden 2003.

De Ru, C. F., Aansprakelijkheid voor de accountantsverklaring, Rotterdam 1995.

Deutscher Anwaltverein, Stellungnahme zum Referentenentwurf eines Bilanzkontrollgesetzes (BilKoG), in NZG 2004, S. 220-224.

Dhaliwal, D. S./ Schatzberg, J. W./ Trombley, M. A., An Analysis of the Economic Factors Related to Auditor-Client Disagreements Preceeding Auditor Changes, in Auditing: A Journal of Practice and Theory, Vol. 12, S. 22-38.

Donald, David C., Die Entwicklung der US-amerikanischen Corporate Governance nach Enron, in WM 2003, S. 705-714.

Dopuch, N. und King, R. R., The Impact of MAS on Auditor's Independence: An Experimental Markets Study, in Journal of Accounting Research, S. 60-98.

Doralt, Walter, Dritthaftung des Abschlussprüfers, in HAVE 2002, S. 285-289.

Dörner, Dietrich, Von der Wirtschaftsprüfung zur Unternehmensberatung, in WPg 1998, S. 302-318.

Dörner, Dietrich/ Schwegler, Iren, Anstehende Änderungen der externen Rechnungslegung sowie deren Prüfung durch den Wirtschaftsprüfer, in DB 1997, S. 285-289.

Dürrhammer, Walther, Unabhängigkeit des Abschlussprüfers im Aktiengesetz und in der Praxis, Düsseldorf 1971.

Dyckerhoff, Christian, Entwicklungstendenzen bei der Abschlussprüfung, in: Boysen, Kurt et al (Hrsg.), Der Wirtschaftsprüfer und sein Umfeld zwischen Tradition und Wandel zu Beginn des 21. Jahrhunderts – Festschrift zum 75. Geburtstag von Hans-Heinrich Otte, S. 111-129.

Ebke, Werner F., Die Arbeitspapiere des Wirtschaftsprüfers und Steuerberaters im Zivilprozess, Köln 2003.

–, Die Haftung des gesetzlichen Abschlussprüfers in der EU, in ZVglRWiss 2001, S. 62-89.

–, Der Ruf unserer Zeit nach einer Ordnung der Dritthaftung des gesetzlichen Jahresabschlussprüfers, in BFuP 2000, S. 549-571.

–, Die Haftung des gesetzlichen Abschlussprüfers im Internationalen Privatrecht, in: Ebke, Werner F./ Elsing, Siegried/ Großfeld, Bernhard/ Kuhne, Gunther, Festschrift für Otto Sandrock zum 70. Geburtstag, Heidelberg 2000.

–, Internationalisierung der Rechnungslegung, Revision und Publizität in der Schweiz, in ZSR 2000, S. 39-93.

–, Anmerkung zum Urteil des BGH vom 21.4.1997, in WPK-Mitt. 1998, S. 76-81.
–, Die zivilrechtliche Verantwortlichkeit der wirtschaftsprüfenden, steuer- und rechtsberatenden Berufe im internationalen Vergleich, Heidelberg 1996.
–, Wirtschaftsprüfer und Dritthaftung, Bielefeld 1983.
Ebke, Werner F./ Bert, Peter, Vereinheitlichung der Abschlussprüferhaftung in Europa durch Rechtsprechung – Die Abschlussprüferhaftung gegenüber Dritten nach der Caparo-Entscheidung des House of Lords, in EWS 1993, S. 229-237.
Ebke, Werner F./ Jurisch, Ann-Veruschka, Der unerwünschte Abschlussprüfer: Ersetzungsverfahren (§ 318 Abs. 3 HGB) versus Anfechtungsklage (§ 243 Abs. 1 AktG), in AG 2000, S. 208-216.
Ebke, Werner F./ Scheel, Hansjörg, Die Haftung des Wirtschaftsprüfers für fahrlässig verursachte Vermögensschäden, in WM 1991, S. 389-398.
Ebke, Werner F./ Struckmeier, Dirk, The Civil Liability of Corporate Auditors: an International Perspective, London 1994.
Eggemann, Gerd/ Konradt, Thomas, Risikomanagement nach KonTraG aus dem Blickwinkel des Wirtschaftsprüfers, in BB 2000, S. 503-509.
Ekkenga, Jens, Die Fahrlässigkeitshaftung des Jahresabschlussprüfers für Insolvenzschäden Dritter, in WM 1996, Sonderbeilage Nr. 3.
Emmerich, Gerhard/ Schaum, Wolfgang, Auswirkungen des Sarbanes-Oxley Act auf deutsche Abschlussprüfer – Berufsaufsicht, Registrierung, Unabhängigkeit, in WPg 2003, S. 677-691.
Escher-Weingart, Christina, Die gewandelte Rolle des Wirtschaftsprüfers als Partner des Aufsichtsrats nach den Vorschriften des KonTraG, in NZG 1999, S. 909-919.
Ewert, Ralf, Prüfung, Beratung und externe Rotation: Ökonomische Forschungsergebnisse zur aktuellen Regulierungsdebatte im Bereich der Wirtschaftsprüfung, in Der Konzern 2003, S. 528-539.
–, Wirtschaftsprüfung, in: Jost, Peter-J. (Hrsg.), Die Prinzipal-Agenten-Theorie in der Betriebswirtschaftslehre, Stuttgart 2001, S. 147-182.
–, Wirtschaftsprüfung und asymmetrische Information, Berlin und andere 1990.
Farmer, T. A./ Rittenberg, L. E./ Trompeter, G. M., An Investigation of the Impact of Economic and Organizational Factors on Auditor Independence, in Auditing: A Journal of Practice and Theory, 1987, Vol. 7, S. 1-14.
Feddersen, Christoph, Die Dritthaftung des Wirtschaftsprüfer nach § 323 HGB – Zugleich Anmerkungen zum Urteil des LG Hamburg vom 22.6.1998 (WM 1999, 139 ff.), in WM 1999, S. 105-116.
Fehlmann, Regula, Vertrauenshaftung – Vertrauen als alleinige Haftungsgrundlage, St. Gallen 2002.

Finn, Markus, Zur Haftung des Sachverständigen für fehlerhafte Wertgutachten gegenüber Dritten – Besprechung von BGH, Urteil vom 20.4.2004 – X ZR 250/02, in NJW 2004, S. 3752-3754.

Fleischer, Holger, Das Doppelmandat des Abschlussprüfers – Grenzen der Vereinbarkeit von Abschlussprüfung und Steuerberatung, in DStR 1996, S. 758-764.

Fleischer, Holger/ Körber, Torsten, Due Diligence und Gewährleistung beim Unternehmenskauf, in BB 2001, S. 841-849.

Fliess, Wolfgang, Prüfung und Beratung im Spannungsfeld öffentlicher Erwartungen und unternehmerischer Zielsetzungen, in: IDW (Hrsg.), Das Vereinigte Deutschland im europäischen Markt, Bericht über die Fachtagung 1991, Berlin 16.-18. Oktober 1991, Düsseldorf 1992, S. 53-66.

Flühmann, Caroline, Haftung aus Prüfung und Berichterstattung gegenüber Dritten, Berlin, Stuttgart, Wien 2004.

Forster, Karl-Heinz, Abschlussprüfung nach dem Regierungsentwurf des KonTraG, in WPg 1998, S. 41-56.

–, Bemerkungen zu aktuellen berufspolitischen Fragen, in WPg 1978, S. 645-652.

Freckmann, Anke, Die Abschlussprüferhaftung des englischen Auditors, Regensburg 1993.

Frei, Jürgen, Gebührendruck und Prüfungsqualität bei Pflichtprüfungen mittelständischer Unternehmen, in BB 1996, S. 1427-1428.

Früh, Andreas, Die Regelungen des § 18 KWG, in WM 2002, S. 1813-1828.

Gadow, W./ Heinichen, E. (Begr.), Aktiengesetz, Großkommentar, 4. Aufl., Berlin/New York 2001.

Galai, D./ Masulis, R. W., The Option Pricing Model and the Risk Factor of Stock, in JoFE 1976, Vol. 3, S. 53-81.

Gavish, B./ Kalay, A., On the Asset Substitution Problem, in JofA 1983, Vol. 18, S. 21-30.

Gelhausen, Hans Friedrich, Reform der externen Rechnungslegung und ihrer Prüfung durch den Wirtschaftsprüfer, in AG 1997, Sonderheft, S. 73-82.

Gelhausen, Hans Friedrich/ Hönsch, Henning, Deutscher Corporate Governance Kodex und Abschlussprüfung, in AG 2002, S. 529-539.

Gessler, Ernst/ Hefermehl, Wolfgang/ Eckardt, Ulrich/ Kropff, Bruno, Aktiengesetz, Kommentar, München 1974.

Godin, Reinhard von et al, Aktiengesetz vom 6. Sept. 1965, Berlin/ New York 1967.

Götz, Jürgen, Die unbefugte Weitergabe von Insidertatsachen, in DB 1995, S. 1949-1953.

Gounalakis, Georgios, Haftung des Steuerberaters – Gefahrenanalyse und Risikobegrenzung, in NJW 1998, S. 3593-3600.

Graf, Walther, Neue Strafbarkeitsrisiken für den Wirtschaftsprüfer nach KonTraG, in BB 2001, S. 562-566.

Graumann, Matthias, Auswirkungen des Internationalisierungsprozesses auf Abschluss-prüfung und Abschlussprüfer, in StuB 2003, S. 157-163.

Green, R. C./ Talmor, E., The Structure and Incentive Effects of Corporate Tax Liabilities, in Journal of Finance 1985, S. 1095-1114.

Grunewald, Barbara, Die Haftung des Abschlussprüfers gegenüber Dritten, in ZGR 1999, S. 583-600.

Gruson, Michael/ Kubicek, Matthias, Der Sarbanes-Oxley-Act, Corporate Governance und das deutsche Aktienrecht, in AG 2003, S. 337-352; S. 393-406.

Gwilliam, David, The Auditor's Liability to Third Parties, in: Turley, Stuart/ Sherer, Michael (Hrsg.), Current Issues in Auditing, 2. Aufl., London 1991, S. 60-75.

Hachmeister, Dirk, Die gewandelte Rolle des Wirtschaftsprüfers als Partner des Aufsichtsrats nach den Vorschriften des KonTraG, in DStR 1999, S. 1453-1460.

Hagemeister, Christina, Neue Anforderungen an die Unabhängigkeit des Abschlussprüfers durch die IFAC und Europäische Kommission, in DB 2002, S. 333-340.

Harder, Nils, Die Steuerberatung durch den Abschlussprüfer – Anmerkungen zu dem Urteil des OLG Karlsruhe vom 23.11.1995, in DB 1996, S. 717-720.

Hartmann, Ulrich, Das neue Bilanzrecht und der Gesellschaftsvertrag der GmbH, Köln 1986.

Hartmann-Wendels, Thomas, Finanzierung, in: Jost, Peter-J. (Hrsg.), Die Prinzipal-Agenten-Theorie in der Betriebswirtschaftslehre, Stuttgart 2001, S. 117-146.

Havermann, Hans, Herausforderungen eines sich wandelnden Marktes an internationale Wirtschaftsprüfungsgesellschaften, in: Matschke, Manfred Jürgen/ Schildbach, Thomas (Hrsg.), Unternehmensberatung und Wirtschaftsprüfung, Festschrift für Prof. Dr. Günter Sieben zum 65. Geburtstag, Stuttgart 1998, S. 403-423.

–, Die Wirtschaftsprüfungsgesellschaft – Struktur und Strategie eines modernen Dienstleistungsunternehmens, in: Baetge Jörg (Hrsg.), Rechnungslegung und Prüfung – Perspektiven für die neunziger Jahre, Jubiläumsveranstaltung 25 Jahre Institut für Revisionswesen, Düsseldorf 1993, S. 41-59.

Hendricks, Barbara, Überlegungen zur Fortentwicklung des Enforcement in Deutschland und Europa, in: KPMG (Hrsg.), Fokus Corporate Governance –

Die Rolle der Wirtschaftsprüfer für das Funktionieren der Kapitalmärkte, S. 41-52.
Hein, Jan von, Die Rolle des US-amerikanischen CEO gegenüber dem Board of Directors im Lichte neuerer Entwicklungen, in RiW 2002, S. 501-509.
Heine, Marc Oliver, Prüfung des handelsrechtlichen Jahresabschlusses durch einen im Sinne von § 319 Abs. 2 Nr. 5 HGB befangenen Abschlussprüfer, in BuW 1994, S. 808-813.
Heininger Klaus/ Betrtam, Klaus, Neue Anforderungen an Berufsaufsicht und Qualitätskontrolle durch das Abschlussprüferaufsichtsgesetz (APAG), in DB 2004, S. 1737-1741.
Hellwig, Hans-Jürgen, Beratungsverträge des Abschlussprüfers – Genehmigungspflicht analog § 114 AktG und Publizitätspflicht analog § 125 Abs. 1 Satz 3 AktG, in ZIP 1999, S. 2117-2130.
Heni, Bernhard, Zur Risikolage des Abschlussprüfers bei Missachtung des Selbstprüfungsverbots – Zugleich eine Besprechung des BGH-Urteils v. 21.4.1997, II ZR 317/95, in DStR 1997, S. 1210-1215.
Heppe, Hansjörg, Nach dem Vertrauensverlust – Ist es an der Zeit, die Dritthaftung deutscher Abschlussprüfer zu verschärfen, in WM 2003, S. 714-724; S. 753-762.
Herzog, Peter/ Amstutz, Therese, Rechtliche Überlegungen zur Haftung des Wirtschaftsprüfers für Comfort Letters, in ST 2000, S. 757-766.
Heukamp, Wessel, Abschlussprüfer und Haftung, Köln und andere 2000.
Hilber, Marc/ Hartung, Jürgen, Auswirkungen des Sarbanes-Oxley Act auf deutsche WP-Gesellschaften: Konflikte mit der Verschwiegenheitspflicht der Wirtschaftsprüfer und dem Datenschutzrecht, in BB 2003, S. 1054-1060.
Hirte, Heribert, Kapitalgesellschaftsrecht, 4. Aufl., Köln 2003.
–, Berufshaftung, München 1996.
Hoffmann, Wolf-Dieter/ Lüdenbach, Norbert, Bilanzrechtsreformgesetz – Seine Bedeutung für den Einzel- und Konzernabschluss der GmbH, in GmbHR 2004, S. 145-149.
Holoubek, Michael/ Karollus, Martin/ Rummel, Peter, Die Haftung des Abschlussprüfers im Lichte des Gleichheitsgrundsatzes, in ÖBA 2002, S. 953-970.
Holthausen, R. W./ Larcker, D. F./ Sloan, R. G., Annual Bonus Schemes and the Manipulation of Earnings, in Journal of Accounting and Economics 1995, Vol. 19, S. 29-74.
Hommelhoff, Peter, Für ein spezifisch deutsches Durchsetzungssystem – Schaffung einer Kontrollinstanz zur Sicherstellung der internationalen Wettbewerbsfähigkeit des deutschen Enforcement-Systems, in WPg 2001, Sonderheft, S. 39-50.

–, Die neue Position des Abschlussprüfers im Kraftfeld der aktienrechtlichen Organisationsverfassung, in BB 1998, S. 2567-2573, S. 2625-2631.
–, Abschlussprüfer und Abschlussberatung – Besprechung der Entscheidung BGH ZIP 1997, S. 1162, in ZGR 1997, S. 550-562.
–, Zur Mitwirkung des Abschlussprüfers nach § 319 Abs. 2 Nr. 5, in: Schön, Wolfgang (Hrsg.), Gedächtnisschrift für Brigitte Knobbe-Keuk", Köln 1997, S. 471-485.
Hommelhoff, Peter/ Mattheus, Daniela, BB-Gesetzgebungsreport: Verlässliche Rechnungslegung – Enforcement nach dem geplanten Bilanzkontrollgesetz, in BB 2004, S. 93-100.
–, Corporate Governance nach dem KonTraG, in AG 1998, S. 249-259.
Hönle, Bernd Michael, Die Unabhängigkeit des aktienrechtlichen Abschlussprüfers, Baden-Baden 1978.
Honold, Kersten, Zur Dritthaftung der Revisionsstelle, in ST 1998, S. 1069-1087.
Hopt, Klaus J., Die Haftung des Wirtschaftsprüfers – Rechtsprobleme zu § 323 HGB (§ 168 AktG a. F.) und zur Prospekt- und Auskunftshaftung, in WPg 1986, S. 498-506.
Huber, Ulrich, Die Praxis des Unternehmenskaufs im System des Kaufrechts, in AcP 202 (2002), S. 179-242.
Hucke, Anja, Aufsichtsrat und Abschlussprüfer – Eine symbiotische Beziehung?, in: Wollmert, Peter et al. (Hrsg.), Wirtschaftschaftsprüfung und Unternehmensüberwachung – Festschrift für Wolfgang Lück, Düsseldorf 2003, S. 115-131.
–, Corporate Governance Standards in deutschen Unternehmen – nützlich oder überflüssig?, in: Hucke, Anja (Hrsg.), Aktuelle Entwicklungen im Unternehmensrecht, Wiesbaden 2003, S. 72-93.
–, Freie Wahl des Wirtschaftsprüfers für Genossenschaften? Zugleich eine Anmerkung zum Beschluss des Bundesverfassungsgerichts vom 19.1.2001, in WPg 2001, S. 558-564.
–, Wirtschaftsprüfer: Auf dem Weg zu Alleskönnern oder vom Gesetzgeber überfordert?, Baden-Baden 2001.
–, Gesellschafter und Geschäftsführer der GmbH – Juristische und ökonomische Analyse, Wiesbaden 1996.
Hucke, Anja/ Ammann, Helmut, Das Bilanzrechtsreformgesetz – Ein wichtiger Beitrag zur Internationalisierung der Rechnungslegung und Qualitätsverbesserung der Abschlussprüfung, in SteuStud 2005, S. 230-234.
–, Der Deutsche Corporate Governance Kodex, Herne/Berlin 2003.
Hüffer, Uwe, Bilanzrecht für die Praxis 2005, Freiburg 2005.
–, Aktiengesetz, 5. Aufl., München 2003.

Hülsmann, Christoph, Stärkung der Abschlussprüfung durch das Bilanzrechtsreformgesetz – Neue Bestimmungen zur Trennung von Beratung und Prüfung, in DStR 2005, S. 166-172.
Hüttemann, Rainer, BB-Gesetzgebungsreport: Internationalisierung des deutschen Handelsbilanzrechts im Entwurf des Bilanzrechtsreformgesetzes, iin BB 2004, S. 203-209.
Hütten, Christoph/ Stromann, Hilke, Umsetzung des Sarbanes-Oxley Act in der Unternehmenspraxis, in BB 2003, S. 2223-2227.
Institut der Wirtschaftsprüfer, Wirtschaftsprüfer-Handbuch. Handbuch für Rechnungslegung, Prüfung und Beratung, Band 1, 12. Aufl., Düsseldorf 2000.
Jacobs, Otto H., Zur Frage der Vereinbarkeit von Jahresabschlussprüfung und Beratung, in DB 1975, S. 2237-2241.
Janert, Ingo/ Schuster, Thorsten, Dritthaftung des Wirtschaftsprüfers am Beispiel der Haftung für Prospektgutachten, BB 2005, S. 987-994.
Jenkins, Helmut, Die Wirtschaftsprüfer im Konflikt zwischen Prüfung und Beratung. Ursprung, Entwicklung, Probleme, Berlin 1989.
Jensen, M. C./ Meckling, W. H., Theory of the Firm: Managerial Behavior, Agency Costs and Ownership Structure, in JoFE 1976, Vol. 3, S. 305-360.
Joecks, Wolfgang, Handelsrechtliche Abschlussprüfung und das Recht, in BFuP 2004, S. 239-251.
Jost, Peter-J., Die Prinzipal-Agenten-Theorie im Unternehmenskontext, in: ders. (Hrsg.), Die Prinzipal-Agenten-Theorie in der Betriebswirtschaftslehre, Stuttgart 2001, S. 9-44.
–, Ökonomische Organisationstheorie, Wiesbaden 2000.
Kajüter, Peter, Prüfung der Risikoberichterstattung im Lagebericht, in BB 2002, S. 243-249.
Kalls, Susanne, Die Haftung des Abschlussprüfers gegenüber Gläubigern, Gesellschaftern und Anlegern, in ÖBA 2002, S. 187-208.
–, Die rechtliche Grundlage kapitalmarktbezogener Haftungsansprüche, in ÖBA 2000, S. 641-663.
Kaminski, Horst/ Marks, Peter, Die Qualität der Abschlussprüfung in der internationalen Diskussion, in: Lanfermann, Josef (Hrsg.), Internationale Wirtschaftsprüfung, Festschrift für Hans Havermann zum 65. Geburtstag, Düsseldorf 1995, S. 247-282.
Keller, Gernot/ Schlüter, Grit, Peer Review: Perspektiven nach dem Sarbanes-Oxley-Act of 2002, in BB 2003, S. 2166-2174.
Kersting, Christian, Das Audit Committee nach dem Sarbanes-Oxley-Gesetz – Ausnahmeregelungen für ausländische Emittenten, ZIP 2003 S. 2010-2017.
–, Auswirkungen des Sarbanes-Oxley-Gesetzes in Deutschland: Können deutsche Unternehmen das Gesetz befolgen?, in ZIP 2003, S. 233-242.

Kida, T., An Investigation into Auditor's Continuity and Related Qualification Judgement, in Journal of Accounting Research 1980, S. 506-523.

Kiethe, Kurt, Vorstandshaftung aufgrund fehlerhafter Due Diligence beim Unternehmenskauf, in NZG 1999, S. 976-983.

Kindler, Peter, Unternehmerisches Ermessen und Pflichtenbindung, in ZHR 162 (1998), S. 101-119.

Kleindiek, Detlef, Geschäftsleitertätigkeit und Geschäftsleitungskontrolle: Treuhänderische Vermögensverwaltung und Rechnungslegung, in ZGR 1998, S. 466-489.

Knapp, M. C., Audit Conflict: An Empirical Study of the Perceived Ability of Auditors to Resist Management Pressure, in The Accounting Review 1985, S. 202-211.

Kölner Kommentar zum Aktiengesetz, Hsrg.: Zöllner, Wolfgang, 2. Aufl., Köln und andere 1991.

Kollmann, Katharina, Aktuelle Corporate-Governance-Diskussion in Deutschland – Deutscher Corporate-Governance-Kodex der Regierungskommission sowie Transparenz- und Publizitätsgesetz (TransPuG), in WM 2003, Sonderbeilage, S. 1-18.

Koziol, Helmut, Austria – Answers to the Hypotheticals unter Austrian Law, in: Spier, Jaap (Hrsg.), The Limits of Expanding Liability, The Hague 1998, S. 69-80.

KPMG Deutsche Treuhand-Gesellschaft (Hrsg.), Transnational Accounting, London 1995.

Krause, Rüdiger, Sarbanes-Oxley Act und deutsche Mitbestimmung, in WM 2003, S. 762-771.

Krein, Helmut, Die Haftung des Abschlussprüfers gegenüber der Gesellschaft wegen Nichtaufdeckung von Unrichtigkeiten und Verstößen gegen gesetzliche Vorschriften in Jahresabschlüssen, Köln 2000.

Krishnan, J./ Krishnan J., The Role of Economic Trade-Off in the Auditor's Opinion and Decision: An Empirical Analysis, in Journal of Accounting, Auditing and Finance 1996, S. 565-569.

Küting, Karlheinz/ Eidel, Ulrike, Problematik der internationalen Bilanzanalyse, in RIW 1996, S. 836-854.

Küting, Karlheinz/ Hütten, Christoph, Die Lageberichterstattung über Risiken der künftigen Entwicklung – Annäherung an die geplante Änderung der §§ 289, 315 HGB durch das KonTraG, in AG 1997, S. 250-256.

Lachnitt, Laurenz/ Freidank, Christian (Hrsg.), Investororientierte Unternehmenspublizität: Neue Entwicklungen von Rechnungslegung, Prüfung und Jahresabschlussanalyse, Wiesbaden 2003.

Lange, Knut Werner, Berichterstattung im Lagebericht und Konzernlagebericht nach dem geplanten Bilanzrechtsreformgesetz, in ZIP 2004, S. 981-987.

Lange, Stefan, Die Kompatibilität von Abschlussprüfung und Beratung – Eine ökonomische Analyse, Frankfurt 1993.

Land, Volker, Wirtschaftsprüferhaftung gegenüber Dritten in Deutschland, England und Frankreich, Hamburg/ Frankfurt am Main 1996.

Lanfermann, Georg, Vorschlag der EU-Kommission zur Modernisierung der EU-Prüferrichtlinie, in DB 2004, S. 609-613.

Lanfermann, Georg/ Maul, Silja, EU-Kommission nimmt Empfehlungen zu Corporate Governance an, in DB 2004, S. 2407-2409.

–, SEC-Ausführungsregelungen zum Sarbanes-Oxley-Act, in DB 2003, S. 349-355.

–, Auswirkungen des Sarbanes-Oxley Acts in Deutschland, in DB 2002, S. 1725-1732.

Lanfermann, Josef, Zur Internationalisierung der Wirtschaftsprüfung, in: ders. (Hrsg.), Internationale Wirtschaftsprüfung, Festschrift für Hans Havermann zum 65. Geburtstag, Düsseldorf 1995, S. 373-395.

Lang, Arno, Zur Dritthaftung der Wirtschaftsprüfer, WPg 1989, S. 57-64.

Lavin, David, Perceptions of the Independence of the Auditor, in The Accounting Review, January 1976, S. 41-50.

Leffson, Ulrich, Wirtschaftsprüfung, 4. Aufl., Wiesbaden 1995.

Leibfried, Peter/ Bauer, Gerald/ Weber, Ingo, Umstellung auf IAS – Beratung durch den Wirtschaftsprüfer?, in BuW 2003, S. 221-226.

Leibner, Wolfgang/ Holzkämper, Volker, Beraterhaftung: Aktuelle Entwicklungen in Gesetzgebung und Rechtsprechung, in DB 2004, S. 2087-2092.

Lentfer, Thies, Die Überwachung des Risikomanagementsystems gemäß § 91 Abs. 2 AktG durch den Aufsichtsrat, Hamburg 2003.

Lenz, Hansrudi, Referentenentwurf eines Abschlussprüferaufsichtsgesetzes: noch unzureichende Kontrolle des Berufsstandes, in BB 2004, S. 1951-1956.

–, Entwicklungstendenzen in der Wirtschaftsprüfung, in WPg 1999, S. 540-549.

Lenz, Hansrudi/ Ostrowski, Markus, Kontrolle und Transparenz im Unternehmensbereich durch die Institution Abschlussprüfung – Eine Beurteilung der Regelungen im Referentenentwurf eines Gesetzes zur Kontrolle und Transparenz im Unternehmensbereich aus ökonomischer Sicht, in BB 1997, S. 1523-1529.

Liebscher, Christoph, Der Abschlussprüfer, Wien 1998.

Lieder, Jan: Das unabhängige Aufsichtsratsmitglied – Zu den Änderungen des Deutschen Corporate Governance Kodex, in NZG 2005, S. 569-574.

Lingemann, Stefan/ Wasmann, Dirk, Mehr Kontrolle und Transparenz im Aktienrecht: Das KonTraG tritt in Kraft, in BB 1998, S. 853-862.

Linker, Celina/ Zinger, Georg, Rechte und Pflichten der Organe einer Aktiengesellschaft bei der Weitergabe vertraulicher Unternehmensinformationen, in NZG 2002, S. 497-502.

Löcke, Jürgen: „Mitwirkung des Abschlussprüfers an der Erstellung des Jahresabschlusses", in GmbHR 1997, S. 1052-1057.

Lück, Wolfgang, Betriebswirtschaftliche Aspekte der Einrichtung eines Überwachungs-systems und eines Risikomanagementsystems, in: Dörner, Dietrich et al (Hrsg.), Reform des Aktienrechts, der Rechnungslegung und Prüfung, Stuttgart 1999, S. 139-176.

Lück, Wolfgang/ Knetsch, Katja, Zur Haftung des wirtschaftsprüfenden Berufsstandes in den USA, in DB 1992, S. 901-906.

Luik, Hans, Ist ein obligatorischer Prüferwechsel für Aktiengesellschaften sinnvoll?, in BB 1976, S. 273-242.

Lüpke, Tobias/ Müller Robert, Pre-Trial Discovery of Documents und § 142 ZPO – ein trojanisches Pferd im neuen Zivilprozessrecht?, in NZI 2001, S. 588-589.

Lutter, Marcus/ Hommelhoff, Peter, GmbHG. Kommentar, 15. Aufl., Köln 2000.

Lutter, Marcus/ Krieger, Gerd, Hilfspersonen von Aufsichtsratsmitgliedern, in DB 1995, S. 257-260.

Mandler, Udo, Wirtschaftsprüfung im Umbruch – Harmonisierung der Rechnungslegung und Globalisierung der Unternehmensstrukturen, in ZfB 1994, S. 167-188.

Marks, Peter/ Schmidt, Stefan, Externe Qualitätskontrolle nach dem Regierungsentwurf eines Wirtschaftsprüferordnungs-Änderungsgesetzes (WPOÄG), in WPg 2000, S. 409-425.

Marten, Kai-Uwe, Entwicklungen und Herausforderungen für den Berufsstand der Wirtschaftsprüfer – Ergebnisse einer empirischen Prognosestudie, in WPK-Mitt. 1996, S. 9-25.

Marten, Kai-Uwe/ Köhler, Annette G., Entwicklung und gegenwärtiger Stand der Assurance Services in den USA, in WPg 2001, S. 435-440.

Marten, Kai-Uwe/ Köhler, Annette G./ Meyer, Stephanie, Umbruch im Peer-Review-System – Deutscher Status quo und der Sarbanes-Oxley-Act of 2002, in WPg 2003, S. 10-18.

Marx, Susanne, Beratungsleistungen des Abschlussprüfers erneut auf dem Prüfstand – Anmerkungen zum Urteil des BGH vom 25.11.2002 – II ZR 49/01 (HypoVereinsbank), in DB 2003, S. 341-346.

–, Die Unabhängigkeit des Abschlussprüfers – Herausforderungen des Full-Service-Konzepts moderner Wirtschaftsprüfungsgesellschaften für Standardsetter und Praxis, in ZGR 2002, S. 292-319.

–, Unabhängige Abschlussprüfung und Beratung, Baden-Baden 2002.

Mattheus, Daniela, Die gewandelte Rolle des Wirtschaftsprüfers als Partner des Aufsichtsrats nach dem KonTraG, in ZGR 1999, S. 682-714.

Meilicke, Wienand/ Heidel, Thomas, UMAG: Modernisierung des Aktienrechts durch Beschränkung des Eigentumsschutzes der Aktionäre, in DB 2004, S. 1479-1487.

Merkt, Hanno, US-amerikanisches Gesellschaftsrecht, Heidelberg 1991.

Meyer, Andreas, Aspekte einer Reform der Prospekthaftung – Eine Würdigung der Verhandlungen des 64. Deutschen Juristentages, in AG 2003, S. 1301-1313; S. 1349-1355.

Meyer-Goßner, Lutz, Strafprozessordnung – Mit GVG und Nebengesetzen, 47. Aufl., München 2004.

Misteli, Christophe, La responsabilié pour le dommage purement économique, Zürich 1999.

Moser, Martin, Die Haftung gegenüber vertragsfremden Dritten, Bern 1998.

Moss, Morton F., Management Services and the CPA Examination, in The Accounting Review, 1962, S. 730-740.

Moxter, Adolf, Die Zukunft der Rechnungslegung? – Anmerkungen zu den Thesen eines Arbeitskreises der Schmalenbach-Gesellschaft, in DB 2001, S. 605-607.

Münchener Handbuch des Gesellschaftsrechts, Band 4: Die Aktiengesellschaft, Hrsg.: Hoffmann-Becking, Michael, 2. Aufl., München 1999.

Münchener Kommentar zum Bürgerlichen Gesetzbuch, Band 5 (§§ 705-853), München 1997.

Münchener Kommentar zum Handelsgesetzbuch, Band 4: Drittes Buch. Handelsbücher, §§ 238-342a HGB, Bearb.: Ebke, Werner F., München 2001.

Neumann, Horst, Die neuen Anforderungen an die Jahresabschlussprüfung der Unternehmen im Ergebnis des KonTraG, in BuW 1998, S. 881-888.

Neumann, Nicola, Abschlussprüfung und Beratung nach der Allweiler-Entscheidung des BGH, in ZIP 1998, S. 1338-1349.

Niehues, Michael, Unabhängigkeit des Abschlussprüfers – Empfehlung der EU-Kommission – Hintergrund und Überblick, in WPK-Mitt. 2002, S. 182-193.

Niehus, Rudolf J., Auswirkungen einer externen Pflichtrotation des Abschlussprüfers – Kritische Anmerkungen zu zwei Untersuchungen in den USA, in DB 2004, S. 885-890.

–, Turnusmäßiger Wechsel des Abschlussprüfers – Argumente eines Pro und seine Gestaltungsmöglichkeiten, DB 2003, S. 1637-1643.

Nowotny, Ewald, Dritthaftung des Wirtschaftsprüfers, in RdW 1998, S. 387-388.

Oppermann, Thomas, Europarecht, 2. Aufl., München 1999.

Otto, Hans-Jochen/ Mittag, Jochen, Die Haftung des Jahresabschlussprüfers gegenüber Kreditinstituten, in WM 1996, S. 325-333; S. 377-384.

Palandt – Bürgerliches Gesetzbuch, Bassenge, Peter et al. (Bearb.), 64. Aufl., München 2005.

Peemöller, Volker H./ Oberste-Padtberg, Stefan, Unabhängigkeit des Abschlussprüfers – Internationale Entwicklungen, in DStR 2001, S. 1813-1820.

Peemöller, Volker H./ Oehler, Ralph, Referentenentwurf eines Bilanzrechtsreformgesetzes: Neue Regelung zur Unabhängigkeit des Abschlussprüfers, in BB 2004, S. 539-546.

Perkounigg, Arnulf, Einschränkung des Testates des Abschlussprüfers – Begrenzung der Haftung gegenüber Dritten?, in: Djanani, Chrsitiana/ Kofler, Herbert/ Steckel, Rudolf (Hrsg.), Anpassungsprobleme in Wirtschaft und Recht, Festschrift für Lexa, Hans, Wien 1995, S. 111-133.

Pfitzer, Norbert/ Orth, Christian/ Hettich, Natalie, Stärkung des Abschlussprüfers? Kritische Würdigung des Referentenentwurfs zum Bilanzrechtsreformgesetz", in DStR 2004, S. 328-336.

Pfitzer, Norbert/ Orth, Christian/ Wader, Dominic, Die Unabhängigkeitserklärung des Abschlussprüfers gegenüber dem Aufsichtsrat im Sinne des Deutschen Corporate Governance Kodex, in DB 2002, S. 753-755.

Pfitzer, Norbert/ Oser, Peter/ Orth, Christian, Offene Fragen und Systemwidrigkeiten des Bilanzrechtsreformgesetzes, in DB 2004, S. 2593-2602.

Phillippsen, Gunther et al (Hrsg.), Zur Dritthaftung des privat beauftragten Gutachters für fahrlässig verursachte Vermögensschäden, Karlsruhe 1991.

Picot, A./ Dietl., H., Neue Institutionenökonomie und Recht, in: Ott, Claus/ Schäfer, Hans-Bernd (Hrsg.), Ökonomische Analyse des Unternehmensrechts, Heidelberg 1993, S. 306-330.

Picot, A./ Michaelis, E., Verteilung von Verfügungsrechten in Großunternehmungen und Unternehmensverfassung, in ZfB 54 (1984), S. 252-272.

Plötner, Michael, Die Rechtsfigur des Vertrages mit Schutzwirkung für Dritte und die sogenannte Expertenhaftung, Berlin 2003.

Quick, Reiner, Geheimhaltungspflicht des Abschlussprüfers: Strafrechtliche Konsequenzen bei Verletzung, in BB 2004, S. 1490-1494.

–, Nationale und internationale Haftungsrisiken deutscher Abschlussprüfer, in DBW 2000, S. 60-77.

–, Zivilrechtliche Verantwortlichkeit europäischer und amerikanischer Abschlussprüfer, in BFuP 2000, S. 525-547.

–, Die Haftung des handelsrechtlichen Abschlussprüfers, in BB 1992, S. 1675-1685.

Quick, Reiner/ Baker, Richard C., Die zivilrechtliche Haftung des Abschlussprüfers in den USA, in RIW 1995, S. 474-485.

Quick, Reiner/ Leimgruber, Thomas, Die zivilrechtliche Verantwortlichkeit des Abschlussprüfers in Frankreich, in WPK-Mitt. 1995, S. 18-25.

Quick, Reiner/ Niemann, Lars, Die Dritthaftung von gesetzlichen Abschlussprüfern in Großbritannien, in RIW 1992, S. 836-843.

Quick, Reiner/ Renault, Héléne, Die zivilrechtliche Haftung des französischen Abschlussprüfers, in RIW 1993, S. 305-309.

Ranzinger, Christoph/ Blies, Peter, Audit Committees im internationalen Konzept, AG 2001, S. 455-462.

Rauch, Klaus, Konsequenzen der unterlassenen Pflichtprüfung einer GmbH, in BB 1997, S. 35-39.

Richter, Martin, Die Inkompatibilität von Jahresabschlussprüfung und Unternehmens-beratungen durch Wirtschaftsprüfer, in JfB 1977, S. 21-42.

–, Die Sicherung der aktienrechtlichen Publizität durch ein Aktienamt, Saarbrücken 1975.

Ringleb, Henrik-Michael/ Kremer, Thomas/ Lutter, Marcus/ Werder, Axel von, Kommentar zum Deutschen Corporate Governance Kodex, München 2003.

Ritter, Karl/ Ritter, Justus, Aktiengesetz, 2. Aufl., Berlin 1939.

Röhricht, Volker, Unabhängigkeit des Abschlussprüfers, in WPg, Sonderheft 2001, S. 80-90.

–, Beratung und Abschlussprüfung, in WPg 1998, S. 153-163.

Rössler, Stefan, Das Audit Committee als Überwachungsinstrument des Aufsichtsrats: Ein Beitrag zur Verbesserung der Corporate Governance vor dem Hintergrund des Gesetzes zur Kontrolle und Transparenz im Unternehmensbereich (KonTraG), Hamburg 2001.

Rössner, Michael-Christian/ Bolkert, Johannes, Rechtliche und verfahrenstaktische Analyse des Vorgehens geschädigter Anleger bei fehlerhaften Unternehmensmeldungen, in WM 2003, S. 953-960.

Rückle, Dieter, Bestellung und Auswahl des Abschlussprüfers – Zur ökonomischen Analyse des Rechts der Rechnungslegung, in: Elschen, Rainer/ Siegel, Theodor/ Wagner, Franz F. (Hrsg.), Unternehmenstheorie und Besteuerung, Festschrift zum 60. Geburtstag von Dieter Schneider, Wiesbaden 1995, S. 495-514.

Ruhnke, Klaus, Normierung der Abschlussprüfung, Stuttgart 2000.

Rützel, Stefan, Der aktuelle Stand der Rechtsprechung zur Haftung bei Ad-Hoc-Mitteilungen, in AG 2003, S. 69-79.

Schäfer, Albrecht, Der Prüfungsausschuss – Arbeitsteilung im Aufsichtsrat, in ZGR 2004, S. 416-431.

Schäfer, Hans-Bernd, Haftung für fehlerhafte Wertgutachten aus wirtschaftswissenschaft-licher Perspektive, in AcP 202 (2002), S. 809-840.

Schäfer, Hans-Bernd/ Ott, Claus, Lehrbuch der ökonomischen Analyse des Zivilrechts, 3. Aufl., Berlin 2000.

Schaub, Alexander, Der Sarbanes-Oxley-Act – ein Vorbild für die europäische Gesetzgebung, in: KPMG (Hrsg.), Fokus Corporate Governance: Die Rolle der Wirtschaftsprüfer für das Funktionieren der Kapitalmärkte, Berlin 2003, S. 21-30.

Schäuble, Wolfgang: „Die berufsrechtliche Stellung der Wirtschaftsprüfer in Wirtschaftsprüfungsgesellschaften", Freiburg, 1971.

Schenck, Kersten von, Die laufende Information des Aufsichtsrats einer Aktiengesellschaft durch den Vorstand, in NZG 2002, S. 64-68.

Schindler, Joachim/ Rabenhorst, Dirk, Auswirkungen des KonTraG auf die Abschlussprüfung, in BB 1998, S. 1886-1893, S. 1939-1944.

Schindler, Joachim/ Rosin, Udo, Die Unabhängigkeit des Wirtschaftsprüfers nach Deutschem und Amerikanischem Recht – insbesondere Beratungsverbot und Rotation, in: Lutter, Marcus (Hrsg.), Der Wirtschaftsprüfer als Element der Corporate Governance, Vorträge des 12. Bonner Europa-Symposiums", Düsseldorf 2001, S. 117-133.

Schmidt, Karsten, Gesellschaftsrecht, 4. Aufl., München 2002.

Schmidt, Peter-Jürgen, Der Beruf des Wirtschaftsprüfers – quo vadis?, in WPg 1998, S. 319-325.

Schmidt, Stefan, Neue Anforderungen an die Unabhängigkeit des Abschlussprüfers: SEC-Verordnung im Vergleich mit den Empfehlungen der EU-Kommission und den Plänen der Bundesregierung, BB 2003, S. 779-786.

–, Empfehlungen des Panels on Audit Effectiveness zur Verbesserung der Qualität der Abschlussprüfung, in WPg 2000, S. 793-810.

Schmidtmeier, Susanne, Vereinbarkeit von Prüfung und (Steuer-)Beratung durch denselben Wirtschaftsprüfer – Zugleich eine Anmerkung zum BGH-Urteil v. 21.4.1997, II ZR 317/95, in DB 1998, S. 1625-1630.

Schmitz, Bernhard, Die Vertragshaftung des Wirtschaftsprüfers und Steuerberaters gegenüber Dritten – Eine Auseinandersetzung mit den Haftungsausdehnungstendenzen des BGH, in DB 1998, S. 1909-1915.

Schönenberger, Beat, Haftung für Rat und Auskunft gegenüber Dritten, Basel/ Genf/ München, 1999.

Schröer, Henning, Angabe von Aufsichtsratsmandaten im Anhang des Jahresabschlusses nach dem KonTraG, in ZIP 1999, S. 1163-1167.

Schrörs, Wolfgang: Der Abschlussprüfer als externer Berater – Zur Problematik einer Unternehmensberatung durch Wirtschaftsprüfer, Köln 1977.

Schruff, Wienand, Top Management Fraud – neue Dimensionen des Betruges. Was Wirtschaftsprüfer tun können, in: KPMG (Hrsg.), Fokus Corporate Governance: Die Rolle der Wirtschaftsprüfer für das Funktionieren der Kapitalmärkte, Berlin 2003, S. 31-40.

Schulze-Osterloh, Joachim, Unternehmensüberwachung und Prüfung des Jahresabschlusses durch den Aufsichtsrat, in ZIP 1998, S. 2129-2135.

–, Zur öffentlichen Funktion des Abschlussprüfers, in ZGR 1976, S. 411-434.

Schüppen, Matthias, Aktuelle Fragen der Wirtschaftsprüfer-Haftung, in DB 1998, S. 1317-1319.

–, Anmerkung zum Urteil des BGH v. 21.4.1997, WiB 1997, S. 863.

Schwandtner, Christian, Die Unabhängigkeit des Abschlussprüfers – Europäische und internationale Ansätze im Vergleich, in DStR 2002, S. 323-332.

Seibert, Ulrich, Kontrolle und Transparenz im Unternehmensbereich (KonTraG) – Der Referenten-Entwurf zur Aktienrechtsnovelle, in WM 1997, S. 1-48.

Seibert, Ulrich/ Schütz, Carsten, Der Referentenentwurf eines Gesetzes nur Unternehmensintegrität und Modernisierung des Anfechtungsrechts – UMAG, in ZIP 2004, S. 252-258.

Semler, Johannes (Hrsg.), Arbeitsbuch der Hauptversammlung, München 1999.

Semler, Johannes/ Gittermann, Stephan, Persönliche Haftung der Organmitglieder für Fehlinformationen des Kapitalmarktes – Zeigt das KapInHaG den richtigen Weg, in NZG 2004, S. 1081-1087.

Selch, Barbara, Die Entwicklung der gesetzlichen Regelungen zum Lagebericht seit dem Aktiengesetz von 1965 bis zum KapCoRiLiG von 2000, in WPg 2000, S. 357-367.

Selchert, Friedrich/ Erhardt, Martin/ Fuhr, Annette, Prüfung des Lageberichts, 4. Aufl., Bonn 1994.

Sieger, Jürgen J./ Gätsch, Andreas, BB-Kommentar zu BGH, Urteil vom 02.04.1998 – III ZR 245/96, in BB 1998, S. 1408-1409.

Späth, Wolfgang, Die zivilrechtliche Haftung des Steuerberaters, 4. Aufl., Bonn 1994.

Stahl, Victor, Der Steuerberater als Unternehmensberater, in: Hofmann, Michael/ Sertl, Walter (Hrsg.): Management Consulting – Ausgewählte Probleme und Entwicklungs-tendenzen der Unternehmensberatung, Stuttgart 1987, S. 103-123.

Staub, Hermann, Handelsgesetzbuch – Großkommentar, Berlin/ New York 1994.

Steiner, Betram, Der Abschlussprüfer als externer Controller, in WPg 1991, S. 470-482.

–, Der Prüfungsbericht des Abschlussprüfers – Bedeutung, Inhalt und Entwicklung eines adressatenbezogenen Prüfungsberichts gemäß § 321 HGB als Grundlage für die Unternehmenskontrolle und -führung – zugleich ein Plädoyer für eine prüfungsbezogene Beratung durch den Abschlussprüfer, Köln 1991.

Steinmann, H./ Schreyögg, G., Zur Trennung von Eigentum und Verfügungsgewalt, in ZfB 51 (1981), S. 533-558.

Strasser, Manuel, Die Haftung der Wirtschaftsprüfer gegenüber Kapitalanlegern für fehlerhafte Testate, Frankfurt am Main 2003.
Streißle, Jörg, Die aktienrechtliche Abschlussprüfung in Gestalt des KonTraG, Aachen 2001.
Summers, Edward L./ Knight, Kenneth E., Management Advisory Services by CPAs – A study of required knowledge, New York 1976.
Sünner, Eckart, Auswirkungen des Sarbanes-Oxley Act im Ausland, in Der Konzern 2003, S. 268-275.
Theisen, Manuel René, Vergabe und Konkretisierung des WP-Prüfungsauftrags durch den Aufsichtsrat – Bedeutung, Funktion und Umsetzung des § 111 Abs. 2 Satz 3 AktG i.d.F. 1998, in DB 1999, S. 341-346.
Thümmel, Roderich C., Organhaftung nach dem Referentenentwurf des Gesetzes zur Unternehmensintegrität und Modernisierung des Anfechtungsrechts (U-MAG) – Neue Risiken für Manager?, in DB 2004, S. 471-474.
–, Persönliche Haftung von Managern und Aufsichtsräten – Haftungsrisiken bei Managementfehlern, Risikobegrenzung und D&O-Versicherung, 2. Aufl., Stuttgart 1998.
Torggler, Ulrich, Unbeschränkte Dritthaftung des Abschlussprüfers?, in wbl 2001, S. 545-554.
Ulmer, Peter, Die Aktionärsklage als Instrument zur Kontrolle des Vorstands- und Aufsichtsratshandelns, in ZHR 163 (1999), S. 290-342.
Vanstraelen, A., Impact of Renewable Long-Term Audit Mandates on Audit Quality, in European Accounting Review, S. 419-442.
Veltins, Michael A., Verschärfte Unabhängigkeitsanforderungen an Abschlussprüfer, in DB 2004, S. 445-452.
Vogel, Gerhard, Erwartungen an die Beratung durch den Wirtschaftsprüfer, in WPg 1988, S. 633-637.
Vollmer, Lothar/ Maurer, Torsten, Beratung durch Aufsichtsratsmitglieder oder Abschlussprüfer aufgrund von Zusatzaufträgen – Sinnvolle Ergänzung gesetzlicher Kontroll- und Prüfpflichten oder unzulässige Aufgabenhäufung?, in BB 1993, S. 591-597.
Wagenhofer, Alfred: Rechnungslegung, in: Jost, Peter-J. (Hrsg.), Die Prinzipal-Agenten-Theorie in der Betriebswirtschaftslehre, Stuttgart 2001, S. 439-487.
Wagner, Franz W., Aufgabe der Maßgeblichkeit bei einer Internationalisierung der Rechnungslegung? – Eine Analyse der ökonomischen Wirkungen des Bilanzsteuerrechts, in DB 1998, S. 2073-2077.
Walter, Stefan, Die Haftung des Wirtschaftsprüfers, in RWZ 1997, S. 315-320.
Weber-Grellet, Heinrich, Der Maßgeblichkeitsgrundsatz im Lichte aktueller Entwicklungen, in BB 1999, S. 2659-2666.

Weiland, Heiner, Zur Vereinbarkeit von Abschlussprüfung und Beratung – Die Inkompatibilitätsvorschrift des § 319 Abs. 2 Nr. 5 HGB, in BB 1996, S. 1211-1216.

Werder, Axel von/ Talaulicar, Till/ Kulat, Georg I., Kodex-Report 2003: Die Akzeptanz der Empfehlungen des Deutschen Corporate Governance Kodex, in DB 2003, S. 1857-1863.

Westhoff, André O., Glaubwürdigkeit des Jahresabschlusses – Brauchen wir eine Kontrolle der Kontrolleure bezogen auf die Abschlussprüfer und wenn ja, welche?, in DStR 2003, S. 2086-2092, 2132-2136.

Westrick, Peter, Abschlussprüfung und Abschlussprüfer nach geltendem und zukünftigem Aktienrecht, Heidelberg 1963.

Wiechers, Klaus, Neue Anforderungen bei der Aufstellung und Prüfung des Lageberichts gemäß KonTraG, in StuB 2000, S. 130-136.

Wiedmann, Harald, Bilanzrecht – Kommentar zu den §§ 238-342a HGB, 2. Aufl., München 2003.

–, Neuere Prüfungsansätze vor dem Hintergrund des KonTraG, in: Baetge, Jörg (Hrsg.) Auswirkungen des KonTraG auf Rechnungslegung und Prüfung, Düsseldorf 1999, S. 71-114.

–, Ansätze zur Fortentwicklung der Abschlussprüfung, in WPg 1998, S. 338-350.

–, Abschlussprüfung und Beratung aus ökonomischer Sicht kein Gegensatz, in DBW 1997, S. 877-879.

Wiegand, Annette, Die Sachwalterhaftung als richterliche Rechtsfortbildung, Berlin 1991.

Wilhelm, Georg, Zweiseitige Verantwortlichkeit des Abschlussprüfers, in ecolex 2001, S. 881.

Windmöller, Rolf/ Hönsch, Henning, Abschlussprüfer in der Pflicht, in zfbf 2003, S. 722-741.

Winterhoff, Hans Werner, Grundzüge des Peer Review, in: Hucke, Anja (Hrsg.), Aktuelle Entwicklungen im Unternehmensrecht, Wiesbaden 2003, S. 3-31.

Wolf, Klaus, Entwicklungen im Enforcement unter Berücksichtigung des Referentenentwurfs für ein Bilanzkontrollgesetz (BilKoG), in DStR 2004, S. 244-248.

–, Neuerungen im (Konzern-)Lagebericht durch das Bilanzrechtsreformgesetz (BilReG) – Anforderungen und ihre praktische Umsetzung, in DStR 2005, S. 438-442.

Wolf, Klaus/ Runzheimer, Bodo, Risikomanagement und KonTraG, 4. Aufl., Wiesbaden 2003.

Wollmert, P./ Achleitner, A.-K., Konzeption der IAS-Rechnungslegung, in: Baetge, Jörg et al (Hrsg.), Rechnungslegung nach International Accounting

Standards – Kommentar auf der Grundlage des deutschen Bilanzrechts, 2. Aufl., Stuttgart 2002.

Wolz, Matthias, Die Festlegung von Wesentlichkeitsgrenzen in der deutschen Wirtschaftsprüfungspraxis, in zfbf 2004, S. 122-145.

Wüstemann, Gerd, Probleme der Glaubwürdigkeit von Abschlussprüfern: Wirtschaftsprüfer und Certified Public Accountants, Frankfurt am Main/ Zürich, 1975.

Wysocki, Klaus von, Wirtschaftliches Prüfungswesen – Aufstellung und Prüfung des Konzernabschlusses, München/ Oldenburg 1996.

–, Wirtschaftlichkeit von Prüfungen, in: Coenenberg, Adolf/ Wysocki, Klaus von (Hrsg.), Handwörterbuch der Revision, 2. Aufl., Stuttgart 1992.

Zekoll, Joachim/ Bolt, Jan, Die Pflicht zur Vorlage von Urkunden im Zivilprozess – Amerikanische Verhältnisse in Deutschland?, in NJW 2002, S. 3129-3134.

Zhang, P., A Bargaining Model of Auditor Reporting, in Contemporary Accounting Research 1999, S. 167-184.

Zimmer, Daniel, Das Gesetz zur Kontrolle und Transparenz im Unternehmensbereich, in NJW 1998, S. 3521-3592.

Zimmerer, Carl, Die Organe der AG und die Stellung des Wirtschaftsprüfers, in NB 1996, S. 44-49.

Zugehör, Horst, Beraterhaftung nach der Schuldrechtsreform: Rechtsanwälte, Steuerberater, Wirtschaftsprüfer, Recklinghausen 2002.

–, Berufliche Dritthaftung – insbesondere der Rechtsanwälte, Steuerberater, Wirtschaftsprüfer und Notare – in der deutschen Rechtsprechung, in NJW 2000, S. 1601-1609.

Zweigert, Konrad/ Kötz, Hein, Einführung in die Rechtsvergleichung, Tübingen 1996.

Schriften zu Theorie und Praxis der Rechnungslegung und Wirtschaftsprüfung

Herausgegeben von Hansrudi Lenz

Band 1 Markus Ostrowski: Kapitalmarkt und Wirtschaftsprüfer. Eine empirische Analyse der Wahl des Prüfers bei IPO-Unternehmen und der Kapitalmarktreaktionen auf die Prüferwahl. 2003.

Band 2 Karin Fischer-Böhnlein: Verschmelzungen aus handelsbilanzieller Sicht unter Berücksichtigung betriebswirtschaftlicher und steuerlicher Aspekte. 2004.

Band 3 Heiko Hegwein: Financial Due Diligence durch Wirtschaftsprüfungsgesellschaften. Eine empirische Untersuchung der qualitätsdifferenzierten Wahl und Wirkung des Financial Due Diligence-Akteurs bei Erstemissionen. 2005.

Band 4 Manuela Möller: Abschlussprüfer und Börseneinführungspublizität. Eine empirische Untersuchung zur Beurteilung der Qualität von Wirtschaftsprüfungsleistungen auf der Basis eines Bewertungsmodells der Publizitätsgüte. 2005.

Band 5 Gösta Jamin: Der Residualgewinnansatz in der fundamentalen Aktienbewertung. Empirische Untersuchungen für den deutschen Aktienmarkt. 2006.

Band 6 Philipp Fölsing: Das Haftungsrisiko des Abschlussprüfers im Prüfungs-Beratungs-Konflikt. 2006.

Band 7 Elke Maren Thalke Focken: Die Bilanzierung des Goodwill nach SFAS 141/142. Eine sinnvolle Konzeption zur Steigerung der Informationsqualität? 2006.

www.peterlang.de

Kolibri 360 GmbH
Ferdinand-Jühlke-Straße 7
99095 Erfurt, Deutschland
produktsicherheit@kolibri360.de

Druck:
CPI Druckdienstleistungen GmbH
im Auftrag der
Kolibri 360 GmbH
Ferdinand-Jühlke-Str. 7
99095 Erfurt